국제법으로 세상 보기

국제법으로
세상 보기

대한국제법학회

박영사

간 행 사

최근 국제적으로 대한민국에 관심을 갖는 외국인들이 무척 많아졌습니다. 이는 대한민국 문화업계에 종사하는 분들의 헌신적인 노력 때문일 수도 있겠지만 그와 함께 대한민국의 국내 질서가 안정되고 대한민국이 정부 차원에서나 비정부 차원에서 다양한 국제활동에 적극적으로 참여했기 때문일 것입니다. 대한민국의 법률문화 수준도 전세계적으로 대한민국의 문화적, 경제적, 대외적 인지도의 향상과 보조를 맞춰야 할 것입니다. 거꾸로 대한민국의 발전을 위해서는 국제사회의 다른 지역 문화나 경제적, 정치적 상황에 대해서 관심을 가질 필요가 있습니다.

그동안 대한국제법학회는 국제사회의 공용어라고 할 수 있는 국제법의 다양한 측면을 시의적절히 일반인들에게 알리고자 여러 가지 사업을 수행해 왔습니다. '국제법으로 세상 보기'는 대한국제법학회의 '국제법 현안 브리프 발간위원회'(이하 '발간위원회')가 2020년부터 2022년까지 국제법과 관련된 주제들을 선별하여 수집한 글들을 책자로 만든 것입니다. 이미 대한국제법학회는 2019년에 '국제법으로 세상 읽기'를 출간한 바가 있습니다. '국제법으로 세상 보기'는 대한국제법학회가 주요 국제법 현안을 책자로 발간하는 작업의 두 번째 결과물이라고 할 수 있습니다.

마침 올해는 대한국제법학회가 창립된지 70주년이 되는 해입니다. 1953년 6월 16일에 대한국제법학회가 창립되었을 때 대한민국이 당면한 국제법 문제 중 가장 중요한 것은 한일외교와 관련된 국제법 문제였습니다. 대일 외교 전략상 대한민국 정부가 1952년 1월 평화선(Rhee Line)을 선포하자 이러한 대한민국의 실행에 대해서 다양한 국제법적 견해가 주장되었습니다. 제2차 세계대전에서 패전한 일본은 패전국으로서 1952년 4월에 발효한 대일평화조약의 의무 사항을 이행하고자 대한민국과 국교를 재개하고자 했습니다. 1951년 하반기부터 시작된 한일 국교 재개에 관한 논의는 1965년에서야 끝을 맺습니다. 이후 70년이 지난 지금까지도 한일관계와 결부된 국제법 문제는 여전히 중요한 상태입니다.

이번에 대한국제법학회가 편찬하여 발간하는 '국제법으로 세상 보기'에서 다루는 국제법 관련 사항은 70여 년 전 대한민국이 직면했던 국제법 문제보다 훨씬 다양합니다.

2020년 1월 이후 본격적으로 전세계에 확산된 코로나19 전염병으로 인하여 발생하는 여러 가지 보건문제, 코로나19로 인한 비대면 활동으로 급작스럽게 활성화된 가상공간 내 활동의 의미, 2022년 2월 러시아의 우크라이나 침공으로 인하여 우크라이나뿐만 아니라 전세계적으로 불거진 국가 안보 문제, 과학기술 발달로 인하여 인간의 활동에 점점 더 많이 활용되는 인공지능의 윤리문제, 명확한 규범이 없는 우주 공간의 활용을 위한 국제법의 형성 등을 다루고 있습니다. 독자들께서는 이들 주제에 대해서 짧지만 강한 인상을 주는 글들을 만날 수 있을 것입니다.

이번 '국제법으로 세상 보기'에서는 이전과 마찬가지로 대한민국과 직접 관련되는 사항도 다루고 있습니다. 미국이 전세계의 초강대국으로서 자국의 안보 상황을 고려해서 취한 대이란 제재와 결부해서 이란이 대한민국 선적의 선박을 나포한 경우, 대한민국을 상대로 개시된 투자자-국가 중재 사건의 파장, 서해 연평도 지역에서 발생한 북한의 실종자 피격 살해 사건을 통해서 본 남북한 관계, 일본의 후쿠시마 원전 오염수 방류를 이유로 한 국제해양법재판소 제소 가능성 검토, 대한민국 법원에서 북한을 피고로 하여 손해배상청구 소송을 진행할 수 있는지와 같은 주제에 대해서도 독자 여러분은 시사점을 찾을 수 있을 것입니다.

　대한국제법학회 발간위원회는 '국제법으로 세상 보기'에 실린 23편의 옥고를 수집하기 위하여 지난 3년간 많은 수고를 아끼지 않았습니다. 특히 발간위원회 위원장이신 최태현 명예이사님과 발간위원회 위원분들은 다양한 학회원의 의견을 감안해서 어려운 결정을 내려야 하는 고충도 감내하였습니다. 이번 '국제법으로 세상 보기' 출간 이후에도 대한국제법학회는 독자 여러분의 여러 가지 제언을 바탕으로 더 다양한 '국제법현안브리프'를 작성하고 이를 모아서 또 다른 책을 발간하겠습니다. 지난번과 마찬가지로 '국제법으로 세상 보기'를 출간하는데 박영사의 도움이 컸습니다. 다양한 국제법 관련 서적을 포함하여 대한민국 최고의 법학서를 발간하고자 노력하시는 박영사 관계자분들에게 깊은 감사를 드립니다.

대한국제법학회 회장

강병근

발 간 사

　지구촌에서는 하루도 빠짐없이 여전히 국제법적 사건이나 현상이 일어나고 있습니다. 매일 국제사회의 어느 곳에서든 국제법과 관련된 일련의 상황이 나타나고 있는데, 예컨대 무력충돌, 환경파괴, 기후변화, 해양오염, 난민발생, 강제실종 및 고문과 같은 인권유린, 국제범죄 발생, 범죄인인도 또는 강제납치, 국가책임 추궁 및 제재 부과 등이 나타나고 있고, 이와 관련된 국제법의 해석과 적용이 이루어지고 있습니다.

　다만 2020년~2022년 기간에는 COVID-19사태라는 전체 국제사회가 역사상 드물게 겪은 광범위한 보건위기로 인하여 국제법적 사건의 발생빈도가 조금 줄어든 듯하고, 그만큼 사건의 중요성에 대해서도 평소보다 관심을 덜 기울인 것처럼 보였습니다. 그러나 모든 사건은 나름대로 그 원인이 있고 그 여파가 국제사회에 미치는 특유의 효과도 있기 마련입니다. 국제사회에서 발생하는 사건 하나하나가 모두 우리의 삶의 과정에서 일정한 의미를 갖고 실제로 국제사회생활의 양상에 영향을 미치고 있다고 보아도 과언이 아닙니다. 그만큼 세상의 어떠한 사건이든 우리의 국제사회생활에서 무시할 수 없는 반향을 불러오기 마련이고, 따라서 그러한 사건이 지닌 함의에 대한 철저한 분석이 필요합니다.

　원래 대한국제법학회에서 제공하는 「국제법 현안 Brief」는 세상에서 발생하고 있는 국제법적 사건에 대해 국제법 전공자들이 아닌 일반인을 상대로 그 사건의 내용과 함의를 학술논문보다는 약간 읽기 쉬운 수준에서 설명하고자 발간하기 시작한 것입니다. 이는 미국 국제법학회에서 발간하는 Insight와 유사한 성격의 글입니다. 그래서 하나의 사건에 대한 설명의 분량도 일반독자가 한번 읽기 시작하면 그 자리에서 독파할 수 있을 정도의 분량인 A4용지 4매 정도로 잡았습니다. 분량의 제한이 있다 보니 때로는 좀 더 심도 깊은 논의에 이르지 못한 경우가 있었던 것도 사실입니다. 그러나 「국제법 현안 Brief」의 원래의 목적인 일반인들이 쉽게 국제법으로 세상을 본다는 목적은 그동안 충실히 달성해 왔다고 자평하고 있습니다.

　이번 3년 동안의 「국제법 현안 Brief」는 단지 사건만을 대상으로 하지 않았고, 일정한 현상에 대한 국제법적 분석도 포함하고 있습니다. 세상에서는 항상 사건만이 발생하는 것은 아니고, 때로는 새로운 현상이나 제도가 나타나는 경우도 있기 때문에 지난 3년간 「국제법 현안 Brief」는 이러한 현상이나 제도의 국제법적 함의도 다루었습니다. 예컨대, 코로나사태에 대한 대응, 국제영상재판제도, UNESCO의 인공지능(AI)윤리 권고, 분쟁해결제도로서의 국제조정의 확산, 안전한 학교 선언, UN강제실종방지협약 가입, 아르테미스약정의 출현 등이 그것입니다.

　이제 이러한 「국제법 현안 Brief」에서 발표한 각 국제법전문가의 해설을 모아 단행본으로 출간함으로써 일반인들의 국제법에 대한 인식의 범위를 넓히고, 현대 국제사회에서 발생하는 사건이나 현상을 해결하는 데 국제법이 차지하는 비중과 그 함의에 대한 이해를 깊게 하고자 합니다.

　지난번에는 2018년~2019년 기간 동안 발간된 「국제법 현안 Brief」 24편을 모아 「국제법으로 세상 읽기」라는 단행본이 발간되었습니다. 이번에는 2020년~2022년 사이 3년의 기간 동안 발간된 「국제법 현안 Brief」 총 23편을 모아 새로운 단행본으로 발간하게 되었는데, 단행본 제목을 어떻게 달 것인지가 고민이 되었습니다. 직전

의 것과 연속선상의 저작물이라는 점을 살려「국제법으로 세상 읽기
(II)」로 할까도 생각해 보았지만, 역시 독창성이 부족하다는 점이 부
각되었습니다. 그리하여 고민 끝에 새 저작물로서의 독자성과 직전
단행본과의 연속성을 함께 유지할 수 있도록「국제법으로 세상 보
기」라는 유사한 제목을 달기로 하였습니다. 일반인들이 오감을 열어
국제법에 접할 수 있도록 하자는 취지도 살리고, 대한국제법학회에
서 앞으로 또 발간할「국제법 현안 Brief」모음집도 이와 유사한 제
목을 사용함으로써 일련의 단행본이 한 가족임을 밝힐 수 있도록 하
자는 의도가 담겨 있습니다.

　이번 단행본을 발간함에 있어서 가장 많이 공헌한 일등공신들은
「국제법 현안 Brief」의 저자들일 것입니다. 시사성 있는 주제를 발굴
하시고 기꺼이 글을 써 주신 저자분들의 노고가 없었다면「국제법으
로 세상 보기」는 발간이 불가능하였을 것입니다. 최종 편집과정에서
도 이 저자분들은 다시 한번 노고를 아끼지 않았습니다. 사실 발간
과정에서 새롭게 문제가 된 점은 각 현안 Brief의 집필 당시 내용이
현재도 유효한가라는 것이었습니다. 각 현안 Brief별로 해당 상황이
변하지 않은 경우도 있겠지만, 대부분 후속 상황이 발생하였을 수도
있었으므로 이를 반영할 필요가 있었습니다. 그리하여 각 원고 저자
에게 다시 한번 각 현안 Brief 원고를 재검토하여 주십사하고 부탁
하게 되었습니다. 이와 같이 현안 Brief 원고를 작성하여 주시고 또
한 재검토까지 신속하게 해 주신 집필자분들에게 감사의 말씀을 드
립니다.

　각 현안 Brief의 글에는 최초의 학회 등재일자가 표시되어 있으
므로 독자들은 각 브리프의 내용이 주로 그 시점을 기준으로 하여
작성되었음에 유의하면서 읽어 주시기 바랍니다. 저자들의 재검토시
수정된 내용은 본문에 반영된 경우도 있고, 미주에 추가하여 반영된
경우도 있습니다.

그다음 「국제법으로 세상 보기」가 발간됨에 있어서 **빼놓을 수 없**는 공헌을 하신 분들로서 편집위원들을 언급하지 않을 수 없습니다. 지난 3년간 아무 대가도 없이 「국제법 현안 Brief」 편집위원회의 위원직을 맡아 신속하고 성실하게 그 직무를 수행하여 주신 4분의 편집위원인 오승진(단국대), 권현호(성신여대), 김성원(한양대), 이기범(연세대) 교수께 그동안의 희생과 노고에 대해 무한의 감사함을 표합니다.

이번에 발간되는 「국제법으로 세상 보기」는 「국제법으로 세상 읽기」에 이어 다시 한번 우리 국민이 관심을 가지고 있을 굵직한 사건 및 현상에 대해 국제법전문가의 시각에서 본 간결하고 명쾌한 해설을 통하여 일반인들의 국제법에 대한 이해와 인식을 새롭게 해 줄 것으로 믿습니다. 다만 원고의 내용은 학회의 공식적인 의견이 아니라, 필자 개인의 견해임을 인지하여 주시기 바랍니다.

지난 3년간 대한국제법학회의 「국제법 현안 Brief」 발간위원회 위원장을 맡아 소임을 무사히 마치고 「국제법으로 세상 보기」라는 산뜻한 단행본을 발간하게 되어 매우 다행스럽게 생각하고 있습니다. 이 책 발간에 도움을 주신 모든 분들에게 다시 한번 감사의 말씀을 드리고, 특히 마지막 발간작업에 큰 도움을 주신 박영사의 한두희 과장님과 그 외 직원들에게 고맙다는 말씀을 드립니다.

2023년 2월 25일
「국제법 현안 Brief」 발간위원회 위원장
최태현

목　차

─────── | 第 3 부 | ───────

국제법으로 본 해양질서

──────── | 제 4 부 | ────────

국제법으로 본 한국 관련 사건

제 1 부

국제법으로 본 COVID-19 사태

코로나19 확산 사태에 대한 국제법적 대응

박진아(고려대학교 법학연구원 전임연구원, 법학박사)

1. 사건의 개요

2019년 12월 31일, 중국 우한에서 처음 보고된 신종 코로나바이러스감염증^{코로나19, COVID-19}1)은 중국 본토를 중심으로 빠르게 확산되어 2020년 2월 28일 현재 세계보건기구^{World Health Organization: 이하 "WHO"라 함}의 발표 기준으로 전 세계적으로 47개국에서 감염 확진자가 82,294명, 사망자는 2,804명에 이르렀다.

2020년 1월 30일 코로나19가 중국을 넘어 전 세계로 확산되는 추세를 보이자, WHO는 코로나19 사태에 대해 국제보건규칙^{2005(International Health Regulations(2005): IHR(2005))}에 근거하여 '국제공중보건위기상황'^{Public Health Emergency of International Concern: PHEIC}을 선포하였다. 국제공중보건위기상황은 국제보건규칙²⁰⁰⁵상 유일한 감염병 경보 단계이자 최고 수준의 경보로서 질병의 국제적 확산으로 인해 여러 국가에 공중보건위험이 초래되어 국제적 협력을 통한 대응을 요구하는 단계이다.

WHO는 국제보건규칙²⁰⁰⁵의 국제공중보건위기상황 선포와 별개로 지난 2009년 신종인플루엔자 사태시 '팬데믹'^{대유행, pandemic}을 선포한 바 있어,2) 이번 코로나19 사태에 있어서도 팬데믹을 선포할 것인가에 대해 관심이 높다. 그러나 '팬데믹'은 WHO가 국제보건규칙 시행 이전에 감염병 대응^{특히 인플루엔자}을 위해 관행적으로 사용하였던 비공식적인 대응단계로, WHO헌장 및 국제보건규칙²⁰⁰⁵에는 '팬데믹'이라는 용어 자체가 없다. 이와 관련하여 WHO는 지난 2월 24일, '팬데믹'이라는 공식적 단계는 없으며, 더 이상 과거의 분류체계를 사용하지 않는다고 밝힌 바 있다.[3] WHO의 입장이 바뀌지 않는 이상, 이번 코로나19 사태에 대해 대유행 선포는 없을 것으로 예상된다.

　WHO는 1월 30일 국제공중보건위기상황의 선포와 함께 당사국의 감염병 대응에 관한 조언을 담은 '임시 권고'^{temporary recommendations}를 내놓았다. WHO는 본 권고에서 여행 또는 무역 제한을 권장하지는 않는다고 조언했다. 이에 국제보건규칙²⁰⁰⁵에 따른 국제공중보건위기상황의 선포와 그 내용을 중심으로 신종 감염병에 대한 국제법적 대응의 현황과 의의를 살펴본다.

2. 신종 감염병 대응을 위한 WHO의 역할

　보건 분야의 유엔 전문기구인 WHO는 국제보건과 무역을 위협하는 감염병의 국제적 대응에 있어서 중추적 역할을 한다. WHO는 국제보건규칙²⁰⁰⁵을 채택하여 감염병 대응에 관한 WHO 및 회원국의 의무와 권한을 규정함으로써 감염병의 국제법적 대응의 기본적인 틀을 마련하였으며, 동 규칙은 WHO 헌장에 근거하여 WHO의 모든 회원국에 대해 국제법상의 법적 구속력을 갖는다.[4]

　감염병 대응에 있어 WHO 역할의 핵심은 기술적 지원과 정보 제공 및 대응조치 권고 등이다. WHO는 이번 코로나19 사태에 대응하기 위해 감염병 사례가 보고된 국가와 정기적으로 연락을 취하고, 제공 가능한 정보를 타국에 전달하고 있다. 또한 감염병 발병의 글로벌 감시를 강화하고, 코로나19의 진단·백신 및 치료를 위한 연구

· 개발 청사진R&D blueprint: 감염병 발생 시 신속한 연구개발을 돕기 위한 글로벌 계획을 가동하고 있다.

신종 감염병이 발생하는 경우 WHO는 국제보건규칙[2005]에 따라 국제공중보건위기상황을 선포함으로써 해당 감염병 사태에 좀 더 적극적으로 대응할 수 있다. 국제공중보건위기상황 선포는 WHO 사무총장의 권한으로, WHO 사무총장은 국제보건규칙[2005]에 근거해 설치된 긴급위원회Emergency Committee의 조언을 받아 국제공중보건위기상황의 존재를 선포하고 당사국들과 국제사회가 취해야 하는 대응방법에 관해 비구속적 임시 권고를 할 수 있다.

2020년 1월 30일, 긴급위원회는 코로나19 사태에 대한 2차 긴급회의를 열고 코로나19 사태가 국제공중보건위기상황에 해당한다는 결론과 함께 이러한 상황에 관한 권고안을 공식 발표했다. 이에 게브레예수스 WHO 사무총장은 긴급위원회의 판단을 수락하여 코로나19가 국제공중보건위기상황에 해당한다고 선포하고 긴급위원회의 권고안을 임시 권고로 발표했다. 이 권고에는 WHO · 회원국 및 국제사회의 대응조치에 대한 개별 조언과 함께, 여행 또는 무역 제한을 권장하지 않는다는 내용이 포함됐다. 임시 권고는 국제보건규칙에 근거한 것이지만, 비구속적 조언으로 국가가 권고를 준수해야 할 국제법상 의무가 없다. 그럼에도 불구하고 WHO의 임시 권고는 WHO와 회원국의 대응조치의 기준을 제시하고 국제사회의 연대와 협업을 도모한다는 점에서 의의를 찾을 수 있다.

WHO는 당사국의 통고 또는 비국가행위자예컨대, 비정부기관, 학계, 개인 등가 제공하는 정보에 근거하여 국제공중보건위기상황을 선포할 수 있다. 이때 WHO는 당사국으로부터 받은 정보에 대해 특별한 경우를 제외하고는 당사국과 합의하지 않는 한 비밀을 보장할 의무가 있다. 국제공중보건위기상황 선포는 바로 이러한 '특별한 경우'에 해당하므로, WHO는 동 상황의 선포 후 당사국으로부터 받은 정보를 회원국과 공유할 수 있다.

　WHO는 코로나19 이전에 총 다섯 차례 국제공중보건위기상황을 선포한 바 있다. 국제보건규칙[2005]이 2007년에 발효된 이후 2009년 신종인플루엔자 사태에서 처음으로 국제공중보건위기상황이 선포되었고, 이후 2014년 파키스탄, 카메룬, 시리아에서 발병한 소아마비 바이러스 사태, 같은 해 라이베리아 등에서 발생한 에볼라 바이러스 사태, 2016년 브라질 지카 바이러스 사태, 그리고 2018년 콩고민주공화국에서 발생한 에볼라 바이러스 사태 등에서 선포되었다. 그러나 2013년 및 2015년 메르스 사태의 경우 긴급위원회에서 국제공중보건위기상황 선포 여부를 논의했으나 범주에 해당하지 않는다는 결론을 내린 바 있고, 2010년 아이티 콜레라 확산, 2011년 후쿠시마 원전 사고, 2013년 시리아 화학무기 공격 사건 등은 긴급위원회 회의조차 열리지 않는 등, 국제공중보건위기상황 선포의 기준이 분명하지 않다는 비판이 제기되기도 했다.[5] 또한 국제보건규칙[2005]이 감염병의 경보단계가 최종적인 국제공중보건위기상황 한 단계만 존재하여 조기대응을 통한 확산 차단에 한계가 있다는 지적도 있다. 이에 국제보건규칙[2005]의 개정 없이 국제공중보건위기상황 이전의 중간단계의 경보를 설정하는 방안 등이 제시되고 있다.[6]

3. 신종 감염병 사태 발생시 당사국의 의무

1) 질병 사태 통고 의무

　2019년 12월 31일, WHO 중국 지역사무소는 중국 후베이성 우한시에서 발견된 원인을 알 수 없는 폐렴에 관한 비공식 정보를 받았다. 이후 WHO는 2020년 1월 11일과 12일에 중국 보건위원회로부터 질병의 발병이 우한시의 한 수산물 시장에서의 노출과 관련이 있다는 정보를 받았다.

이번 코로나19처럼 원인이나 출처를 알 수 없는 신종 감염병이 발생하는 경우, 당사국은 국제보건규칙²⁰⁰⁵에 따라 이 사태가 국제공중보건위기상황에 해당하는지 여부를 판단하여 만약 그 사태가 국제공중보건위기상황에 해당하면 즉시 WHO에 통고해야 한다. 당사국은 또한 통고 이후 WHO가 요청하는 정보를 제공하고 이 사태에 대응할 의무를 부담한다. 당사국이 국제공중보건위기상황을 판단하는 것은 오로지 당사국이 스스로 통고 의무를 이행하기 위해 잠정적으로 평가하는 것에 지나지 않으며, 어떤 사태가 국제공중보건위기상황에 해당하는지에 여부를 결정하고 선포하는 것은 WHO 사무총장의 권한이다.

당사국의 신속한 통고는 신종 감염병의 초기 대응에 있어 매우 중요하다. 그러나 당사국이 자국의 관할권 내에서 발생한 질병 사태가 국제공중보건위기상황에 해당하지 않는다고 평가하는 경우에는 통고할 의무가 없어, 당사국이 자국의 이익을 위해 고의로 통고를 회피할 여지가 있다. 그렇다면 발생지국이 국제공중보건위기상황에 해당하는 신종 감염병의 존재를 확인하고도 이를 WHO에 통고하지 않는 경우, 그 법적 효과는 무엇인가? 국제보건규칙²⁰⁰⁵은 국제법상 구속력 있는 국제규범이므로 발생지국이 국제공중보건위기상황에 해당하는 신종 감염병의 존재를 확인하고도 이를 WHO에 통고하지 않는 행위는 국제법의 위반에 해당한다. 그러나 WHO 내에는 국제보건규칙²⁰⁰⁵ 위반에 따른 당사국간의 분쟁을 해결할 사법 또는 준사법 기관이 존재하지 않으며 WHO 자체도 그 위반에 대한 제재 권한을 가지고 있지 않다. 다만, 국제보건규칙²⁰⁰⁵의 규정에 따라 WHO 사무총장은 당사국들이 중재재판을 통해 분쟁을 해결하도록 장려할 수 있다.

2) 정보 제공 의무

중국 정부는 1월 7일 새로운 유형의 코로나 바이러스를 확인하고, 1월 12일에 국가들이 진단 키트를 개발하는 데 사용할 신종 코로나 바이러스의 유전자 서열을 WHO 및 국가들과 공유했다. 한국을 비롯한 코로나19 발병국들도 WHO의 연락사무소를 통해 발병현황과 자국의 대응조치 등에 대한 정보를 WHO에 제공하고 있다.

국제보건규칙[2005]상 당사국이 제공해야 할 정보는 자국 내 감염병 발생 여부와 현황, 자국의 대응조치 등에 관한 정보이며, 자국이 보유하고 있는 진단·백신·치료에 관한 기술 또는 감염병 바이러스 샘플에 대한 정보 제공은 포함되지 않는다. 국가가 보유한 기술과 정보는 국가의 직접적인 경제적 이익과 관련된 것이기 때문에 보유국의 권리 보호와의 형평을 고려해야 하는 사안으로 감염병 대응을 위해 필요하다고 해서 무조건 법적으로 강제할 수 있는 사안이 아니다. 이러한 기술의 제공은 국가들이 자발적으로 이행할 수 있도록 적극적으로 설득하고 WHO 차원에서 인센티브를 제공하는 등의 방안을 모색해야 한다. 이와 동시에 WHO가 독자적으로 코로나19의 진단·백신 및 치료에 관한 기술을 개발하여 적극적으로 회원국들에게 기술을 지원하는 것이 필요하다.

4. 신종 감염병 발생시 무역·여행 제한 조치

WHO는 1월 30일, 국제공중보건위기상황의 선포와 함께 발표한 임시 권고에서 "현재 이용 가능한 정보에 근거하여 여행 또는 무역 제한을 권장하지 않는다"라고 조언하고, 2월 28일 현재까지 이러한 견해를 유지하고 있다. 그러나 2월 28일 현재, 이미 40여 개 국가 이상이 WHO의 권고와 다르게 다양한 형태로 중국발 여행자 입국을 금지하는 조치를 취하였으며,[7] 한국발 여행자의 입국을 제한하는 국가도 점차 늘고 있다. 이번 사태에 대해 WHO는 국가간 무역 또는 여행의 제한을 통한 감염병 통제에 회의적인 입장이지만, 당사국이 WHO의 권고사항을 무시하고 제한조치를 취하는 것을 방지할 권한 또는 해법을 갖고 있지는 않다.

1) 중국인의 입국 금지 조치

중국 우한에서 코로나19가 발병한 이후 우리나라에서 중국인 또는 중국발 외국인의 입국을 금지해야 한다는 여론이 나오고 있다. 우리나라는 현재 후베이성 우한발 입국을 금지하고 있고, 이외 지역에 대해서는 특별입국절차라는 조치를 취하고 있다.

외국인의 입국을 허용할 것인가는 국제법상 온전히 국가의 권리이고 재량이다. 인권으로서 이동의 자유를 보호하는 국제인권법도 외국인의 입국할 권리는 인정하지 않는다. 따라서 외국인의 출입국과 체류 여부는 국가와 국민의 이익을 위해 국가가 전적으로 결정할 사안이다. 질병 발생국과의 무역 또는 여행을 제한하는 조치는 백신이나 치료제가 개발되지 않은 신종 감염병 발생시에 가장 흔히 사용되는 보건조치 중 하나이다. 전면적인 입국금지조치가 감염병 확산 방지에 얼마만큼의 효과가 있는지에 대한 논란을 제쳐두고라도, 무역 또는 여행에 대한 주변국들의 과도한 제한조치로 인하여 당사국에 막대한 경제적 피해가 발생한다면 당사국이 의도적으로 감염병통고를 지연하거나 제한된 정보만 제공할 수 있으므로 이러한 조치의 사용에는 신중할 필요가 있다.

2) 여행자의 격리 조치

2월 19일 이후 한국에서도 코로나19 확진자 수가 점차 늘어나자 한국발 여행자의 입국을 제한하는 국가가 늘고 있다. 외교부 발표에 따르면 2월 28일 현재 한국발 입국자에 대해 입국 금지 조치를 한 국가는 27개국이고, 검역강화·격리 조치 등 입국절차를 강화한 국가는 30개국이다.[8] 이에 한국인 여행자가 해외에서 입국이 금지되거나 격리되는 일이 발생하고 있다. 입국금지와 격리의 조치는 국가의 재량이자, 감염병 대응을 위해 필요하다면 국가가 취해야 할 조치이기도 하다. 국제보건규칙[2005]에 따르면 당사국이 국제 여행자에 대해 입국금지 또는 24시간 이상 격리라는 조치를 취하는 경우, 이행 후 48시간 이내에 해당조치의 공중보건 차원의 이론적 근거와 정당성을 WHO에 알려야 한다. WHO가 당사국 조치의 정당성을 검토하고 조치의 재검토를 요청할 수 있으나, 이 또한 구속력이 없는 권고적 성격의 요청이다. 국제보건규칙[2005]은 입국지점에서의 여행자에 대한 인권적 대우를 구체적으로 명시하고 있는 만큼, 여행자의 입국금지 또는 격리의 조치 등을 취하는 국가는 이를 준수하여야 하지만, 현실적으로 국가마다 공중보건 및 인권보호 역량이 달라 이행에 한계가 있다.

5. 맺음

한국 정부는 지난 1월 초 중국 정부가 WHO에 신종 감염병의 발병을 공식 보고한 이후부터 지금까지 WHO의 권고를 준수하며, 체계적이고 빠른 대응으로 코로나19를 통제하기 위해 노력하고 있다. 특히 코로나19 신속 진단키트를 개발하여 감염증을 검사하고 그 결과를 국제사회와 신속하고 투명하게 공유하고 있다. 중국발 입국을 금지하자는 주장에 대해서는 국민의 건강과 감염병의 효과적인 대응을 최우선으로 두고 WHO 권고와 국제사회 동향, 입국제한조치의 효력 등 여러 가지 요소 등을 고려하여 정부가 신중히 판단해야 할 문제이다. 일국 차원에서 국경 차단을 통해 감염병에 대응하는 것은 발병 초기에는 일부 효과가 있을 수 있으나 감염병이 전 지구적으로 확산되고 있는 상황에서는 한계가 있을 수밖에 없다.

한편 WHO의 감염병 대응체계에 대해 계속 지적되었던 문제점이 이번 사태에서도 반복되는 양상을 보이고 있다. WHO의 임시 권고 중 핵심사항인 여행 또는 무역 제한조치의 자제 요청에도 불구하고 상당수 국가가 국외여행 제한조치를 취하고 있다. 입국제한조치의 효과와 타당성 여부를 떠나 WHO의 권고를 회원국들이 준수하지 않는 상황이 반복되는 것은 감염병 대응에서 중추적 역할을 해야 하는 WHO의 권위에 손상을 주고, 결국 WHO를 중심으로 하는 전 지구적 감염병 대응의 효율성을 약화시킨다. WHO 개혁을 통해 WHO의 감염병 대응 능력과 국제보건규칙[2005]의 규범력을 강화해야 한다는 주장이 이번 코로나19 사태를 통해 더욱 힘을 얻을 것으로 보인다.

---

1) 2020년 2월 12일 기준으로 WHO는 신종 코로나바이러스의 이름을 "COVID-19"로 정했다. 우리나라는 "코로나바이러스감염증-19(약칭 '코로나19')"라는 한글 표현을 별도로 정하여 명명하기로 하였다. <출처: 질병관리본부> "우한 폐렴"이라는 용어는 낙인과 혐오의 우려가 있는 만큼 세계보건기구는 병명에 특정 지역 명칭을 붙이지 말 것을 권고하고 있다.

2) 2009년 신종인플루엔자 사태시 대응체계를 유행 6단계로 나눠 대응하였는데 여기서 최종 6단계가 팬데믹(대유행, pandemic)이었다. 이후 2013년에 WHO는 인플루엔자 대유행 위기 경보단계를 6단계에서 4단계로 변경한 바 있다. 국제공중보건위기상황의 상징성을 감안할 때 WHO의 여러 긴급 대응체계를 국제보건규칙(2005)의 프로세스로 통합해야 할 필요가 있다.

3) Reuters, "WHO says no longer uses "pandemic" category, but virus still emergency", February 24, 2020.

4) 2020년 2월 현재 국제보건규칙(2005)의 당사국 수는 WHO 회원국 194개국과 비회원국인 교황청, 리히텐슈타인을 포함한 196개국이다.

5) Gostin, Lawrence O. & Katz, Rebecca, "The International Health Regulations: The Governing Framework for Global Health Security". *Milbank Quarterly*, vol. 94, no. 2 (2016). pp. 270-276.

6) WHO, Panel of independent experts. Report of the Ebola Interim Assessment Panel - July 2015, https://www.who.int/csr/resources/publications/ebola/report-by-panel.pdf?ua=1 <2020-02-22>

7) 중앙일보, "동맹이 먼저 문 걸어 잠갔다…중국 입국금지 시행 41개국 보니", 2020. 02.20; 일부 언론 기사에서 중국 입국 제한·금지 국가가 133개국이라는 보도(조선일보, 美·호주 이어 러시아도… "중국인 오지 마", 2020.02.19)가 나왔으나, 중국 국가이민관리국이 발표한 133개국(2월 17일 기준)에는 중국본토발 입국 금지 뿐만 우한 후베이성발에 한정된 입국금지조치와 검역강화·격리 조치 등 입국절차를 강화한 국가를 모두 포함한 것으로 이 133개국에는 우리나라도 포함된다. 따라서, "중국인의 입국 금지" 국가가 133개국이라는 주장은 사실과 다르며, 이를 근거로 우리나라도 중국인의 입국을 금지해야 한다는 주장은 타당하지 않다.

8) 외교부(재외국민안전과), 코로나19 확산 관련 한국발 입국자에 대한 조치 현황, 2020.2.28.(금) 14:20 기준.

박
진
아

코로나19의 세계적 확산과 국가책임

이재민(서울대학교 법학전문대학원 교수)

2020년 1월 시작된 코로나19 바이러스 사태가 만 3년이 지난 2023년 1월 현재 드디어 점차 잦아드는 모습을 보이고 있다. 지난 3년간 국제사회의 정상적인 작동을 사실상 마비시킨 전대미문의 '세계적 대유행병'pandemic: 팬데믹이 드디어 마지막 단계에 접어 들었다. 그간 코로나19 바이러스의 확산 책임을 둘러싸고 국제사회에서 논란이 끊이지 않았다. 그 핵심에는 코로나19 바이러스의 최초 발원지로 알려진 중국의 책임론이 자리잡고 있다. 국제사회 전 영역에 걸친 미중 대결과 맞물려 이 문제는 미중간 또 다른 갈등 요인으로 자리매김하였다. 또한 다른 나라와 중국간에도 팬데믹 확산과 관련한 책임 문제가 완전히 매듭지어지지 않은 상태로 수면 아래 잠복하고 있다.

2020년 9월 22일 유엔 총회에서 전개된 미국과 중국의 첨예한 대립은 이러한 책임론에 대한 양측 입장을 보여주는 상징적인 사건이다. 미국 트럼프 대통령이 현 사태에 대한 중국의 책임을 직접적으로 언급하며 강하게 비난하자 중국 시진핑 주석은 정치적 의도에 기인한 특정 국가 낙인찍기에 반대한다며 대립각을 세웠다. 최초 발원 후 3년이 지난 현재에도 일부 사실관계에 대한 다툼이 있기는 하나 이 바이러스가 최초 중국에서 발생하여 다른 국가로 전파되었다는 사실은 이제는 정리된 것으로 보인다. 그렇다면 이에 대한 중국의 국가책임은 어떻게 평가해야 할 것인가?

이 문제에 대한 그간의 논의는 이 바이러스가 처음 중국에서 발생하여 확산되었다는 점에 초점을 두고, 이를 통해 그 이후 일련의 상황에 대한 중국의 법적 책임을 확인하고자 하는 단편적·평면적인 모습을 보여온 경향이 없지 않다. 그러나 과연 이 문제가 그렇게 간단할까? 바이러스 확산 36개월째에 접어들고 있는 지금 이에 대한 보다 체계적인 검토가 필요하다. 이는 현재 진행 중인 코로나19 사태의 정리뿐 아니라 앞으로 또 다른 팬데믹이 도래하는 상황에 대비하기 위해서도 더욱 그러하다.

1. IHR 2005에 따른 통보 의무

먼저 2005년 개정된 국제보건규칙^{International Health Regulations: IHR 2005} 제6조와 제7조는 체약 당사국들에게 구체적 의무를 부과하고 있다. 국제보건위기상황^{public health emergency of international concern}으로 의심되거나 발전할 수 있는 상황에 직면한 경우 관련 정보를 세계보건기구^{World Health Organization: WHO}에 신속히 제공하도록 요구하고 있는 것이다. 만약 특정 체약 당사국이 정확한 정보를 고의로 제공하지 않았거나 일부 정보를 누락하였다면 이 조항에 대한 직접적인 위반으로 이어지고, 다른 체약 당사국과의 관계에서 국가책임이 발생하게 될 것이다. 나아가 이렇게 제공된 정보를 적절히 분석하여 다른 국가들에게 전파하는 등 필요한 조치를 취하지 못하였다면 WHO 역시 담당 국제기구로서 그 스스로의 국제법상 책임에 직면하게 된다.[1]

2. 자국 영토 관리와 위험 통보 의무

IHR 2005 관련 조항 위반문제는 어떻게 보면 사실관계만 확인되면 제56조에 규정된 분쟁해결절차에 따라 해결될 단순한 사안이다. 그러나 보다 복잡한 문제는, 그리고 현재 제기되는 국가책임 관련 논의의 핵심은 중국이 관습국제법상 부과되는 자국 영토 관리 의무와 통보 의무를 충실히 이행하였는지 여부이다. 먼저 트레일 제련소 중재사건^{Trail Smelter Arbitration}2)이 확인한 바와 같이 각국은 자국 영토가 인접국에 위해危害를 초래하는 방식으로 사용되지 않도록 관리하여야 한다.3) 그리고 이러한 관리에는 "상당한 주의"^{due diligence}를 기울여야 하며4) "가용한 모든 수단을 동원하여야"^{to use all the means at its disposal} 한다.5) 그리고 상대국에 대한 위해 사실을 인지하게 되면 이를 그 국가에 통보해야 한다.

이 문제를 다룬 최근 사례로 코스타리카와 니카라과간 '산 후안' 강 개발과 관련된 상호 제소 분쟁이 있다.6) 이 분쟁에서 국제사법재판소^{International Court of Justice: ICJ}는 환경영향평가 실시와 그 결과에 따른 인접국에의 통보 의무를 다루었다. 이 분쟁에서 양 당사국 모두 "국경을 넘는"^{transboundary} 심각한 피해의 가능성이 있는 행위에 대해 피해를 입을 가능성이 있는 인접국에 통보하고 협의를 진행할 관습국제법상의 의무가 존재함에 동의하였다.7) ICJ 역시 이러한 원칙을 기본적으로 수용한다는 전제 하에서 분석을 진행했다. ICJ는 트레일 제련소 사건 이래 확인된 기존 법리가 국경을 넘어 심각한 피해를 초래하는 사안에 전반적으로 적용될 수 있다고 보고 있다.8) 이 사건에서 ICJ는 상당한 환경 침해가 초래되는 활동을 수행하는 경우 그 국가는 환경영향평가를 실시해야 하고, 그 연장선상에서 그러한 활동에 대해 상대국에 통보하고 협의할 의무가 있음을 확인했다. 다만 ICJ는 환경영향평가 실시 의무가 있는지 먼저 판단하여 만약 그러한 의무가 없다면 그로부터 도출되는 통보와 협의의 의무도 존재하지 않는다는 접근방식을 취했다.[9] 요컨대 환경에 대한 침해가 미미하여 환경영향평가를 실시할 의무가 없다면 인접국에 대한 통보와 협의의 의무도 없다는 것이다.

3. 코로나19 사안에의 적용

그렇다면 국경을 넘어 발생하는 심각한 피해와 관련한 이러한 관습국제법상 의무는 코로나19 사태에는 어떻게 적용될 것인가? 이 문제에 대한 검토는 그렇게 간단하지만은 않다. 먼저 영토 관리 의무를 살펴보자. 기존의 '제한적 영토주권설' 관련 판례들은 국가의 국경을 넘는 활동을 그 전제로 하고 있다. 예를 들어 국제하천의 상류국이 독자적으로 하천 개발을 추진하여 하류국에 피해를 주거나, 또는 생산과정에서 분출된 환경 오염물질이 바람을 타고 국경을 넘어 다른 나라에 피해를 초래하는 상황이다. 여기에는 두 나라를 관통하는 하천의 흐름과 배출가스를 날려 보내는 대기의 움직임이 있다. 다시 말해 한 국가의 영토에서 시작하여 국경을 넘어 다른 국가의 영토로 이어지는 '물리적 움직임'이 자리잡고 있다. 사실 이러한 물리적 움직임은 2001년 "위험한 활동에서 야기되는 초국경적 손해의 방지에 관한 규정 초안"에서도 중요한 요소로 언급되고 있다.[10] 그리고 이 초안 주석Commentary에서 이러한 요소를 도입한 취지는 한 국가의 "사회·경제적 영역 또는 이와 유사한 영역에서의 국가정책" state policies in…socio-economic or similar fields으로부터 초래된 국경을 넘는 파급효과는 초안의 적용범위에서 배제하기 위한 것임을 설명하고 있다.[11] 역시 간접적·파생적 파급효과와 물리적 파급효과를 구별하기 위한 의도가 내재되어 있다고 볼 수 있을 것이다. 그런데 코로나 바이러스 사태에서는 과연 이러한 물리적 움직임이 존재하는가?

지금 논의되는 중국 책임론의 핵심은 바이러스의 국외 전파를 차단하지 못했다는 점이다. 그런데 이러한 바이러스의 전파는 하천이나 대기 오염물질의 국경을 넘는 이동과 달리 그 자체로는 법적 문제를 찾기 어려운 인간 이동의 결과이다. 자국민의 해외 방문과 외국인의 국내 유입이라는 인적 교류를 통해 다른 나라로 바이러스가 전파되었다. 이러한 상황은 자국 영토를 활용 내지 이용하는 과정^{가령}^{생산/개발 활동 등}에서 타국에 부정적 영향을 초래한 상황과는 거리가 있다. 자국 영토에서 발생하는 여러 활동을 상당한 주의를 통해 관리할 의무와 연결하기도 쉽지 않다. 여기에서 말하는 상당한 주의 의무란 국경을 넘어 다른 나라의 이해관계에 부정적 영향을 초래하지 않도록 주의할 의무이지 자국내의 모든 활동에 대하여 상당한 주의를 기울여야 할 전반적인 의무를 지칭하는 것은^{해당국의 국내법상 의무는 별도로}^{하더라도} 아니기 때문이다. 특히 바이러스의 소재^{보균자}를 정확하게 알 수 없는 경우에는 더욱 그러하다. 환경 유해 요소가 국경을 넘어 전파되는 상황과 신원을 특정할 수 없는 보균자가 국경을 넘어 여행을 하며 바이러스가 전파되는 상황에 적용되는 상당한 주의 의무에는 차이가 있을 수밖에 없다.

이러한 상황에 대한 법적 책임을 묻기 위해서는 기존의 영토 관리 의무 법리로는 한계가 있고, 특정한 바이러스의 해외 전파를 어떠한 방식으로든 차단하여야 한다는 별도의 규범이 존재하여야 할 것이다. 현재의 관습국제법에서 이러한 결론을 도출할 수 있을지는 분명하지 않다. IHR 2005에서도 이러한 의무는 별도로 확인되지 않는다. 요컨대 2020년 전세계적 코로나19 바이러스 확산 사태에 대한 정치·외교적 책임과 비난 가능성은 별론으로 하고 이를 영토 관리에 관한 국제법 규범으로 포섭하는 데에는 지금 알려진 사실관계만으로는 무리가 있어 보인다.

그렇다면 통보의 의무는 어떠한가? 국경을 넘는 심각한 피해의 가능성을 인지하고 있는 국가는 그러한 피해국에 통보할 의무가 있다. IHR 2005 등 조약상 의무와는 별도로 관습국제법상 통보의 의무가 있다는 점을 ICJ는 거듭 확인하였다.[12] 만약 중국이 자국에 대한 국제사회의 비난을 피하고자 정확한 정보를 제공하지 않았거나 축소된 정보를 제공하였다면 이 의무에 대한 위반에 해당할 수 있다. 다만 ICJ는 통보의 의무는 위에서 살펴본 관리의 의무에 연동된 것으로 파악하고 있다는 점에 주목할 필요가 있다. 즉, 영토 관리의 책임을 부담하는 경우에 그에 따른 의무로 상대국에 통보하고 협의할 의무를 확인하고 있다. ICJ가 코스타리카-니카라과 사건에서도 환경영향평가 의무의 존부에 따라 통보/협의 의무의 존부를 판단한 것도 이러한 맥락이다. 따라서 위에서 살펴본 영토 관리 의무에 대한 검토 결과에 따라 이 문제도 평가될 수 있을 것이다.

한편 ICJ는 "위급한 상황"emergency situation에는 통보의 의무가 저감 내지 면제될 수 있음을 시사하였다.[13] 코로나19 바이러스 사태의 국제사회에 대한 심대한 파급효과와는 별도로 2019년 12월말 최초 발생 시점에 외국에 대한 통보가 어려울 정도로 위급한 상황이 중국 내에 존재하였는지에 대해서는 명확하지 않다. 당시 국제사회의 집중적인 관심과 보도, 그리고 WHO 전문가의 방중 등을 감안하면 통보가 어려울 정도에 이르는 위급한 상황이었다고 보기는 힘들 것이다.

정리하자면 코로나19 바이러스 사태와 관련한 국가책임 문제는 여러 복잡한 쟁점을 제기한다. 현재 다수에 의해 받아들여지는 사실관계를 토대로 살펴볼 때 단순히 최초 발원지 관리 실패, 해외 전파 차단 실패라는 측면에만 기초하여 국제법상 국가책임 문제로 이어가는 것은 현재 법리에 비추어 이런 저런 법적 연결고리가 빠져 있다고 볼 수 있다.

4. 인과관계 문제

또한 이와 관련하여 인과관계 문제도 중요한 쟁점이다. ICJ는 국제위법행위와 발생한 손해간에는 "충분히 직접적이고 명확한 인과관계"sufficiently direct and certain causal nexus의 존재가 필요함을 확인하고 있다.14) 이러한 맥락에서 징벌적·예시적 목적의 손해배상은 허용되지 않는다.15) 특히 여러 다른 요인이 중복적으로 겹쳐 피해 발생으로 이어지는 경우 인과관계의 확인은 어려운 과제이다. 예를 들어 앞에서 살펴본 중국의 관리의무 미이행과 통보의무 미이행이 각각 확인된다 하더라도 과연 이 부분이 현재 국제사회의 코로나19 바이러스 확산 사태와 이로 인한 여러 국가의 피해에 대한 모든 책임을 부담시킬 근거가 될 수 있을까? 전세계적 확산에도 불구하고 각국별로 실제 그 파급효과에 상당한 차이가 있다는 사실은 각국의 대응이 중요한 영향을 초래한다는 점을 방증한다. 일부 국가들에서 보이는 상대적 폭증세는 그 국가들의 실책에 기인한 바도 적지 않다. 그렇다면 이러한 모든 파급효과를 최초 발원국으로 돌릴만한 직접적인 인과관계가 있다고 보기는 그렇게 쉽지는 않을 것이다. 혹시 미래의 법적 절차에서 손해배상 문제가 다루어지더라도 이러한 다른 국가의 스스로의 실책 부분은 중요한 고려요소이다.16)

특히 이러한 부분은 2020~2023년간 이어진 코로나19 바이러스의 지속적인 소강-재확산 사태를 통해서도 알 수 있다. 한때 소강상태에 빠졌던 바이러스 사태가 다시 확산되는 중요한 계기 중 하나는 각국의 국내적 상황에서 그 원인을 찾아야 할 가능성을 강하게 시사하고 있다. 물론 최초 출발의 원인 제공이 여전히 중요하다 하더라도 그리로만 책임을 돌리기에는 무리가 있다.

5. 코로나19 사태의 경험과 앞으로의 과제

여전히 코로나19 팬데믹의 여진이 완전히 사라지지 않은 상황이며 최초 발생과 전파, 그리고 대응에 대한 사실관계도 아직 분명하지 않은 부분이 적지 않다. 따라서 금번 사태와 관련한 여러 법적 문제를 다루는 데에는 아직은 내재적 한계가 있다. 이러한 내재적 한계에도 불구하고 이 사태의 유래 없는 파급효과를 감안하면 여러 가능한 법적 문제를 차분히 살펴보는 것은 필요하다.

코로나19 바이러스 사태는 국제법 측면에서도 여러 문제를 제기하고 있고 현재 이에 대해 다양한 논의가 전개되고 있다. 그 중 하나는 최초 발원지 및 전파지로 평가되고 있는 중국의 국가책임 문제이다. 그 동안 그러한 국가책임 문제가 일면 피상적으로 전개되어 온 부분이 없지 않았다. 그리고 단순한 이슈로 평가된 부분도 없지 않았다. 바이러스 발원지이자 전파지이므로 그로 인한 법적 책임을 부담하여야 한다는 일반적인 시각 때문이다. 그러나 관습국제법상 영토 관리와 통보의 의무라는 관점에서 현재의 상황을 평가하면 사안이 그렇게 단순하게만 처리될 것은 아니라는 점을 알 수 있다. 앞으로 정확한 사실관계 확인과 더불어 팬데믹의 독특한 상황을 염두에 둔 법리의 확인과 재검토도 아울러 요구된다.

한편 현재의 코로나19 바이러스 사태는 국제법 측면에서 여러 과제를 제시하고 있다. 무엇보다 IHR 2005가 이러한 새로운 형태의 팬데믹에 대한 충분한 대응 기제를 갖고 있지 않다는 점이 확인되었다. WHO는 통계 취합·공표와 상황 전파에 주력하고 있어 팬데믹 상황에서 중심적 역할 수행을 기대하기 어렵다. 2020년 초 바이러스가 처음 확산될 때 많은 사람들의 관심이 WHO에 쏠려 있다가 그 이후 서서히 관심의 대상에서 멀어져 버렸다. 물론 이러한 상황이 WHO만의 책임이라고 보기도 어렵다. IHR 2005 자체의 내재적·구조적

한계에서 기인하는 바가 크기 때문이다. 따라서 앞으로 코로나 바이러스 사태의 경험을 반영하는 효과적인 법적 기제의 도입이 필요하다. 또한 국가의 국경을 넘는 활동에 대한 관습국제법 측면에서의 검토도 아울러 필요하다. 그간 전통적인 국경을 넘는 국가행위의 파급효과에 초점을 두고 발전해 온 관습국제법상 영토 관리와 통보 의무를 통해 새로운 팬데믹 상황을 포섭하기 어려운 부분들이 보이기 때문이다. 만약 기존의 법리로 새로운 상황을 포섭하기 힘들다면 이는 조약을 통해 빈틈을 채울 수밖에 없을 것이다. 이러한 부분은 앞으로 IHR 2005 개정 작업이 추진된다면 고려해 볼 수 있는 문제이다.

전례 없는 팬데믹 상황은 국제사회의 여러 영역에서 새로운 도전과 과제를 제시하고 있다. 국제법 분야 역시 마찬가지이다. 팬데믹 상황을 효율적으로 규율할 수 있는 국제법적 측면의 다양한 검토와 연구가 앞으로의 중요한 과제이다.

---

1) *See* International Law Commission, *Draft Articles on Responsibility of International Organizations*, Yearbook of the International Law Commission (2011), Vol. II, Part Two, Arts. 3, 4, & 10.

2) *Trail Smelter Case (United States, Canada), 16 April 1938 and 11 March 1941*, United Nations, Reports of International Arbitral Awards, Vol. III, p. 1920.

3) *See ibid.*, p. 1965.

4) *Corfu Channel (United Kingdom v. Albania)*, Merits, Judgment, I.C.J. Reports 1949, p. 22.

5) *Pulp Mills on the River Uruguay (Argentina v. Uruguay)*, Judgment, I.C.J. Reports 2010 (I), pp. 55-56, para. 101.

6) *Certain Activities Carried Out by Nicaragua in the Border Area (Costa Rica v. Nicaragua) and Construction of a Road in Costa Rica along the San Juan River (Nicaragua v. Costa Rica)*, Judgment, I.C.J. Reports 2015, p. 665.

7) *See ibid.*, para. 106.

8) *Ibid.*, para. 104.

9) *Ibid.*, paras. 108, 168.

10) *See* International Law Commission, *Draft Articles on Prevention of Transboundary Harm from Hazardous Activities, with Commentaries*, Yearbook of the International Law Commission (2011), Vol. II, Part Two, Art. 1. ("The present articles apply to activities not prohibited by international law which involve a risk of causing

significant transboundary harm *through their physical consequences.*" (emphasis added)).

11) *See ibid.*, para. 16.
12) *See Certain Activities & Road Construction, supra* note 6, paras. 104, 106, 107.
13) *Ibid.*, para. 159.
14) *Ahmadou Sadio Diallo (Republic of Guinea v. Democratic Republic of the Congo)*, Compensation, Judgment, I.C.J. Reports 2012 (I), p. 332, para. 14.
15) *See Certain Activities Carried Out by Nicaragua in the Border Area (Costa Rica v. Nicaragua)*, Compensation, Judgment, I.C.J. Reports 2018, p. 15, para. 31.
16) *See* International Law Commission, *Draft Articles on Responsibility of States for Internationally Wrongful Acts*, November 2001, Supplement No. 10 (A/56/10), chp.IV.E.1, Art. 39.

이
재
민

제 2 부

국제법으로 본 국제질서

드론을 이용한 미국의 표적살해는 국제법상 허용되는가?

오승진(단국대학교 법과대학 교수)

1. 드론 공격의 확산과 국제법적 쟁점

미국은 2020년 1월 3일경 이란의 혁명수비대 쿠드스군 사령관인 솔레이마니가 이라크의 바그다드 공항에 도착하자 드론을 이용한 로켓 공격으로 살해하였다. CIA가 실행한 것으로 알려진 이 공격으로 이라크의 친이란 시아파 민병대 부사령관 등 5명이 함께 사망하였다.

트럼프 대통령은 솔레이마니가 중동의 미국인과 외교관들을 공격할 계획을 세우고 있다면서 자국민에 대한 임박한 공격을 예방하기 위한 자위권의 행사로 공습을 정당화하였다. 이란은 미국의 행위가 테러행위이며 UN헌장 등 국제법의 기본원칙에 반하는 범죄행위라고 비난하였다. 이란은 이에 대한 대응으로 이라크에 있는 미군 기지를 미사일로 공격하였다. 미국은 IS에 대한 전투에서 이라크군을 지원하기 위하여 이라크에 약 5,000명의 미군을 주둔시키고 있다.

Nils Melzer에 따르면 표적살해^{targeted killing}는 국가 등 국제법의 주체가 살상 무기를 이용하여 신병을 확보하지 못한 특정한 사람을 사전 계획에 따라 고의로 살해하는 행위이다.[1] 특히, 국제법상 문제되는 것은 군대나 정보기관이 해외에서 드론을 이용하여 테러단체의 구성원을 사전 계획에 따라 살해하는 경우이다. Amnesty의 보고서에 따르면 미국은 9/11 이후부터 파키스탄, 리비아, 예멘, 소말리아, 이라크 및 시리아 등지에서 드론을 이용한 표적살해를 행하고 있으며, 그 과정에서 적지 않은 민간인 희생자가 발생하고 있다. 이번의 표적살해는 국제법상 무력행사금지원칙, 자위권, 이라크의 주권 침해, 국제인도법 및 국제인권법 위반과 관련된 논란을 낳고 있다.

2. 미국의 표적살해는 자위권으로 정당화되는가?

미국무부 법률고문을 지낸 Harold Koh는 2010년 3월 미국국제법학회^{ASIL} 연설에서, 미국은 9/11 사태에 대한 대응으로 알카에다, 탈레반 등과 무력충돌 상태에 있으며, 국제법상 자위권에 따라 무력을 사용하는 것이라며 표적살해를 정당화하였다.

유엔헌장 제2조 4항에 따르면 타국에 대한 무력의 행사는 원칙적으로 금지되므로 국가가 타국의 영역 내에서 표적살해를 행한다면 국제법상 무력행사금지원칙을 위반하는 것이다. 예외적으로 국가는 유엔헌장 제51조에 따라 '무력공격이 발생한 경우'에 UN안전보장이사회가 국제평화와 안전을 유지하기 위하여 필요한 조치를 취할 때까지 자위권을 행사할 수 있다. 이 때 자위권의 행사는 즉시 UN안전보장이사회에 보고되어야 한다. 무력공격은 일반적으로 정규군이 타국의 영역을 공격하는 것을 의미한다. 미국은 1998년 케냐와 탄자니아의 대사관이 폭탄테러를 당하여 250명 이상의 사망자가 발생하자 자위권을 근거로 하여 아프가니스탄 내 테러기지를 미사일로 공격한 적이 있는데, 해외에 있는 대사관이나 외교관에 대한 공격을 본국에 대한 무력공격으로 볼 수 있는가에 대하여는 견해가 나뉜다.

자위권은 다른 평화적인 수단이 없는 상황에서만,$^{필요성 원칙}$ 무력공격을 저지하고 물리치기 위하여 필요한 범위 내에서만^{비례성 원칙} 행사되어야 하며, 과도하게 사용될 수 없다. 그러므로 자위권은 적의 공격이 진행 중이거나 종료된 직후에 행사되어야 하며, 무력공격이 종료하고 상당한 기간이 지난 이후의 보복적 성격의 무력행사는 허용되지 아니한다. '무력공격이 발생한 경우'의 의미와 관련하여 미국 정부의 관리들은 테러단체의 공격이 임박한 경우에는 자위권을 행사할 수 있다고 주장한다. 하지만 대다수 학자들의 견해나 국가 관행은 이에 부정적이다. 자위권이 인정된다고 하여 모든 형태의 무력 사용이 허용되는 것은 아니며, 무력충돌에 적용되는 국제인도법은 준수되어야 한다.

이번의 표적살해와 관련하여 미국은 해외의 자국 외교관 및 미국인에 대한 공격이 임박하므로 자위권을 행사할 수 있다고 주장하지만 이들에 대한 공격이 임박하였다는 증거는 부족하며, 이들에 대한 추정적 공격을 미국에 대한 직접적인 무력공격으로 보기도 어렵다. 따라서 미국이 해외의 자국 외교관 및 미국인 등에 대한 장래의 불확실한 추정적 공격을 이유로 행한 표적살해를 자위권으로 정당화하기 어려운 것으로 보인다.

이 사건에서는 정규군의 사령관이 표적살해의 대상이 되었지만 국가가 아닌 테러단체에 대하여 자위권을 행사할 수 있는가를 간단히 살펴본다. 전통적으로 국가만이 무력공격을 할 수 있는 것으로 인식되어 왔으므로 테러단체에 자위권을 행사한다는 것은 생소하다. ICJ는 '팔레스타인 장벽' 사건에서 비국가행위자에 대한 자위권의 행사를 부정적으로 보았다. 그러나 9/11 사태 이후 안전보장이사회 결의 제1368호 및 제1373호는 테러단체에 대한 자위권의 행사가 가능하다는 입장을 보이고 있다. 따라서 테러단체에 대한 자위권의 행사가 가능하다고 주장할 여지는 있다. 다만, 테러단체의 구성원에 대한 표적살해가 정당화되려면, ICJ가 니카라과 사건에서 명백히 하였듯이, 자위권의 행사를 정당화할 수 있을 정도로 규모와 효과 면에서 일정한 정도의 무력공격이 선행되어야 할 것이다.

일반적으로 타국 영토 내에서의 무력행사는 허용되지 않지만 이 사건에서 이라크가 동의하였다면 미국의 무력행사는 정당화될 것이다. 미군이 이라크 정부의 요청에 따라 이라크에 주둔하고 있으므로 이라크가 영토 내의 미군의 군사적 활동에 동의한 것인가? 이 표적살해는 IS의 격퇴와 직접적으로 관련성이 있다고 보기 어려우므로 이라크가 이에 동의하였다고 보기는 어렵다. 그러므로 이라크 정부의 동의 없이 이루어진 미군의 표적살해는 정당화될 수 없으며, 이라크의 주권을 침해한 것으로 보인다. 다만, 미국은 오바마 정부 이래로 영토국가가 테러단체의 위협을 해결할 수 없거나 해결할 의지가 없는 경우에는 영토국가의 동의를 얻지 않고 표적살해를 할 수 있다는 정책을 취하고 있다. 사실상 표적살해에 영토국가의 동의가 필요하지 않다는 입장이다.

3. 드론을 이용한 표적살해는 국제인도법에 따라 정당화되는가?

국제법은 국가가 전체적으로 무력사용을 적법하게 시작하였는가 여부$^{jus\ ad\ bellum}$와 군대가 적을 적법한 방식으로 공격하였는가 여부$^{jus\ in\ bello}$를 구분한다. 그러므로 무력사용이 적법하려면 자위권 요건을 충족해야 할 뿐 아니라 공격행위도 적법해야 한다. 전자에 대하여는 자위권의 문제로 앞에서 살펴보았다. 후자인 적을 공격하는 방식은 국제인도법의 원칙에 의하여 제한된다. 국제인도법에 따르면 무력충돌의 과정에서 전투원 및 직접적으로 적대행위에 참여하는 민간인은 합법적인 공격 대상이 된다. 따라서 무력충돌의 상황에서 드론을 이용하여 적의 전투원을 표적살해 한다면 이는 적법한 공격이다. 다만, Gary Solis가 적절히 지적한 바와 같이 표적살해가 적법하려면 국제적 또는 비국제적 무력충돌이 존재해야 한다.

국제적 무력충돌은 한 국가가 타국에 대하여 어떠한 형태로든 무력을 사용하면 발생한다. 비국제적 무력충돌은 정부군과 무장단체 사이 또는 국가 내의 무장단체 사이의 일정한 정도에 이르는 군사적 충돌이 존재하는 것을 의미한다. 비국제적 무력충돌이 존재하려면 일정한 수준의 군사적 교전행위와 무장단체 내부의 일정한 지휘체계가 존재해야 한다. 테러와의 전쟁이 무력충돌에 해당할 수 있는가? 테러행위가 특정한 국가에 귀속될 수 있으면 당해 국가와 테러행위의 대상이 된 국가 사이에 국제적 무력충돌이 존재할 수 있다. 그러므로 2000년대 초반에 세계 여러 곳에서 테러행위를 후원한 아프가니스탄의 탈레반 정권을 상대로 한 테러와의 전쟁은 아프가니스탄과 테러와의 전쟁에 참여한 국가들 사이의 국제적 무력충돌에 해당할 수 있다. 탈레반 정권이 축출된 이후에 수립된 아프가니스탄 신정부와 미국 등의 연합군이 축출된 탈레반 잔당을 상대로 벌인 테러와의 전쟁은 비국제적 무력충돌이라고 볼 수 있다. 국제적 무력충돌이든 비국제적 무력충돌이든 적대행위에 참여하는 자가 합법적인 공격대상이 된다는 점은 동일하다.

국제인도법에 의하면 전투원과 비전투원은 구분되어야 하며,[구분의 원칙] 공격으로 인한 구체적이고 직접적인 군사적 이익에 비하여 민간인에 대한 피해가 과도해서는 아니 된다.[비례성의 원칙] 이러한 국제인도법의 원칙은 드론을 이용한 공격에도 적용된다. 제네바협약 제1 추가의정서 제36조는 신무기도 국제인도법에 비추어 평가되어야 한다고 규정하고 있는데, 유엔특별보고관 Philip Alston은 보고서[A/HRC/14/24/Add.6]에서, 드론은 국제인도법의 적용과 관련된 문제에서 총, 미사일, 헬리콥터 등 기타의 무기와 다르지 않다고 지적하였다. 일반적으로 드론을 이용한 공격은 매우 정밀하므로 무기 자체는 구분의 원칙을 준수한다고 볼 수 있지만 드론은 매우 원거리에서 위성으로 조종되고, 공격은 지상에서 제공되는 정보에 많이 의존하게 된다. 이러한 이유로 드론이 오폭을 할 가능성은 높다고 알려져 있다.

이 표적살해가 행해질 당시에 미국과 이란 사이에 긴장관계에 있었던 것은 맞지만 무력충돌 상태에 있다고 보기는 어려우므로 국제인도법에 따라 솔레이마니를 적법한 공격의 대상으로 삼기는 어렵다. 이 사건과 직접적인 관련성은 없지만 미국은 테러단체와의 사이에 무력충돌이 존재하므로 테러리스트에 대한 표적살해가 정당하다고 주장해 왔다. 무력충돌이 존재하기 위해서는 국가와 일정한 조직을 가진 무장단체 사이에 무력충돌이 존재해야 한다. 그런데 이들의 활동이 9/11 이후 지속적으로 무력충돌의 존재를 인정할 만한 정도에 이르렀거나 하나의 지휘체계 아래에서 테러활동을 하고 있는지는 의문이다. 테러단체들은 매우 느슨하게 연계되거나 테러단체의 구성원이 아닌 개인이 테러단체로부터 영감을 얻어 테러행위를 저지르는 경우도 있으므로 그 성격을 일률적으로 규정하기는 어렵다. 이와 같은 이유로 비국제적 무력충돌의 존재를 인정할 수 없다면 이에 기초하여 표적살해가 정당하다는 주장도 타당하다고 보기 어렵다.

물론, 정부군과 무장단체 사이에 내전이 발생하거나 탈레반 축출 이후에 미국이 아프가니스탄 신정부와 함께 테러와의 전쟁을 벌인 경우와 같이 실제로 비국제적 무력충돌이 발생한 경우라면 적대행위에 직접 참여하는 민간인에 대한 공격이 가능하고, 표적살해도 가능하다. 국제적십자위원회[ICRC]의 해석기준에 의하면 직접적으로 적대행위에 참여하면서 지속적으로 전투기능을 수행하는 무장단체의 구성원은 언제든지 공격의 대상이 되며, 그 이외의 민간인은 직접적으로 적대행위에 참여하는 동안 공격의 대상이 된다.

이 사건에서는 CIA가 표적살해를 행한 것으로 알려졌다. 무력충돌에서 군대의 전투원이 아닌 자가 표적살해를 행하면 그 구성원은 직접적으로 적대행위에 참여하는 것이므로 자신도 국제인도법상 적법한 공격의 대상이 될 수 있으며, 형사적 면제를 누리는 전투원과 달리 관할권을 가지는 국가의 국내법에 따라 살인죄로 기소될 수 있다. 무력충돌의 상황이 아니라면 전투원이라 할지라도 표적살해를 행할 수 없으며, 이를 위반하면 살인죄로 처벌받을 수 있다.

4. 드론을 이용한 표적살해는 국제인권법을 위반한 것인가?

드론을 이용한 표적살해는 대부분 평시에 자국 이외의 영역에서 행해진다. 이것이 국제인권법상의 의무를 위반한 것인가가 문제된다. 자유권위원회의 일반 논평 36호에 따르면 국가는 생명권을 존중할 의무가 있으므로 자의적으로 개인의 생명권을 박탈해서는 아니 된다. 생명권의 박탈은 임박한 위협으로부터 생명을 보호하기 위하여 엄격히 필요한 범위 내에서만 허용된다. 그러므로 무력충돌과 관계없이 드론을 이용하여 표적살해를 하였다면 이는 정당화되기 어렵다. 일반 논평 31호가 언급한 것처럼 국가는 자국의 영토 내 또는 실효적인 통제 아래에 놓인 사람의 권리를 보장할 의무가 있으므로 자국의 영토 내 또는 실효적인 통제 아래에 놓인 영역에서 표적살해를 행한다면 형법상 살인죄를 범하는 것이며, 국제인권법이 보장하는 생명권을 침해하는 것이다. 문제는 드론을 이용한 표적살해가 대부분 국가의 실효적인 통제가 미치지 못하는 해외에서 행해지므로 국가가 이러한 영역에서 국제인권법상의 인권보장의무를 부담하는가 여부이다.

이에 관해서는 상반된 견해가 있다.[2] 먼저, 국가는 실효적인 통제 밖의 영역에 대한 인권보장의무가 존재하지 않는다는 견해이다. NATO군이 유고의 베오그라드의 방송국을 공습하여 방송국 직원들이 사망한 Bankovic 사건에서 제소자들은 NATO군이 유고의 영공을 실효적으로 통제하였으므로 유럽인권재판소가 NATO의 유럽인

43

드론을 이용한 미국의 표적살해는 국제법상 허용되는가?

권협약상의 의무위반에 대하여 관할권을 가진다고 주장하였다. 그러나 재판소는 관할권은 대체로 영토에 기초하는 것이라고 언급하면서 제소자들의 주장을 받아들이지 않았다. 이 결론에 의하면 국가는 실효적으로 통제하지 아니한 영역에 대하여 국제인권법상의 의무를 부담하지 않는다. 반면, 국가는 실효적인 통제 밖의 영역에 대하여도 인권보장의무를 부담한다는 견해가 있다. 미주인권위원회는 쿠바의 전투기가 국제공역에서 민간 항공기를 격추한 사건에서 쿠바군은 항공기를 격추하여 민간조종사에 대한 통제권을 행사하였으므로 이 사건이 동 위원회의 관할권에 속한다고 결정하였다. 이 결론에 따르면 국가는 비록 실효적으로 통제권을 행사하지 아니하는 영역에서도 국제인권법을 준수할 의무를 부담한다. 개인적으로는 전자의 견해가 타당하다고 본다.

5. 결론

오늘날 테러와의 전쟁이란 이름으로 광범위하게 행해지는 표적살해는 무력사용금지원칙, 국제인도법 및 국제인권법을 위반할 가능성이 높다. 이 건에서 미국은 자위권의 행사 요건을 위반하여 이라크 영토 내에서 이라크의 동의없이 표적살해를 행하였으므로 무력행사금지의 원칙을 위반하였으며, 이라크의 주권을 침해하였다. 미국은 이란 또는 기타 무장단체와 무력충돌의 상태에 있다고 보기 어려우므로 국제인도법에 따라 표적살해를 정당화하기도 어렵다. 국가가 실효적인 통제권을 행사하는 해외의 점령지에서 표적살해를 행한다면, 이스라엘이 팔레스타인 점령지에서 표적살해를 하는 경우 이는 국제인권법 위반이 된다. 사안과 같이 실효적인 통제권을 행사하지 아니하는 영역에서 표적살해를 행한다면 이는 국제인권법 위반의 문제라기보다는 무력사용금지원칙 위반 및 영토국가에 대한 주권침해가 된다.

1) Nils Melzer, *Targeted Killing in International Law* (Oxford University Press, 2008), pp. 3-5.

2) Louise Doswald-Beck, *Human Rights in Times of Conflict and Terrorism*(Oxford University Press), pp. 19-22.

드론을 이용한 미국의 표적살해는 국제법상 허용되는가?

미국의 휴스턴 주재 중국 총영사관 폐쇄 무엇이 문제인가?

김성원(한양대학교 법학전문대학원 교수)

1. 들어가며

2020년 7월 21일^{미국 현지시각} 미국 국무부는 텍사스주 휴스턴 주재 중국 총영사관^{이하 "중국 총영사관"이라 함}의 폐쇄를 명령했다. 중국 총영사관은 1979년 미-중 수교 이후 처음으로 개설된 영사관이었다는 점에서 미-중 관계의 상징으로 여겨졌다. 미국 국무부는 향후 72시간 이내에 중국 총영사관이 모든 활동과 행사를 중단하고 모든 직원이 총영사관으로부터 퇴거할 것을 명령했다. Ortagus 미국 국무부 대변인은 중국 총영사관 폐쇄의 이유로 미국의 지적 재산권 보호 및 미국인의 개인정보 보호를 제시하였고, 별도의 성명에서 중국은 미국 내에서 불법 첩보활동 및 영향력 행사에 관여해 왔으며 최근 몇 년 동안 이러한 활동이 더욱 증가되었다고 주장하였다. Pompeo 미국 국무부 장관 또한 중국 총영사관 폐쇄의 주된 이유로 미국 및 유럽의 지적 재산권에 대한 중국의 탈취행위를 제시하였다.[1]

Cai 중국 총영사관 총영사는 미국의 중국 총영사관 폐쇄는 양국의 긴장관계를 더욱 고조시킬 것이며, 북경은 적어도 하나 이상의 미국 영사관을 즉시 폐쇄하고 향후 징벌적인 조치를 모색할 것이라고 언급하였다.[2] Hua 중국 외교부 대변인 또한 일련의 트윗에서 미국이 제시한 중국 총영사관의 폐쇄 이유를 "믿을 수 없을 정도로 우스운 것"이라고 일축하며, 미국이 이를 철회하지 않을 경우, 중국은 "확실한 대응책"으로 대응할 것이라고 언급하였다.[3] 중국은 결국 7월 24일 청두 주재 미국 총영사관^{이하 "미국 총영사관"이라 함} 폐쇄로 미국의 중국 총영사관 폐쇄에 대응하였다. Wang 중국 외교부 대변인은 청두 주재 미국 총영사관의 폐쇄는 "미국의 부당한 행위에 대한 정당하고 필요한 대응"이며 "이는 국제법, 국제관계를 규율하는 기본규범 및 외교협약 등에도 합치되는 것"임을 강조하였다.[4]

그렇다면 미국의 중국 총영사관 폐쇄는 국제법상 허용되는 것인가? 아울러, 중국의 미국 총영사관 폐쇄는 정당한 외교적 대응조치인가? 이하에서는 미국과 중국이 각각 상대국의 총영사관을 폐쇄한 것과 관련된 국제법적 쟁점을 살펴보고자 한다. 특히 영사관계에 관한 국제법 및 각국의 실행을 중심으로 이 사건의 함의를 검토하고자 한다.

2. 미국의 중국 총영사관 폐쇄와 관련된 국제법적 쟁점 검토

중국이 미국 총영사관을 폐쇄한 것은 미국의 중국 총영사관 폐쇄를 위법한 행위 또는 비우호적 행위로 간주한 중국이 국제법상 상호주의에 근거하여 취한 외교적 대응조치로 볼 수 있는바, 이는 국제법상 별다른 문제를 일으키지 않는다. 국제법상 상호주의는 국가가 상대국의 우호적 행위에 대해서는 우호적으로 대응하며, 비우호적 행위에 대하여는 비우호적으로 대응하는 것을 의미한다. 중국의 외교적 대응조치의 원인이 된 미국의 중국 총영사관 폐쇄와 관련하여 국제법, 특히 "영사관계에 관한 비엔나협약"^{Vienna Convention on Consular Relations, 이}

하 "영사관계협약"이라 함과 관련되어 제기될 수 있는 문제를 검토한다.

1) 미국의 일방적인 중국 총영사관 폐쇄는 가능한가?

정치적 업무와 주로 관련된 외교관의 직무와 달리 영사의 직무는 주로 파견국과 접수국 간 통상, 경제, 문화 및 과학 관계의 발전, 자국민에 대한 여권 발급 및 타국민에 대한 입국사증 발급 등과 같은 비정치적 및 행정적 업무와 관련된다.^{영사관계협약 제5조} 또한, 특권과 면제를 향유하는 영사관원은 접수국의 법령을 존중해야 하며, 접수국의 국내문제에 간여해서는 아니 되는 의무를 부담한다.^{영사관계협약 제55조} 미국 국무부와 FBI는 중국 총영사관 폐쇄의 주된 이유로 중국의 미국 내 불법 첩보활동, 영향력 행사, 지적 재산권 탈취, 미국에 대한 중국의 내정간섭을 거론하였다. 구체적으로 미국은 중국 총영사관의 텍사스 연구기관 관련 사기행위, Fox Hunt Teams^{중국 반체제 인사를 중국으로 강제 송환하기 위한 특무부대}의 작전기지 역할 수행 및 홍콩 민주화운동에 대한 비판 지원 등을 중국 총영사관이 행한 불법행위의 증거로 제시하였다.[5] 미국의 주장이 객관적 사실에 근거한 것이라면, 중국 총영사관의 영사관원은 영사관계협약 제5조 및 제55조를 위반한 것으로 볼 수 있다.

영사관계협약은 영사기관의 설치에 대해서만 규정하고 있을 뿐,^{영사관계협약 제4조} 영사기관의 폐쇄에 관한 내용을 담고 있지는 않다. 러시아가 2017년 미국의 샌프란시스코 주재 러시아 총영사관 폐쇄를 국제법 위반으로 비난한 것에 대하여, 미국은 "영사기관은 접수국의 동의를 받는 경우에만 설치될 수 있다"를 언급하며 국제법 위반이 아니라는 점을 강조한 바 있다.[6] 미국이 주장하는 중국 총영사관의 불법행위 관련 증거가 확실하다면, 미국이 2017년 샌프란시스코 주재 러시아 총영사관 폐쇄 시에 영사관계협약 제4조를 그 근거로 제시한 것을 감안할 때, 미국은 중국 총영사관의 설치에 대한 동의를 철회하는 방법으로 중국 총영사관을 일방적으로 폐쇄한 것으로 볼 수 있다.

2) 기피인물 통고가 아니라 왜 총영사관의 폐쇄인가?

영사관계협약이 영사기관의 폐쇄 가능 여부에 대하여 규정하고 있지 않음에도 불구하고, 다양한 이유로 영사기관의 폐쇄 및 영사관원의 퇴거를 국가들이 요구한 사례는 쉽게 찾을 수 있다. 예를 들어, 앞서 언급한 2017년 미국의 샌프란시스코 주재 러시아 총영사관 폐쇄의 주된 이유는 러시아가 755명의 미국 외교관을 추방한 것에서 찾을 수 있다. 2018년 미국은 러시아가 영국에서 전 러시아 첩보원의 독살을 기도한 것과 미 해군 잠수함 기지 및 Boeing사와의 근접성을 이유로 시애틀 주재 러시아 총영사관을 폐쇄한 바 있다.[7] 그러나, 이러한 사례는 미국의 중국 총영사관 폐쇄와 차이가 있는데, 미국의 위와 같은 총영사관 폐쇄는 러시아의 선행행위에 대한 외교적 대응조치였다는 점이다. 오히려 중국의 미국 총영사관 폐쇄가 이와 유사하다.

통상적으로 접수국은 파견국에 기피인물$^{persona\ non\ grata}$을 통고함으로써 문제가 된 영사관원의 퇴거를 요청하거나 영사직원으로 간주하지 않는다는 의사를 전달할 수 있다.$_{영사관계협약\ 제23조}$ 미국이 주장하는 바와 같이 중국 총영사관이 불법행위에 관련되었다면, 미국은 불법행위 관련 영사관원을 중국에 기피인물로 통고하는 것이 통상적인 국가의 실행이다. 그렇다면, 미국은 이러한 통상적인 방법 대신에 왜 중국 총영사관을 폐쇄한 것일까? 외교실무상, 접수국은 기피인물을 결정하고 이를 파견국에 통고할 때, '기피인물'이라는 용어를 명시적으로 언급하지는 않는다. 즉, 접수국은 파견국에게 단지 문제가 된 영사관원의 퇴거를 요청하거나 파견국이 이에 대한 후속조치를 취하지 않을 경우, 관련 영사관원을 영사직원으로 간주하지 않는다는 의사를 전달할 뿐이다.

미국의 입장에서 생각건대, 미국은 중국 총영사관의 폐쇄라는 방법을 통하여 중국에게 미국 내에서 중국의 불법행위를 더는 좌시하지 않겠다는 분명한 메시지를 전달하고자 한 것으로 볼 수 있다. 즉, 영사관계협약상 접수국은 기피인물을 자유롭게 선언할 수 있으며 이에 대한 이유를 제시할 의무가 없다는 점을 감안할 때, 미국은 중국 총영사관의 폐쇄를 통하여 사실상 중국에 중국 총영사관 소속의 영사관원 전원에 대해 기피인물 통고를 한 것으로 볼 수 있다. 영사관원 전원에 대한 기피인물 통고에 따른 영사기관의 사실상 폐쇄는 이론상 영사관계협약에서 금지되지 않는 것처럼 보인다. 그러나, 사실상 동일한 효과가 유발된다고 하더라도 기피인물의 통고와 영사기관의 폐쇄를 본질적으로 동일한 것으로 보기는 어려울 것이다. 영사관계협약상 쟁점이 있긴 하지만, 미국의 중국 총영사관 폐쇄는 국제관계의 역학구조에서 미국이 중국에게 강력한 정치적 메시지를 전달하려는 전략으로 파악하는 것이 보다 바람직할 것으로 생각된다.

3) 미국이 설정한 중국 총영사관 폐쇄 시한인 72시간은 적절한 것인가?

영사관계협약은 영사기관 폐쇄에 따라 영사관원이 퇴거를 준비하는 데 필요한 정확한 기간에 관한 규정을 두고 있지 않다. 직무를 종료한 영사관원의 접수국 퇴거 시한에 대하여 단지 '상당한 기간'[a] reasonable period 을 규정할 뿐이다. 영사관계협약 제53조 접수국은 영사관원이 퇴거를 준비하고 조속한 시일 내에 퇴거할 수 있도록 필요한 시간과 편의를 제공해야 한다. 영사관계협약 제26조 영사직무의 종료 후 접수국으로부터의 퇴거에 필요한 시간으로 통상 1개월을 부여하는 것이 국가의 실행이지만, 통상적으로 기피인물 통고에 따른 퇴거의 경우에는 더욱 짧은 시간이 부여된다.[8]

기피인물로 선언된 영사관원에게 퇴거시한으로 48시간 또는 72시간을 부여하는 것이 통상적인 국가실행이다. 2018년 미국은 기피인물로 선언된 휴스턴 주재 베네수엘라 총영사관의 총영사에게 48시간 이내에 퇴거할 것을 요구한 바 있다.[9] 2018년 우크라이나는 기피인물로 선언된 베레호베Berehove 주재 헝가리 영사관의 영사에게 72시간 이내에 퇴거할 것을 요구한 바 있다.[10] 미국의 중국 총영사관 폐쇄를 총영사관 소속의 영사관원 전원에 대한 기피인물 통고로 본다면, 미국이 중국 총영사관 폐쇄 관련 퇴거시한을 72시간 이내로 부여한 것은 별다른 문제를 초래할 것으로 생각되지 않는다. 미국 또한 미국 총영사관의 퇴거를 72시간 이내에 완료한 것을 보면,[11] 미국의 중국 총영사관에게 부여한 72시간 이내의 퇴거시한은 적절한 것으로 보인다. 그럼에도 불구하고, 갑작스러운 영사기관의 폐쇄 및 이에 따른 퇴거 요구는 영사관계협약의 목적과 취지에 부합되지 않는 것으로 주장될 가능성을 배제할 수 없을 것이다.

3. 평가와 전망

미국과 중국이 각각 자국에 소재한 총영사관을 폐쇄한 근본적인 이유는 복잡한 정치적 역학관계에서 찾을 수 있을 것이다. 남중국해를 둘러싼 미국과 중국의 지속적인 갈등, COVID-19 사태가 초래한 전례 없는 재난상황에서 미국의 중국에 대한 비판적 시각, Trump 대통령의 재선 문제 등 다양한 정치적 이유가 사실상 이번 사태의 직접적인 원인일 것이다. 그러나, 미국의 중국 총영사관 폐쇄를 정치적 역학관계로만 파악할 수는 없으며, 이에 대한 국제법적 평가도 함께 이루어져야 할 것이다.

중국이 중국의 미국 총영사관 폐쇄는 미국의 중국 총영사관 폐쇄에 대한 정당하고 필요한 대응이며, 아울러 관습국제법 및 영사관계협약에 부합하는 조치임을 언급한 반면, 미국은 중국 총영사관 폐쇄에 대한 국제법적 근거를 명확하게 제시하지 않고 있다는 점에서 미국의 중국 총영사관 폐쇄에 관한 상세한 국제법적 접근, 특히 영사관계협약에 따른 검토는 적지 않은 어려움이 있다. 그럼에도 불구하고, 앞서 언급한 바와 같이 영사기관의 폐쇄는 영사관계협약 및 국가실행상 금지되지 않으며, 미국이 중국 총영사관에 부여한 퇴거시한도 과도하게 짧은 것으로 볼 수 없다는 점에서 미국의 중국 총영사관 폐쇄는 관습국제법 및 영사관계협약을 위반한 것으로 볼 수 없다는 잠정적인 결론을 내릴 수 있을 것이다.

그러나, 미국의 일방적인 중국 총영사관 폐쇄와 같이 외교공관 또는 영사기관이 갑작스럽게 폐쇄될 수 있다면, 외교공관 및 영사기관이 적절한 외교직무 및 영사직무를 수행하기 어려울 것이라는 점은 쉽게 예상할 수 있다. 미국의 중국 총영사관 폐쇄는 향후 접수국에 의한 파견국 영사기관의 일방적 폐쇄, 그 방식 및 퇴거시한 설정 문제 등에 관하여 중요한 그러나 바람직하지 않은 선례가 될 것으로 생각된다.

---

1) "미국, 휴스턴 중국 총영사관 전격폐쇄", 중앙일보 (2020. 7. 23) (https://news.joins.com/article/23831212, 2020. 8. 1).

2) "US ratchets up China tensions, closing Houston consulate", AP News (2020. 7. 23) (https://apnews.com/ffc84d09363ba0a1a0e6db3c05bb8322, 2020. 8. 1).

3) "Chinese consulate in Houston ordered to close by US", BBC News (2020. 7. 22) (https://www.bbc.com/news/world-us-canada-53497193, 2020. 8. 1).

4) "중국, 청두 미 총영사관 폐쇄에 "미 조치 맞선 정당한 대응", 연합뉴스 (2020. 7. 27) (https://www.yna.co.kr/view/AKR20200727141900083, 2020. 8. 1).

5) "Briefing With Senior U.S. Government Officials On the Closure of the Chinese Consulate in Houston, Texas", U.S. Department of State (2020. 7. 24) (https://www.state.gov/briefing-with-senior-u-s-government-officials-on-the-closure-of-the-chinese-consulate-in-houston-texas/, 2020. 8. 1).

6) "Did U.S. Closure of Russian Consulate in San Francisco Violate International Law?", Diplomatic Times (2018. 10. 31) (https://diplomatictimes.net/2018/10/31/did-u-s-closure-of-russian-consulate-in-san-francisco-violate-international-law/,

2020. 8. 1).

7) "Russians turned away at Seattle consulate after Trump administration announce closure", The Seattle Times (2018. 3. 26). (https://www.seattletimes.com/seattle-news/russians-turned-away-at-seattle-consulate-after-trump-administration-announces-closure/, 2020. 8. 1).

8) "What is persona non grata?", Federal Foreign Office of Germany (https://www.auswaertiges-amt.de/en/aussenpolitik/themen/internatrecht/persona-non-grata/2287776, 2020. 7. 28).

9) "APNewsBreak: Expelled Venezuela diplomat stays in US", AP News (2018. 6. 1) (https://apnews.com/d2724aacfabb4b92846361abdd629eb8/APNewsBreak:-Expelled-Venezuela-diplomat-stays-in-US, 2020. 8. 1).

10) "Ukraine, Hungary expel counsuls as passport row deepens", Reuters (2018. 10. 4) (https://www.reuters.com/article/us-ukraine-hungary/ukraine-hungary-expel-consuls-as-passport-row-deepens-idUSKCN1ME0V0, 2020. 8. 1).

11) "통보 72시간 만에...청두 미 총영사관 문 닫아", 경향신문 (2020. 7. 27) (http://news.khan.co.kr/kh_news/khan_art_view.html?art_id=202007272122005, 2020. 8. 1).

나고르노-카라바흐(Nagorno-Karabakh) 분쟁의 검토
– *Uti possidetis* 원칙을 중심으로

이근관(서울대학교 법학전문대학원 교수)

1. 서언

'나고르노-카라바흐'라는 지명은 'Нагорный Карабах'이라는 러시아어 표현에서 유래한 것으로 '산악지대의 카라바흐'mountainous Karabakh라는 의미이다. 위키피디아에 따르면 나고르노-카라바흐의 면적은 약 4,400㎢이고 인구는 2013년 기준으로 146,000명을 약간 상회하는 것으로 추정된다. 아제르바이잔과 아르메니아 간 분쟁이 본격화되기 시작하였던 1989년 당시 주민의 76%가 아르메니아계, 23%가 아제르바이잔계였다.

이 지역의 귀속을 둘러싸고 아제르바이잔과 아르메니아 간에 1920년대 초부터 분쟁이 존재했다. 1920년대 초 우여곡절 끝에 나고르노-카라바흐는 아제르바이잔으로 귀속되는 것으로 결정되었다.이 과정에 대해서는 아래에서 자세히 서술함 1922년 12월 소련USSR이 성립하면서 아제르바이잔과 아르메니아 둘 다 소련의 구성공화국으로 편입되었다. 1991년 12월 소련이 '붕괴'할 때까지 나고르노-카라바흐 지역을 둘러싼 두 구성공화국 간의 갈등은 단지 국내법상의 행정경계획정 문제에 불과했다. 연방국가였던 소련의 분열과 더불어 이 문제는 *uti possidetis* 원칙의 작동으로 인해 국제법상의 분쟁으로 변환되었다. 두 국가는 이 분쟁을 평화적으로 해결하지 못하고 결국 1991년부터 1994년까지 이른바 '제1차 나고르노-카라바흐 전쟁'을 치렀다. 이 과정에서 나고르노-카라바흐 지역은 '아르차흐^{Artsakh} 공화국'이라는 국명을 채택하고 독립을 선언하였다. 제1차 나고르노-카라바흐 전쟁은 1994년 정전협정의 체결에 의해 일단락되었다. 이 협정에 따라 아르메니아는 나고르노-카라바흐 지역만이 아니라 이 지역 주변의 아제르바이잔 영토^{Ağdam, Kalbajar, Lachin 등 3개 지역}까지 점령하였다. 나고르노-카라바흐 및 3개 지역의 면적을 합하면 아제르바이잔 전체 면적의 약 20%에 달하였다.

1994년 정전협정에 의해 동결되었던 양국 간의 분쟁은 2020년 9월말 아제르바이잔의 영토회복을 위한 무력 사용으로 재점화되었다. 약 6주에 걸쳐 전개된 무력충돌에서 '제1차 나고르노-카라바흐 전쟁'¹⁹⁹¹⁻¹⁹⁹⁴에서와 달리 아제르바이잔이 군사적 우세를 보였다. 언론보도에 따르면 아제르바이잔의 군사적 성공에는 터키의 지원이 결정적 역할을 했다고 한다. 이 무력충돌은 러시아의 푸틴 대통령이 중개한 2020년 11월 10일 합의^{문서의 영어 명칭은 'Statement'}에 의해 종식되었다. 이 합의에 따라 아르메니아는 1994년 이래 점령하고 있던 아제르바이잔 영토 3개 지역을 반환했다. 아르메니아는 나고르노-카라바흐 지역으로부터 자국군을 철수시키고 이 지역에는 2,000여 명의 러시아 병력이 평화유지군으로 최소한 5년간 주둔하기로 하였다. 또한 아르메니아는 아제르바이잔 서부 지역과 (아제르바이잔의 비령^{exclave}인)[1] 나흐치반 자치공화국^{Nakhchivan Autonomous Republic} 간의 교통 연결의 안전을 보장하였다.

합의 내용이 알려지자 아르메니아 수도 예레반에서는 격렬한 항의 시위가 발발하였다. 시위대는 아르메니아 국회의사당에 난입하기

까지 하였다. 이에 반해 일함 알리예프^{Ilham Aliyev} 아제르바이잔 대통령
은 2020년 무력충돌의 결과를 "영광스러운 승리"로 규정하였다.
2020년 11월 합의에도 불구하고 양국 간의 긴장은 지속되었다.
2021년 5월 이후 국경충돌이 지속적으로 발생하였고, 특히 2022년
9월의 충돌 때는 200명 이상이 사망하였다. 2022년 10월 6일 프라
하에서 개최된 유럽정치공동체^{European Political Community} 정상회의에서 아
제르바이잔의 알리예프 대통령, 아르메니아의 파시니안^{Pashinyan} 총리,
프랑스의 마크롱 대통령, 미셸^{Michel} EU 정상회의 의장은 분쟁지역에
최대 40명의 EU 감시요원을 파견하기로 합의하였다. 양국은 나고르
노-카라바흐 지역을 둘러싼 논쟁과 관련하여 국제사법절차에도 호소
하고 있다. 2021년 9월 16일과 27일 아르메니아와 아제르바이잔은
각각 인종차별철폐협약 위반을 이유로 ICJ에 상대국을 제소하였고,
2023년 1월말 현재 소송이 진행 중이다. 또한 2023년 1월 18일 아제
르바이잔은 아르메니아가 나고르노-카라바흐를 점령 기간 동안 이
지역의 자연환경과 생물다양성을 광범위하게 파괴했다고 주장하면서
유럽 야생동식물 및 자연서식지 보존에 관한 베른 협약<sup>Bern Convention
on the Conservation of European Wildlife and Natural Habitats</sup>에 따라 중재재판을 개시하
였다.

국제법적 시각에서 볼 때 나고르노-카라바흐 분쟁은 다양한 주제
를 내포하고 있다. 1991년 투표를 통해 독립을 선언한 나고르노-카
라바흐 주민의 민족자결권, 일방적 독립선언을 통해 수립된 '아르차
흐 공화국'에 대한 승인, 나고르노-카라바흐 지역에 대한 아르메니아
와 아제르바이잔의 영토적 주장, 피점령 상태에 있던 자국 영토를
탈환하기 위한 무력 사용의 적법성 여부 등이 그것이다. 이 글에서
는 이들 주제 중 아르메니아와 아제르바이잔의 영토적 주장과 관련
하여 특히 *uti possidetis* 원칙에 초점을 맞춰 검토한다. 먼저 나고르
노-카라바흐 분쟁의 연혁을 고찰하고(2.), 나고르노-카라바흐 지역에

대한 양국의 주장을 *uti possidetis* 원칙의 관점에서 살핀다(3.). 마지막으로 지구상의 특정 지역을 넘어 일반적 차원에서 확립된 것으로 평가되는 *uti possidetis* 원칙이 갖는 문제점을 비판적으로 지적하면서 글을 맺도록 한다(4.).

2. 나고르노-카라바흐 분쟁의 연혁

'나고르노-카라바흐' 지역은 기원전 기록에 등장할 만큼 역사가 유구한 지역이다. 아르메니아와 아제르바이잔은 각각 이 지역에 대해 자국의 역사적 권원을 주장해 왔다. 이 분쟁의 발발 및 전개와 직접적 관련을 맺는 사태는 1917년 러시아 혁명 이후 발생하였다. 러시아 혁명 직후 아르메니아와 아제르바이잔은 각각 러시아 제국으로부터 독립하였다가 다시 소련에 편입되었다. 러시아 혁명 직후 나고르노-카라바흐 지역에는 이슬람교도인 아제르바이잔계와 기독교도인 아르메니아계 주민이 함께 거주하고 있었다. 남부 코카서스에서는 나고르노-카라바흐 지역 외에도 나흐치반, 잔게주르[Zangezur] 지역의 귀속을 둘러싸고 아제르바이잔과 아르메니아 간에 다툼이 있었다. 이 문제는 나고르노-카라바흐 인근의 그루지아[Georgia] 출신으로서 당시 민족문제 담당 장관[commissar of nationalities]이었던 스탈린에 의해 처리되었다. 이 과정에서 남부 코카서스 국가들 간의 분열의 조장을 통해 소련 중앙정부에 대한 저항을 방지하려는 정치적 의도가 강하게 작용하였다.[2]

나고르노-카라바흐 귀속 결정에 관해 좀 더 상세히 살펴보도록 하자. 1920년 12월 아제르바이잔 혁명위원회는 스탈린의 압력을 받고 나고르노-카라바흐, 잔게주르, 나흐치반 지역을 모두 아르메니아 통제 하로 이관한다는 성명을 발표하였다. 이 결정은 4개월 뒤인 1921년 3월에 뒤집혔다. 이달 중순 소비에트 러시아['소련'으로 알려진 USSR은

와 터키는 나고르노-카라바흐와 나흐치반은 아제르바이잔에, 잔게주르는 아르메니아에 귀속시키기로 합의하였다. 이 결정은 소비에트 러시아가 새롭게 성립한 터키 공화국을 자신의 잠재적인 동맹으로 인식하였기 때문에 내려졌다. 같은 해 7월 4일 스탈린이 임석한 가운데 열린 소비에트 러시아 공산당 코카서스 지부 회의에서 나고르노-카라바흐를 다시 아르메니아에 귀속시킨다는 결정이 채택되었다. 아제르바이잔 측이 강력하게 반발하자 그 다음날 이 지역은 아제르바이잔에 속하되 상당한 자치가 부여될 것이라는 결정이 내려졌다.

이처럼 혼란스러운 과정을 거쳐 나고르노-카라바흐의 귀속 및 지위 문제는 일단락되었지만, 아르메니아 측은 1920년대 초의 결정을 뒤집으려는 노력을 계속 전개하였다. 아르메니아와 아제르바이잔이 구 소련의 구성공화국이었고 구 소련 중앙정부의 실효적 통제가 작동하고 있던 시절 나고르노-카라바흐 분쟁은 소규모로 가끔 발생하는 데 그쳤다. 1985년 고르바초프가 소련공산당 서기로 취임하고 개방glasnost과 개혁perestroika 정책을 실시하였다. 이로 인해 구 소련연방 안에서 원심력이 강화되었고 1920년대 이후 내연하던 나고르노-카라바흐 문제가 터져나오기 시작하였다. 1988년 2월 나고르노-카라바흐 당국자들은 이 지역을 아르메니아로 이속시켜 달라는 요청을 소련 정부에 제출하였다. 이후 양측 간 갈등이 지속되었고 이 과정에서 상대방 주민에 대해 폭력이 가해졌다. 이와 같은 긴장과 갈등 속에서 1991년 9월 2일 나고르노-카라바흐 공화국의 독립이 선포되었다. 그해 가을 아제르바이잔은 나고르노-카라바흐의 일방적 독립을 저지하기 위해 군대를 파견하였다. 그러자 아르메니아도 군사적 대응에 나서 다음 해에는 나고르노-카라바흐 지역뿐만 아니라 이 지역 주변의 아제르바이잔 영토까지 점령하였다. 1991년부터 시작된 '제1차 나고르노-카라바흐 전쟁'은 1994년 정전 협정의 체결로 휴면 상태에 들어갔다. 1994년 이후 양국 간 분쟁을 평화적으로 해결하기 위한 노력이 경주되었지만 별다른 성과가 없었다. 2020년 9월에 발발한 '제2차 나고르노-카라바흐 전쟁'은 아르메니아 우위의 현상을 변경하여 양국의 경계를 대체로 제1차 나고르노-카라바흐 전쟁 발발 이전의 상태로 회복시켰다.

3. 나고르노-카라바흐 지역에 대한 양국의 영토적 주장 – *uti possidetis* 원칙을 중심으로

국제법상 소련이 영토주권을 보유하고 있던 시절 아제르바이잔과 아르메니아 간의 분쟁은 국내법상의 행정관할에 관한 다툼의 성격을 지녔다. 양국이 주권국가로 등장한 1991년 이후에는 이 지역을 둘러싼 분쟁은 이제 국내법상의 관할권이 아니라 국제법상의 영토주권에 관한 것으로 규정된다. 나고르노-카라바흐 지역에 대한 양국의 영토적 주장의 근거는 무엇이고 이들 주장은 어떻게 평가될 수 있는 것인가?

상세한 검토에 앞서 먼저 지적할 점은 1991년 '나고르노-카라바흐 공화국'이 독립을 선언했지만 아르메니아를 포함한 어느 국가도 승인을 하지 않았다는 사실이다. 또한 아르메니아가 이 공화국에 대해 실효적 통제를 행사하고 있음은 널리 알려져 있다. 따라서 나고르노-카라바흐 공화국의 영토적 주장은 아르메니아에 귀속되는 것으로 간주된다.

먼저 아르메니아 측은 장구한 세월에 걸쳐 이 지역과 긴밀한 역사적·문화적 유대를 유지해 왔음을 내세운다. 더 중요한 근거는 나고르노-카라바흐 지역 주민의 대부분이 아르메니아계라는 사실이다. 1991년 9월의 나고르노-카라바흐 독립선언은 바로 이러한 사실을 기초로 이루어진 것이다. 결국 아르메니아 측의 핵심적 주장은 나고

르노-카라바흐 지역 거주민의 민족자결권에 기초한다.3)

아제르바이잔은 영토적 완전성territorial integrity의 원칙에 기초하여 아르메니아 측의 주장을 배척한다. 특히 연방국가였던 구 소련의 분열 과정에서 적용되었던 *uti possedetis* 원칙을 나고르노-카라바흐 지역에 대한 주장의 기초로 삼는다. 이 원칙에 대한 고전적인 개념 규정은 국제사법재판소ICJ의 부르키나 파소/말리 사건 판결1986에 제시되어 있다. 탈식민지화 과정에서는 원래 식민제국 내부의 행정 경계가 완전한 의미에서의 국제적 경계로 전환한다고 판시함4) 원래 이 원칙은 라틴 아메리카 지역에 성립하고 있던 스페인 제국이 19세기 초에 분열하는 과정에서 적용되었다. 제2차 세계대전 종료 후 이 원칙은 지역적 적용범위를 아프리카 대륙으로까지 확장하였다.5) 1990년대 초 냉전의 와해 과정에서 발생한 소련, 유고슬라비아, 체코슬로바키아 등 연방국가의 분열에도 *uti possidetis* 원칙이 적용되었다.6) 이러한 과정을 거쳐 이제 *uti possidetis*는 (이미 ICJ가 1986년 부르키나 파소/말리 사건에서 설시하였듯이) "발생 지역에 관계 없이 독립의 성취라는 현상과 논리필연적으로 연결되어 있는 일반적 원칙"general principle으로 확립되기에 이르렀다.7)

이와 같이 나고르노-카라바흐 지역의 영토주권에 관한 아르메니아와 아제르바이잔 간의 대립은 민족자결의 원칙과 영토 완전성의 원칙 간의 긴장으로 볼 수 있다. 이 문제에 관한 국제사회의 일반적 견해가 후자의 원칙을 우선하고 있음은 널리 알려진 사실이다. ICJ는 여러 판결을 통해 국경의 "확정성과 최종성"certainty and finality, "국경의 불가침성의 존중"respect for intangibility of frontiers, "국경 안정이라는 근본적인 원칙"fundamental principle of the stability of boundaries 등을 강조하였다. 국경안정의 원칙은 1970년 UN 우호관계선언, 1975년 헬싱키 최종의정서, 1993년 독립국가연합 헌장, 2000년 아프리카 연합 설립헌장 등의 국제문서에도 규정되어 있다.

나고르노-카라바흐 분쟁에 관련된 UN 총회 및 안보리의 결의 역시 이러한 통념적 인식을 담고 있다. 예를 들어 1993년 7월 29일에 채택된 안보리 결의^{S/RES/853}에는 "아제르바이잔 공화국의 나고르노-카라바흐 지역"^{the Nagorny-Karabakh region of the Azerbaijani Republic}이라는 표현을 쓰고 있다. 2008년 3월 14일자 UN총회 결의^{A/RES/62/243}에서도 같은 표현을 발견할 수 있다. 구 소련과 같은 연방국가의 분열 시 *uti possidetis* 원칙을 통해 영토적 현상^{territorial status quo}을 유지하고 이를 통해 국제 평화와 안전을 유지해야 한다는 규범적 인식이 투영되어 있는 것이다.

실정 국제법의 내용에 대해 '유권적인' 해석권을 보유하고 있는 ICJ의 *uti possidetis* 원칙에 관한 일련의 판결과 UN 안보리와 총회의 나고르노-카라바흐 관련 결의에 비추어 보면 나고르노-카라바흐의 영토적 귀속에 관한 해답은 명확히 제시되어 있는 것처럼 보인다. 즉 국제 평화와 안전의 유지를 제1차적 목적으로 표방하는 (UN으로 대표되는) 국제사회는 국경 안정의 원칙을 중시하여 식민제국 또는 연방국가의 분열 시에는 *uti possidetis* 원칙을 적용한다. 나고르노-카라바흐 사례 역시 *uti possidetis* 원칙이 적용되며 따라서 1991년말 구 소련의 분열 시점의 국경의 '스냅 샷'에 따라 이 지역은 아제르바이잔에 속한다는 결론에 도달하게 되는 것이다.

4. *Uti possidetis* 원칙의 경직적 적용에 대한 비판적 검토

3.에서 살펴본 바와 같이 *uti possidetis* 원칙의 법규범적 실정성과 적용범위의 일반성은 확립되어 있는 것처럼 보인다. ICJ는 1992년 판결에서 이 원칙의 적용이 "중남미 지역의 대부분에서 명확하고 안정적인 국경"의 설정이란 결과로 이어졌다고 설시하며 *uti possidetis* 원칙의 실천적 중요성과 기여를 확인하였다.[8] ICJ의 일련의 판결, UN 등 국제기구의 실행, 다수의 학설 등에 의해 관습국제법성이 의문의 여지 없이 확립된 것으로 보이는 이 원칙에 대해 다음과 같은

의문이 제기될 수 있을 것이다.

먼저 사실적 차원에서 과연 *uti possidetis* 원칙이 식민제국 또는 연방국가의 분열 시 "확실하고 안정적인 국경"의 설정에 중대한 기여를 했는지를 검토할 필요가 있다. 남미 지역의 국경 설정과 관련하여 이 원칙의 역할이 일반적으로 알려진 것만큼 중핵적이지 않았음은 이 지역 국경의 약 27%가 직간접으로 무력충돌에 의해 결정된 사실에서 알 수 있다.9)

Uti possidetis 원칙이 널리 실정법규로 인정 받는 것은 이 원칙이 발휘한다고 믿어지는 평화증진적 기능에 힘입은 바 크다. 그러나 나고르노-카라바흐 분쟁의 역사에서 알 수 있듯이 정치적 목적을 위해 자의적으로 국경이 설정된 경우에도 이 원칙을 기계적으로 적용하는 것이 반드시 평화 유지에 기여하는지는 의문이다. 마찬가지의 의문이 구 유고슬라비아 연방의 분열과정에 대해서도 제기된다. 유고슬라비아의 경우에도 *uti possidetis*라는 국제법원칙은 관철되었지만 이 원칙의 적용이 발칸 반도의 평화 보존을 결과하지는 못했다.

이러한 의문 제기에 대해 *uti possidetis* 원칙을 폐기하자는 것인가 라는 반론이 제기될 것이다. 국제사회에서 그처럼 과격한 주장이 수용될 수는 없을 것이다. 다만 식민제국이나 연방국가의 분열 시 기존의 국내 행정경계를 국경 협상의 출발점이 아니라 (더 이상의 논의나 협상의 여지가 없는) 최종적인 국경으로 간주하는 경직적 접근은 지양할 필요가 있을 것이다.10) 1986년 ICJ도 인정하였듯이 *uti possidetis* 원칙이 새롭게 탄생한 국가 간에 '동족살해적'fratricidal 충돌을 방지하는 데 중요한 기여를 한다는 점을 부인할 수 없다. 다만 독립 전 행정경계가 식민모국 또는 연방 내에서 패권적 지위를 가졌던 구성부분에 의해 자의적으로 설정된 경우가 있는 것도 사실이다. 예를 들어 동질적인 집단을 정치적 목적을 위해 분열시키기 위해 행정경계가 획정된 경우에도 이 경계의 '최종성'finality을 내세우며 협상이나 조정을 거부하는 것이 국제법상 정당화될 수 있을 것인가? *Uti possidetis* 원칙의 실정법규성은 인정하면서도 이 원칙의 적용 또는 운용과 관련하여 유연성이 필요할 것이다. *Uti possidetis* 원칙의 무성찰적·기계적 적용이 현저히 부당한 결과를 초래할 우려가 있을 경우_{예를 들어 행정경계가 동질적 집단 거주 지역을 가로지르는 경우}에는 기존의 행정경계를 출발점으로 삼아 관련 당사국 간에 신의칙에 좋은 협상을 수행한다든지 지역적 국제기구 또는 국제사법·중재기관 등을 통한 제3자적 해결을 추구해야 할 것이다. 이러한 노력 없이 *uti possidetis* 원칙을 기존 행정경계의 즉각적이고 최종적인 국제적 경계로의 전환으로 해석한다면 국제관계상의 불안정과 충돌의 위험성이 오히려 증가할 수도 있을 것이다.

---

1) 이 글에는 'enclave'와 'exclave'라는 용어가 등장한다. 현재 이들 영문 용어에 대한 역어는 확립되어 있지 않은 것으로 보이는데 이 글에서는 각각 '위요지(圍繞地)'와 '비령(飛領)'으로 번역한다. '위요지'는 특정 국가의 영토의 전부 또는 일부가 단일한 외국의 영토에 의해 둘러싸인 경우를 가리킨다. '비령'은 특정 국가의 영토의 일부가 본토로부터 격리되어 단일 또는 복수의 다른 국가의 영토에 의해 둘러싸인 경우를 지칭한다. 예를 들어 바티칸 시국(市國)이나 산 마리노는 이탈리아 영토에 의해 둘러싸인 위요지이다. 나흐치반 자치공화국은 아제르바이잔에 속하지만 본토로부터 격리되어 있으므로 아제르바이잔의 입장에서 보면 '비령'에 해당한다. 다만 나흐치반 자치공화국은 아르메니아, 이란, 터키와 접경하고 있으므로 단일한 외국의 영토에 의해 둘러싸인 경우에 해당하지 않아 '위요지'는 아니다.

2) 이하의 서술은 다음 문헌에 의존한 것이다. Svante E. Cornell, "Undeclared War: The Nagorno-Karabakh Conflict Reconsidered", *Journal of South Asian and Middle Eastern Studies* vol. 20 no. 4 (summer 1997).

3) Andriy Y. Melnyk, "Nagorny-Karabakh", *Max Planck Encyclopedia of Public International Law* (May 2013), para. 14. Melnyk는 나고르노-카라바흐 지역의 아르메니아계 주민들이 대외적 민족자결권의 행사 주체가 되는 'people'에 해당하지 않는다는 견해를 제시하고 있다. *Ibid.*

4) Frontier Dispute (Burkina Faso/Mali), ICJ Reports 1986, p. 566 (para. 23) ("administrative boundaries being transformed into international frontiers in the full sense of the term").

5) *Uti possidetis*의 개념과 연혁에 관해서는 Giuseppe Nesi, "Uti possidetis Doctrine", *Max Planck Encyclopedia of Public International Law* (February, 2018), paras. 1-10; 박희권, "UTI POSSIDETIS 原則의 硏究 − 부르키나파소·말리間 國境紛爭에

관한 ICJ 判決을 中心으로", 국제법학회논총 제35권 1호 (1990), pp. 186-189 참조.

6) 유고슬라비아, 소련, 체코슬로바키아 분열과정에서 *uti possidetis* 원칙의 적용에 대한 상세한 논의에 관해서는 Giuseppe Nesi, *L'Uti Possidetis Iuris nel Diritto Internazionale* (CEDAM, 1996), pp. 179-195 참조. Badinter 위원회는 1992년 1월에 내린 제2의견에서 *uti possidetis* 원칙이 구 유고슬라비아의 분열에 적용된다고 판단하였다. Conference on Yugoslavia Arbitration Commission, Opinion No. 2, *International Legal Materials* vol. 31 (1992), p. 1498.

7) Frontier Dispute (Burkina Faso/Mali), ICJ Reports 1986, p. 565 (para. 20).

8) Land, Island and Maritime Frontier Dispute (El Salvador/Honduras: Nicaragua intervening), ICJ Reports (1992), p. 386 (para. 41).

9) Jean-Marc Sorel & Rostane Mehdi, "L'Uti Possidetis entre la Consécration Juridique et La Pratique : Essai de Réactualisation", *Annuaire Français de Droit International* vol. 40(1994), p. 29.

10) *Uti possidetis* 원칙에 따를 경우 기존 행정경계가 바로 최종적인 국경으로 굳어지는 것이 아니라 관련 국가 간의 평화적 해결에 이르기까지 잠정적인 국경으로 존재한다는 견해에 관해서는 Frontier Dispute (Burkina Faso/Niger), ICJ Reports (2013), Separate Opinion of Judge Yusuf 참조.

아르테미스 약정(Artemis Accords)의 국제법적 함의

오시진(강원대학교 법학전문대학원 부교수)

1. 들어가며

　최근 우주활동의 증가로 아르테미스 약정이 주목을 받고 있다. 2019년 5월 14일 NASA는 2024년까지 달에 돌아가겠다고 선언하며 아폴로 프로그램 이후 중단된 유인 우주탐사 프로그램, 즉 아르테미스 프로그램^{Artemis Program}을 시행하였다. 이 아르테미스 프로그램을 실현하기 위해 2020년 10월 13일 영국, 일본, 캐나다, 호주, 이탈리아, 룩셈부르크, 아랍에미리트의 우주항공 관련 기관은 미국 NASA의 주도로 우주활동, 우주개발, 그리고 달탐사와 관련한 기본원칙을 확인하고 협력하는 내용의 아르테미스 약정^{Artemis Accords}을 체결하였다.[1]

　이어서 2020년 11월 13일에 우크라이나가 본 약정에 서명하였고, 2021년 5월 27일에 대한민국 과학기술정보통신부 장관이 아르테미스 약정에 서명하였다.[2] 이후 뉴질랜드,[2021년 5월 31일] 브라질,[6월 15일] 폴란드,[10월 26일] 멕시코,[12월 9일] 이스라엘,[2022년 1월 26일] 루마니아,[3월 1일] 바레인,[3월 2일] 싱가포르,[3월 28일] 콜롬비아,[5월 10일] 프랑스,[6월 7일] 사우디 아라비아[7월 14일]가 본 약정에 서명하였다. 2022년 12월 13일 르완다와 나이지리아가 본 약정에 동시에 서명하여 아프리카 국가들 중에서는 처음으로 본 약정의 당사국이 되었다. 당사국의 숫자는 계속 늘어나고 있기 때문에 본 약정의 영향력은 계속 커져 나갈 전망이다.

아르테미스 약정은 우주법체계 변화에 주도적인 역할을 할 수 있고, 한국에 직·간접적으로 영향을 줄 수 있기 때문에 세밀한 검토가 필요하다. 본 약정과 관련하여 다음과 같은 두 가지 법적 논점을 검토해 볼 필요가 있다.

첫째, 아르테미스 약정의 법적 성격은 무엇인가? 문제는 아르테미스 약정이 NASA를 중심으로 타국 우주항공국과 양자 합의 형태로 체결되고 있다는 점인데, 이러한 약정은 전통 국제법상 조약이라 하기 어려운 부분이 있기 때문에 그 법적 성격을 검토할 필요가 있다.

둘째, 우주와 그 천연자원을 사유화할 수 있을까? 달협정[1979] 제11조는 달과 그 천연자원은 인류의 공동유산이라 규정하고 있다. 그러나 2020년 10월 13일 미국 NASA를 중심으로 체결된 아르테미스 약정 제10항 제2호는 달, 화성, 혜성, 소행성에서 우주자원을 채굴 및 회수할 수 있다고 규정하여 논란을 야기하고 있는데 그 파급효과가 상당하다고 할 수 있기 때문에 이 또한 검토가 필요하다.

본 약정체제가 발전하면 우주자원을 채굴 및 회수할 수 있는 별도의 체계가 구축되어, 기존 달협정[1979] 체계와 상반되는 우주법체계가 존재하는 상황이 발생할 가능성이 생긴다. 한편, 2021년 3월 9일 러시아와 중국은 별도의 우주프로그램을 진행하기 위한 양해각서를 체결하였고, 이에 타 국가들의 참여를 권장하여 미국 주도의 우주프로그램에 대항하는 체제를 구축하고자 시도하고 있다. 따라서 우주법체계의 파편화 문제가 제기될 수도 있다.

2. 아르테미스 약정의 법적 성격

아르테미스 약정이 국제법상 조약일까? 기존 우주법조약, 즉 우주조약,[1967] 구조협정,[1968] 책임협약,[1972] 등록협약,[1976] 달협정[1979]은 UN 외기권위원회[COPUOS]의 주도로 체결되었다. 이들은 냉전시대에 체결된 조약들이고, 1979년 이후 우주에 관한 국제조약은 찾아보기 어렵다. 냉전시대 이후에는 조약보다는 각종 선언, 권고, 원칙, 결정 형태의 국제문서가 우주와 관련된 활동의 기준으로 활용되어 왔다. 그러나 아르테미스 약정은 이와 또 다르다. 본 약정은 UN의 외기권위원회나 미국 국무부가 주도하지 않았고, 미국 우주항공국, 즉 NASA가 주도했다. 그렇다면 NASA와 같은 우주항공국이 주도하여 여타 국가의 우주항공국과 체결한 아르테미스 약정이 과연 1969년 조약법에 관한 비엔나협약 상 조약이라 볼 수 있을지 의문이다.

물론 NASA가 주도하는 국제적 합의 또는 약정이 체결되는 사례는 드물지 않다. NASA는 이미 120여 개의 국가 및 국제기구와 4,000여 개의 협정[agreement]을 체결한 바 있다.[3] 이는 NASA가 미국 국내법인 "우주법"[Space Act]에 따라 국내외 기관과 협정을 체결할 권한을 가지고 있기 때문에 가능한 것이다. 그러나 국제공법 차원에서 보았을 때 이 모두를 조약이라 할 수는 없을 것이다. 아르테미스 약정도 국제법상 조약이라 할 수 없다.

그러나 현 우주법체계를 하나의 거버넌스 레짐[regime]으로 이해하고, 아르테미스 약정도 거버넌스 레짐의 일부로 이해하는 시각이 있다. 레짐은 일반적으로 국제관계의 일정한 영역에서 행위자들이 공통된 기대를 가지고 있는 암묵적이거나 명시적인 일련의 원칙, 규범, 규칙 및 의사결정절차로 정의되고 있다. 국제사회의 발전 형태를 고려했을 때, 통상, 환경, 인권 등의 분야에서 구속력이 있는 조약 및 관습법과 비구속적 규범이 얽혀서 레짐이 형성되었다고 보기도 한다. 이러한 맥락에서 아르테미스 약정을 우주 분야에서 형성된 레짐으로 볼 여지가 있다. 물론 아르테미스 약정이 거버넌스 레짐에 해당하는지 여부는 견해가 나뉠 수 있는 부분이다.

그러나 본 약정이 조약이나 레짐이 아니라 할지라도 우주법에 변화를 유발할 가능성이 있다. 아르테미스 약정의 법적 성격이 무엇이든지 간에 결과적으로 국가들이 이를 이행하는지 여부가 중요하다고 할 수 있기 때문이다. 관련된 국가들이 해당 합의에 따라 우주활동을 이행한다면 국가들의 관행이 축적될 수 있고, 아르테미스 약정이 추후 국제관습법으로 발전할 가능성이 있다.

3. 우주자원의 사유화 가능 여부

우주와 그 천연자원은 인류의 공동유산일까? 달협정[1979]은 우주와 그 천연자원을 인류의 공동유산이라 정하고 있다. 그러나 아르테미스 약정 제10항 제2호는 우주조약[1967]에 따라 달, 화성, 혜성, 소행성에서 우주자원을 채굴 및 회수할 수 있다고 하며, 이러한 행위가 우주조약[1967] 제2조에서 금지하는 국가의 전용[appropriation] 행위를 구성하지 않는다고 하였다. 즉, 사인의 상업적 이용은 허용된다는 것이다. 또한, 본 약정 제11항 11호가 충돌방지[Deconfliction] 규정을 명시하여 과학적 발견, 우주자원의 채굴과 활용의 진행 정도에 따라 충돌을 방지하는 안전지역[Safety Zones] 설정이 변화, 진화, 종료될 수 있다고 규정하였다. 본 조항의 취지를 확인할 수 있게 하는 부분이다. 즉, 우주자원을 채굴 및 활용하는 과정에 타 국가와 충돌하는 것을 방지하기 위한 것이 제11항 11호의 취지 중 하나라 할 수 있다.

아르테미스 약정의 제10항 제2호는 미국 국내법의 연장선에서 이해될 수 있다. 2015년 11월 미 하원은 "미국 상업적 우주발사 경쟁 법"[the US Commercial Space Launch Competitiveness Act of 2015]에 미국 시민이 우주자원을 상업적 목적으로 회수할 수 있으며 그에 대한 소유권을 획득할 수 있다는 내용을 규정하였다. 미 대통령은 2017년 12월 11일 우주정책지령[Space Policy Directive]에 달탐사와 우주의 상업적 이용을 규정하였다. 이어서 2020년 백악관의 행정명령^{Executive Order} 제13914호 제1항은 미국인은 관련 법률에 따라 우주공간에서 상업적 탐사, 회수 및 자원 사용에 참여할 권리가 있어야 한다는 점을 밝힌 바 있다.

그러나 우주자원을 채굴 및 회수할 수 있다는 본 규정은 달협정[1979] 제11조에서 달과 그 천연자원은 인류의 공동유산이라 정한 부분과 배치될 수 있다. 물론 미국의 견해는 다르다. 달협정[1979]의 당사국이 아닌 미국은 2020년 백악관의 행정명령 제2항에 따라 달협정[1979]상 "인류의 공동유산"은 국제관습법이 아니며, 달협정[1979]이 우주의 상업적 이용 기준이 될 수 없다는 견해를 밝혔다. 이런 미국의 견해가 법리적으로 불가능한 주장은 아니다. 언급하였듯이 우주조약[1967] 제2조에서 금지하는 것은 국가의 전용^{appropriation} 행위일 뿐이지 사인의 우주자원 소유를 금지한 것이 아니기 때문이다. 또, 달협정[1979]은 18개 국가만이 당사국인 상황이기 때문에 해당 규범이 국제관습법이라 주장하기 위해서는 별도의 검토가 필요하다. 그러나 관련 국가관행이 부족하여 이를 판단하기는 쉽지 않다. 한편, 달협정[1979] 준비문서의 내용을 검토하여도 본 협정상 "인류의 공동유산"의 의미를 파악하기 어렵다. 이 때문에 학자들도 그 의미에 대해 견해가 분분하다. 따라서 달협정[1979] 상 인류의 공동유산 규정이 국제관습법화되었다고 주장하기 어렵다.

요컨대, 달협정[1979]의 당사국이 아닌 이상 우주조약[1967]은 국가의 전용행위만 금지하고 있기 때문에, 기존 우주법체계 내에서 사인의 우주자원 사유화가 불가능하지 않다.

4. 기존 우주법체계에의 함의

우주자원이 사유화될 수 있다는 점을 규정한 아르테미스 약정은 기존 우주법체계를 파편화할 가능성이 없지 않다. 먼저, 본 약정은

UN 외기권위원회를 통하지 않고, 미국이 주도하는 별도의 우주체계를 구성하려는 시도라 할 수 있다. 사실 UN 외기권위원회를 통하여 아르테미스 약정이 성안되었다면, 우주자원의 사유화 사안은 기존체계와의 충돌문제가 제기되었을 것이고, 합의를 이루어내기 어려웠을 것이다. 아르테미스 약정은 구조적으로 미국 NASA의 주도 하에 다자합의 형태가 아니라 복수의 양자합의 형태로 체결되도록 기획되었다. 다자합의 형태였다면 여러 국가의 다양한 의견을 조율하는 과정이 있어야 하는데, 양자합의의 경우 그러한 수고를 덜 수 있다. 즉, 약정을 체결할 때, 미국이 원하는 바를 통제할 수 있었을 것이다. 또한, 이와 같은 양자합의 형태에서는 미국이 사실상 당사국을 선별할 수 있다. 미국이 주도권을 갖고 있기 때문이다. 이러한 접근은 미국이 달협정[1979] 체계와는 다른 별도의 우주체계를 구성하려는 시도가 아닌지 의구심이 들게 한다. 적어도 우주자원의 사유화가 가능한 미국 중심의 우주체계를 구성하려는 것이라 볼 여지가 있다.

이에 대한 비판도 없지 않다. 최근 러시아는 아르테미스 약정을 통해서 미국이 사실상 타 국가 및 민간기업의 우주활동에 면허증을 주는 결과를 가져온다며, 아르테미스 약정이 미국에 우호적인 우주법체계를 형성하고자 하는 시도라 비판하였다.[4] 중국 정부의 미디어도 아르테미스 약정에 부정적인 견해를 피력하였다. 중국군 관계자이자 우주항공 전문가인 송종핑은 미국의 아르테미스 약정이 19세기 식민지개척과 다를 바 없으며, 중국과 러시아의 우주활동을 견제하기 위함이라고 주장하였다. 이와 같은 비판은 두 국가의 협력으로 이어졌다. 2021년 3월 9일 중국의 국가우주행정국과 러시아의 우주항공국은 달에 영구적인 연구기지 건축을 내용으로 하는 양해각서를 체결하였다. 본 양해각서는 기존 우주법체계의 용어를 차용하여 달에서의 과학적 탐사에 주안점을 두고 있다. 그러나 본 프로젝트는 모든 관심 있는 국가와 국제파트너에게 열려있다고 하여 그 프로젝트의 목적을 엿볼 수 있게 하였다.5) 즉, 두 국가는 본 양해각서로 아르테미스 약정과 별도의 체제를 형성할 의도를 가지고 있다.

물론, 러시아와 중국의 우주활동 협력 혹은 연합은 과거에도 있었다. 2008년과 2014년 러시아와 중국은 "우주에서의 무기배치 방지에 관한 조약" 초안을 제출하였지만, 국제사회로부터 지지를 받지 못한 바 있다. 그러나 이번 아르테미스 약정 사례는 기존 우주법체계의 방향성을 바꿀 수 있는 요소가 있기 때문에 차이가 있다.

5. 나가며

아르테미스 약정은 우주자원과 관련하여 국제사회에 큰 파장을 일으킬 수도 있다. 본 약정은 달협정[1979] 체계에서 벗어나 미국 주도 하에 새로운 우주법 체계를 만드는 작업이라 할 수 있다. 이에 러시아와 중국은 별도의 우주법체계를 구성하는 방향으로 진행하고 있고 결과적으로 우주법체계의 파편화를 야기할 수도 있다. 이러한 강대국 간의 경쟁은 20세기 중후반 냉전시대를 상기시키는 부분이 있다. 그러나 과거 냉전시대의 우주경쟁과는 다른 요소가 있다.

아르테미스 약정의 핵심은 우주자원의 사유화라 할 수 있다. 냉전시대의 우주경쟁과 달리 우주자원에 대한 상업적 탐사, 자원의 회수 및 사용 등이 중요 쟁점으로 부상할 것이다. 달의 표토에 인간이 수백 년 동안 사용할 수 있는 핵융합원료인 헬륨-3이 다량 매장되어 있고, 소행성에 매장되어 있는 희소금속의 매장량은 천문학적이라고 한다. 이러한 사실은 Space-X, Blue Origin, Orbital Sciences와 같은 민간기업의 활동 및 투자를 급속도로 증가시키는 이유 중 하나일 것이다. 따라서 21세기 신냉전시대의 우주경쟁은 국가 간의 군사력 경쟁 문제만이 아닐 수 있다. 본 갈등으로 우주자원 경쟁시대가 개막되는 효과가 발생할 수도 있다. 즉, 민간기업의 우주활동과 우주자원 "소유"의 문제가 심화될 수 있고, 경제적인 문제가 우주경쟁의 한 축이 될 수 있다.

우주자원의 사유화 문제는 법리적으로 기존 달협정[1979] 상 인류의 공동유산 규정과 충돌한다. 그러나 인류의 공동유산 규정이 국제관습법화 되었다고 할 수 없기 때문에 아르테미스 약정이 기존 체제에 반한다고만 할 수도 없다. 물론, 본 약정이 국제법상 조약이 아니기 때문에 당사국들에게 법적 구속력은 없다. 그러나 본 약정의 합의 내용을 당사국들이 이행하게 되면 국가관행이 성립하여 추후 관습법으로 발전할 여지가 있다.

아르테미스 약정이 국제사회에 어떻게 영향을 줄 것인지를 확인하기 위해서는 시간이 더 필요하다. 그러나 냉전시대 이후 우주활동이 급격하게 활성화되는 시기에 미국을 중심으로 한 아르테미스 약정체계가 형성되고 있고, 이에 반응하여 중국과 러시아가 별도의 체계를 형성하려 시도하고 있다. 따라서 아르테미스 약정은 우주법의 발전과 관련하여 주요 평가대상이 될 수 있을 것이다.

---

1) The Artemis Accords, Principles for Cooperation in the Civil Exploration and Use of the Moon, Mars, Comets, and Asteroids for Peaceful Purposes.

2) 외교부, 보도자료: "아르테미스 약정 가입 서명 실시" (작성일: 2021-05-27) Available at: https://www.mofa.go.kr/www/brd/m_4080/view.do?seq=371210

3) NASA International Agreements, International Cooperation. Available at: https://www.nasa.gov/sites/default/files/atoms/files/oiir_international_tag.pdf

4) Aaron Boley and Michael Byers, "U.S. policy puts the safe development of space at risk", Science. Vol. 370, Iss. 6513 (2020), pp. 174-175.

5) China National Space Administration, "China and Russia sign a Memorandum of Understanding Regarding Cooperation for the Construction of the International Lunar Research Station."

국제영상재판의 국제법적 쟁점과 근거

오승진(단국대학교 법과대학 교수)

1. 영상재판의 의의

영상재판이란 비디오 등 중계장치에 의한 중계시설을 이용하거나 인터넷 화상장치를 이용하여 재판을 하는 것을 말한다. 전자는 중계시설을 관리하는 사람이 있는 시설을 이용한다는 점에서 후자와 차이가 있다. 대법원 원격영상재판의 실시에 관한 업무처리지침 2조 민사소송법에 의하면 법원은 증인이 멀리 떨어진 곳에 거주하는 등 직접 출석하기 어려운 경우에는 비디오 등 중계 장치에 의한 중계시설을 통하여 신문할 수 있으며, 327조의 2 감정인이 외국에 거주하는 경우 등에는 비디오 등 중계장치에 의한 중계시설을 통하거나 인터넷 화상장치를 이용하여 신문할 수 있다. 339조의 3

코로나 사태가 장기화하면서 법원의 재판도 이로 인한 영향을 받고 있다. 재판을 하려면 기일을 정하여 판사, 변호사, 당사자, 증인, 감정인 등이 법정에 모여야 하지만 감염의 위험이 있으니 재판 자체가 쉽지 않다. 항공편도 여의치 않으니 해외의 증인이나 감정인이 입국하기도 어렵다. 법원의 재판기능이 심각하게 영향을 받는 상황에서 영상재판은 대안이 될 수 있다.

증인이나 감정인이 법정에 출석하는 것은 많은 비용과 시간이 든다. 이들이 해외에 있다면 더욱 그렇다. 인터넷 등을 이용하여 영상재판을 한다면 일정, 비용, 건강상의 이유로 출석이 힘든 증인이나 감정인이 쉽게 증언을 할 수 있다. 코로나 사태로 항공편이 취소되는 경우와 같이 증인이 법정에 출석하는 것이 애초부터 불가능한 경우에도 증언이 가능하다. 다만, 영상재판에서는 판사가 증인의 표정이나 말투 등을 직접 보는 방법으로 증언의 신빙성을 판단하기 어려울 수 있다. 영상재판에서는 증인의 신분을 확인하거나 선서를 받는 것이 어려울 수 있으며, 증인이 자유로운 분위기에서 증언을 하는 것이 보장되지 못할 수도 있다. 또한 기술적인 장애가 발생하는 경우 재판의 진행이 원활하지 않을 수도 있다.

2. 한국의 영상재판

우리나라는 1995년에 원격영상에 관한 특례법을 만들어 제한적으로 영상재판을 도입하였으나 재판관계인이 교통의 불편으로 법정에 출석하기 어려운 경우에 매우 제한적인 사건에 대하여만 적용된다. 민사소송법 제327조의 2, 제1항, 제339조의 3, 제1항도 증인, 감정인을 상대로 한 영상재판을 허용하고 있으나 그 동안 제대로 이용되지 못하였다. 그러나 코로나 이후 상황이 달라졌다. 2020년 개정된 민사소송규칙 제70조에 의하면 법원은 당사자의 동의를 얻어 인터넷 화상장치를 이용하여 변론준비기일을 열 수 있다. 실제로 2021년 5월 21자 연합뉴스 기사에 의하면 인천지법은 전국에서 처음으로 영상재판으로 변론준비기일을 진행하였다고 한다. 법원은 2021년 4월 경 영상재판을 활성화하기 위하여 모든 재판부에 영상법정 컴퓨터 프로그램을 보급하였다고 한다. 기술적으로는 당장이라도 모든 재판에서 영상재판이 가능하다. 영상재판의 법적 근거를 마련하

기 위하여 모든 변론기일에 영상재판을 도입하는 민사소송법개정안
도 국회에 제출되어 있다. 영상재판이 전면적으로 허용될 날이 멀지
않은 것으로 보인다.

3. 영상재판의 국제법적 쟁점

증인, 감정인이 국내에 있다면 국내법의 근거에 따라 영상재판을
하면 된다. 그러나 영상재판이 전면적으로 허용되면 법원은 자연스
럽게 증인 등이 해외에 있는 경우에도 이를 이용하게 될 것이다. 인
터넷을 이용한다면 증인 등이 해외에 있는 것은 영상재판에 아무런
장애가 되지 않을 것이다. 그러면 해외에 소재하는 증인 등을 상대
로 한 영상재판^{국제영상재판}은 국제법상 가능한가?

국가관할권 중 집행관할권은 국가가 자국법을 시행할 권한을 의
미하는데, 이는 원칙적으로 국가영역내로 제한된다. 따라서 국가가
타국의 영역에서 집행관할권을 행사하려면 그 국가의 동의를 얻어
야 한다. 법원의 재판관할권도 집행관할권의 일종이므로 타국의 영
역에서 재판권을 행사하려면 그 국가의 동의를 얻어야 한다.

다만, 재판권의 개념에 대하여는 영미법계와 대륙법계의 입장이
조금 다르다. 영미법계, 특히 미국에서 증거조사는 법원이 아니라
당사자 및 대리인의 역할로 인식되고 있으며, 법원은 예외적인 경우
에만 개입한다. 따라서 미국에서 제기된 소송과 관련하여 외국에서
증거조사를 하는 경우에도 당해 외국의 주권을 침해한다고 보지 않
는다. 이에 반하여 대륙법계 국가에서 증거조사는 재판권에 속하는
것으로 인식되므로 외국의 허가 없이 그 외국에서 증거조사를 하는
것은 주권의 침해라고 본다. 이러한 증거조사에 대한 법체계의 차이
는 국가들 사이의 마찰을 불러일으키게 된다.

헤이그국제사법회의^{Hague Conference on Private International Law}는 증거조사에

관한 법체계의 차이로 발생할 수 있는 국가들 사이의 마찰을 줄이고 협력을 강화하기 위하여 1970년 민사 및 상사문제의 해외증거조사에 관한 협약^{Convention of 18 March 1970 on the Taking of Evidence Abroad in Civil or Commercial Matters, '헤이그증거협약'}을 채택하였다. 2020년 현재 약 63개국이 이 협약에 가입하였으며, 한국도 2009년 이에 가입하였다.

이 조약은 민사 또는 상사문제에 관하여 각 체약국은 중앙당국을 지정하도록 하며, 일방 체약국이 타방 체약국에게 요청서를 통하여 증거조사를 요청하도록 규정하고 있다. 요청서를 집행하는 사법당국은 자국법의 방식 및 절차를 따르지만 국내법과 양립하지 않거나 국내의 관행, 절차 또는 현실적인 어려움으로 이행될 수 없는 경우가 아닌 한, 특별한 방식 또는 절차를 준수해 달라는 요청을 따른다.^{9조} 요청서를 집행하는 당국은 국내법에 따른 적절한 강제력을 사용하므로^{10조} 실효적인 증거조사가 가능하다.

국가관할권의 개념에 의하면 법정지국의 법원이 증인이나 감정인이 소재하는 외국의 동의를 얻지 않고 인터넷을 통하여 이들을 연결하여 신문을 하는 것도 당해 외국의 주권을 침해할 수 있다. 따라서 헤이그증거협약의 일방 당사국이 영상재판을 통하여 타방 당사국에 소재하는 증인이나 감정인을 상대로 증거조사를 할 수 있는가 여부가 문제가 된다.

4. 국제영상재판의 방식

국제영상재판은 개념상 몇 가지 방식이 존재할 수 있다. 첫째, 사법공조요청에 따라 요청을 받은 국가의 법원이 증인 등을 신문하고 이를 화상장치를 통하여 공조요청을 한 국가의 법원에 실시간으로 전송을 하는 간접신문 방식이다. 이 경우에 공조요청을 한 국가의 판사나 변호사 등이 화상을 통하여 증인을 신문할 수 있는가 여부가 문제가 된다. 이는 일반적으로 증인을 직접 신문하는 피요청법원의 판사가 결정할 문제이다. 이러한 방식은 공조요청을 받은 법원이 증인을 신문하는 것이므로 헤이그증거협약의 구조에 맞는 방식이다.

둘째, 증인이 소재하는 국가의 법원은 공조요청에 따라 증인을 소환하기만 하고 공조를 요청한 국가의 법원 판사가 화상장치를 통하여 증인 등을 신문하는 직접신문 방식이다. 이러한 방식은 공조요청을 한 법원의 판사가 직접 증거조사를 하게 되므로 공조요청을 받은 국가가 증거조사를 실시하도록 하는 헤이그증거협약의 구조와는 맞지 않는 문제가 있다. 따라서 헤이그증거협약의 당사국 중에서는 이러한 사법공조에 응하지 않는 국가가 다수 있다.

셋째, 법정지국의 법원이 사법공조절차를 거치지 않고 화상장치를 통하여 증인 등을 신문하는 방식이다. 헤이그증거협약의 당사국 중에는 자국 내의 증인 등이 자발적으로 증언에 응하는 경우라면 사법공조절차를 거치지 않고 화상장치를 통한 증언을 허용하는 국가가 있다.

5. 국제영상재판의 법적 근거

국제영상재판은 3가지의 법적 근거에 따라 행해질 수 있다. 첫째, 국내법에 따른 영상재판이다. 헤이그증거협약 제27조는 체약국이 국내법 또는 국내관행에 따라 협약의 규정보다 덜 제한적인 조건에 따라 증거조사를 집행하는 것을 허용하고 있으므로 이 규정에 따라 화상장치를 이용한 증거조사가 가능하다. 예를 들어, 미국은 미국에 있는 증인이 자발적으로 외국 법원에 화상장치를 통하여 증언하는 것을 허용한다. 따라서 미국에 소재하는 증인이 자발적으로 화상장치를 통하여 증언하고자 한다면 굳이 사법공조절차를 취할 필요가 없다.

둘째, 헤이그증거협약에 따른 영상재판이다. 헤이그증거협약은

1970년에 채택되었으므로 당연히 영상재판에 관한 규정이 존재하지 않는다. 다만, 협약 제9조는 공조요청을 받은 국가는 자국법의 방식 및 절차를 따르지만 특별한 사정이 없는 한 특별한 방식 또는 절차를 준수해 달라는 요청 당국의 요청을 따르도록 규정하고 있다. 따라서 협약의 해석상 일방 체약국이 타방 체약국에게 증인이나 감정인을 인터넷으로 연결하여 신문할 수 있도록 협조해 달라는 사법공조를 요청하는 경우에 피요청국의 법률이 영상재판을 허용하는 경우라면 자국법의 방식 및 절차에 따라 사법공조에 응해야 할 것이다. 또한 자국법이 영상재판을 허용하지 않는 경우에도 원칙적으로 특별한 방식 또는 절차를 준수해 달라는 요청에 응해야 하므로 영상재판에 관한 사법공조에 응해야 할 것으로 해석된다. 결국, 헤이그 증거협약이 영상재판에 관한 공조요청의 국제법적 근거가 되는 것이다.

헤이그증거협약의 실무를 보면 국가들은 공조요청을 받은 법원이 증인을 신문하는 간접신문 방식의 공조요청에는 대부분 응한다. 다만, 체약국의 일방 법원이 화상장치를 통하여 타방 체약국에 소재하는 증인을 신문하는 직접신문 방식의 사법공조요청에 응할 것인지 여부에 대하여는 국가들의 실무가 나뉜다. 대부분의 유럽국가들은 이러한 사법공조요청에 응한다. 그러나 대부분의 남미국가, 아시아 국가, 미국은 이러한 공조요청에 응하지 않는다. 다만, 미국, 호주 등은 외국 법원이 사법공조절차를 이용하지 않고 자발적으로 화상증언에 응한 자국 내의 증인을 상대로 신문하는 것을 허용한다.

셋째, 양자조약 및 기타 조약 등에 의한 영상재판이다. 우리나라가 호주와 체결한 민사사법공조조약은 영상에 의한 증거조사에 관하여 규정하고 있다. 다만, 아직까지 제대로 활용되는지는 의문이다. 반면, 유럽은 영상재판을 적극적으로 활용하고 있다. EU 민사 및 상사사법공조규칙Council Regulation No 1206/2001 of 28 May 2001 on cooperation between the courts of the Member States in the taking of evidence in civil or commercial matters, 'EU 증거규칙'은 영

상재판을 명시적으로 규정하고 있다. 이 규칙은 민사 및 상사문제에서 회원국의 법원이 다른 회원국의 법원에 증거조사를 요청하거나 다른 회원국내에서 직접 증거조사를 할 때 적용된다. 민사 및 상사문제는 범위가 넓어서 민사, 상사법, 소비자법, 고용관계법, 경쟁법에 관하여 소송에 적용된다. 나아가 자연인의 법적 지위, 유언 및 상속, 파산, 회사 또는 기타 법인의 청산 등에도 동 규칙이 적용된다.

EU 증거규칙은 두 가지 증거조사방법을 규정하고 있다. 첫째는 간접 증거조사의 방법인데, 피요청법원이 요청법원의 요청에 따라 증거조사를 하는 방법이다. 요청법원은 중앙당국을 거치지 않고 직접 피요청법원에 요청서를 송부한다. 증거조사를 담당하는 주체는 피요청법원이다. 둘째는 직접 증거조사의 방법인데, 요청법원이 직접 타방 회원국 내에서 증거조사를 실시하는 방법이다. 이 때 증거조사의 주체는 요청법원이다. 이 경우에는 타방 회원국의 승인이 필요하다. 간접 증거조사나 직접 증거조사 모두 화상장치를 이용하여 행해질 수 있다.

특히, EU 증거규칙 제10조 4항에 의하면 요청법원은 피요청법원에 증거조사에서 통신기술, 특히 영상회의 또는 원격회의 기술을 사용할 것을 요청할 수 있다. 피요청법원은 통신기술 사용에 관한 요청이 피요청국의 국내법과 양립하지 않거나 중요한 실질적인 어려움이 없는 한 요청에 응해야 한다. 피요청법원이 요청에 응하지 않는 경우에는 그 사유를 통지해야 한다. EU 증거규칙은 중앙당국을 통하지 않고 법원 사이의 직접적인 사법공조를 허용하여 신속한 공조가 가능하도록 하였으며, 영상에 의한 직접 증거조사를 명시적으로 허용하고 있다. 따라서 EU에서는 법원이 신속하고 편리하게 국제영상재판을 실시할 수 있는 국제법적 근거가 마련되어 있다.

6. 과제

　이상의 내용은 모두 민사 및 상사문제와 관련된 영상재판에 관한 것이다. 아직까지 형사재판에 관하여는 주권의 행사라는 인식이 더욱 강하여 해외증거조사에 관한 다자 사법공조조약은 존재하지 않으며, 대체로 양자사법공조조약에 따라 규율되고 있다. 양자조약들은 일반적으로 증거조사에 관한 사법공조를 규정하고 있으나 이에 근거하여 영상재판이 활성화되어 있는 것으로 보이지는 않는다. 형사재판에 관하여 국제영상재판이 활성화되려면 조금 더 시간이 필요할 것으로 보인다.

　해외에 있는 증인, 감정인을 상대로 하는 영상재판에는 증인의 소환과 출석, 강제력의 사용, 선서, 신분의 확인, 위증에 대한 처벌, 증언 거부권, 비용의 부담 등 해결해야 할 국제법적 쟁점이 많다. 이는 모두 증인이 실제로 법정에 출석한다면 거의 문제가 되지 않는 것들이다. 앞으로 이 부분에 대한 연구가 필요하다.

　최근에는 국제해양법재판소, 각종의 중재법원 등도 영상재판에 관한 근거규정을 도입하고 있다. 앞으로 국내법원 및 국제법원 등에서 영상재판은 증가할 것으로 예상된다. 처음에 불편했던 비대면 회의나 수업이 점차 익숙해졌듯이 화상장치를 이용한 영상재판이 익숙해지면 증인이나 감정인이 국내나 해외에 있는지를 묻지 않고 영상재판이 확대되고, 궁극적으로 판사, 변호사, 증인, 방청객 모두가 화상장치를 이용하여 온라인에서 재판을 진행하는 사이버법정 시대가 올 수도 있다. 현재의 기술 발전의 속도를 보면 그러한 시대는 생각보다 빨리 올 수도 있다. 그러나 기술의 발전만큼 법률의 뒷받침은 따라가지 못하는 것도 현실이다. 필연적으로 예상되는 영상재판을 위하여 국내법 및 국제법적인 준비를 해야 될 시점이다.

'관계 유지형' 분쟁해결 제도의 모색
-싱가포르 협약과 국제 조정의 확산-

이재민(서울대학교 법학전문대학원 교수)

1. 분쟁 이후에도 지속적인 관계 유지를

1958년 뉴욕 협약은 지난 65년간 기업들의 국제분쟁 해결에 큰 영향을 끼쳤다. 원래 이름인 "외국 중재판정의 승인 및 집행에 관한 협약"Convention on the Recognition and Enforcement of Foreign Arbitral Awards이 표방하는 바와 같이 중재판정을 제3국에서도 집행할 수 있도록 하여 그 국제적 확산에 결정적 기여를 하였다. 지금 국내외에서 상사중재commercial arbitration가 활발하게 진행되고 투자중재investment arbitration가 모든 국가의 관심사가 된 배경에는 이 뉴욕 협약이 있다. 그런데 그 성과를 다른 영역에서 재현해 보기 위한 노력이 현재 진행 중이다. 바로 '싱가포르 협약'이다. 유엔 주도로 3년간의 협상을 거쳐 2018년 12월 유엔 총회에서 채택되고, 2019년 8월 싱가포르에서 서명된 후 2020년 9월 발효한 이 협약의 정식 명칭은 "조정으로부터 도출된 국제적 화해합의에 관한 유엔 협약"United Nations Convention on International Settlement Agreements Resulting from Mediation이다.1)

이 협약이 다루는 '조정'mediation은 법원이나 중재판정부의 개입 없이 분쟁 당사자가 공동으로 선임하는 1인의 전문가가 양측 입장을 듣고 서로의 잘잘못을 살핀 후 이견을 조율하여 상호 원만한 합의에 이르게 하는 대체적 분쟁해결수단^{Alternative Dispute Settelment}을 통칭한다. 이 협약 성안 과정에서 이러한 절차를 "conciliation"으로 표기할지 "mediation"으로 표기할지에 대한 논의가 있었고, 그 결과 국제사회에서 보다 광범위하게 사용되고 있는 용어인 "mediation"을 선택하기로 하였다. 한편 "mediation"에 대한 우리말 표기로 "조정"과 "중개"가 있으나 역시 이 절차를 관장하는 대한상사중재원과 법무부가 "조정"이라는 단어를 그간 일관되게 사용하고 있어 이 글에서도 이를 따른다. 싱가포르 협약 성안과정에서 주요한 논의 대상이었던 법원이 진행하는 이러한 대체적 분쟁해결 절차도 우리 법제에서 "조정"이라는 용어를 사용하고 있다는 점도 "중개"보다는 "조정"이 보다 적절한 선택으로 판단되는 또 다른 이유이다.

2023년 1월 31일 현재 55개국이 이 협약에 서명하였고 10개국이 비준하였다.[2] 우리나라는 이 협약에 2019년 8월 서명한 이후 현재 비준을 위한 준비작업이 진행 중이다.

싱가포르 협약은 거래 또는 계약 당사자간 분쟁을 국제적 수요가 증가하고 있는 조정을 통해 해결하는 것을 제도적으로 지원하고자 도입되었다. 조정은 법원을 통한 사법절차나 이에 준하는 엄격성을 갖춘 중재절차에 비해 유연하고 탄력적이다. 신속한 해결이 가능하고 비용도 줄일 수 있다. 분쟁 당사자끼리 맞춤형 해결방안 모색도 가능하다. 무엇보다 조정은 당사자들이 분쟁 종결 이후에도 그간의 관계를 계속 유지해 나갈 수 있는 가능성이 높다는 측면에서 큰 호응을 얻고 있다. 사법절차나 중재절차는 당사자간 승패를 갈라 분쟁은 해결되지만 그들 간 관계는 파탄에 이르거나 회복 불능의 상황에 이르는 경우가 자주 있기 때문이다. 시간이 지나고 보면 이긴 쪽이나 진 쪽이나 결국 모두 패자가 되는 경우도 심심찮게 있다. 바로 이러한 "모 아니면 도"식 분쟁해결절차에 대한 대안으로 조정이 최근 각광을 받고 있다.

그런데 조정이 그 의도한 바를 달성하려면 조정 절차 결과 도출된 당사자간 합의가 어떻게든 효과적으로 집행되어야 한다. 만약 이러한 합의가 당사자의 국내 관할지뿐 아니라 제3국에서도 집행 가능하다면 그 효력은 배가될 것이다. 특히 세계 여러 곳에 물적, 인적 시설을 갖춘 기업들 간에는 제3국 집행 가능성은 더욱 중요하게 다가온다. 싱가포르 협약은 바로 이를 목표로 한다.

물론 이러한 당사자간 합의를 일종의 계약으로 파악하여 관할권 있는 제3국 법원에서 일반적인 민사절차에 따라 집행하는 것도 이론적으로는 가능하다. 싱가포르 협약을 배제한 이전의 상황에서는 이 루트만이 집행을 위해 가능한 선택지였다. 그러나 이 경우 해당국 법원의 민사절차를 거쳐야 한다는 어려움이 있다. 여기에는 아마 적지 않은 시간과 비용이 소요될 것이다. 또한 당사자 일방이 합의 내용에 대해 해당 민사절차에서 다시 다툴 경우 시간과 비용은 더욱 늘어날 것이다. 결국 법적 절차가 처음부터 다시 재연될 마당이라면 조정의 장점과 혜택은 사라지게 된다. 싱가포르 협약은 이를 극복하기 위한 노력이다.

따라서 개별 국가별 민법상 계약 이행 문제가 아닌 오로지 조정의 결과라는 그 자체에 대해 국제적 집행력을 확보하는 방안을 마련하였다는 점에 싱가포르 협약의 특징이 있다. 특히 당사자간 국적을 달리하는 국제적 성격을 갖는 조정이 점차 확산됨에 따라 이에 대해 여러 국가에서 사실상의 자동적인 집행력을 부여한다면 조정 제도에 대한 매력은 배가될 것이라는 인식이 미국, 캐나다, 호주, 중국, 일본 등 주요국 사이에서 공유되게 되었다.

앞으로 이 협약이 본궤도에 오르면 조정은 국제사회에서 더욱 활성화될 것으로 보인다. 이제 기업과 개인들도 조정을 통해 분쟁을 해결할 유인을 더욱 갖게 될 것이다. 이미 여러 국가에서 조정을 전문으로 하는 기관들이 각국 정부 지원 하에 속속 들어서고 있다. 기업과 개인이 접하는 국제분쟁이 사법절차, 중재절차와 더불어 조정절차라는 새로운 선택지를 갖게 된 것이다.

2. 어떤 내용이 들어있는가?

그렇다면 싱가포르 협약에는 어떠한 내용이 담겨 있는가? 이 협약은 모두 16개 조항으로 이루어져 있다. 이들 조항은 순서대로 ▲적용범위, ▲기본원칙, ▲정의, ▲협약의 적용, ▲신청거부 사유, ▲동시신청의 경우, ▲기타 법률 및 조약과의 관계, ▲유보, ▲수탁처, ▲서명 및 비준, ▲지역경제기구, ▲국내 지역단위 특칙, ▲발효, ▲개정, ▲폐기, ▲탈퇴를 각각 규정한다.

이 협약 적용을 위해서는 몇 가지 전제 요건이 있다. 먼저 이 협약은 "상사분쟁"commercial disputes에 적용된다.[1조 1항] 여기에서 "상사"commercial는 광범위한 개념이다. 어느 정도의 상업적 연관성만 있다면 이를 충족한다. 그리고 상사분쟁이기만 하면 그 당사자가 누구인지는 묻지 않는다. 그러므로 기업과 개인은 물론 정부가 당사자인 조정도 이 협약 적용대상이다. 다만 체약 당사국은 유보를 통해 정부기관이 당사자인 분쟁을 배제할 수 있다.[8조 1항 (a)호] 그 다음으로 이러한 분쟁을 해결하기 위한 조정이 진행되고 그 결과 당사자간 '문서에 의한 합의agreement in writing'가 존재하여야 한다.[1조 1항] 이 협약이 말하는 '조정mediation'은 실제 분쟁해결 과정에서 사용된 구체적 명칭이 무엇이었는지 상관없이 그 실질을 따진다. 바로 특정 결과나 해결 방안을 당사자에게 강제할 권한이 없는 (즉, 사법절차나 중재절차와 구별되는) 제3자가 관여하여 진행된 분쟁해결절차 일체를 일컫는다.[2조 3항]

또한 문제의 분쟁은 "국제적"international 분쟁이어야 한다.[1조 1항] 분쟁

당사자가 서로 국적을 달리하거나 또는 국적이 동일하더라도 합의의 대상이 외국에 소재한다면 모두 여기에서 말하는 '국제성'을 충족한다. 그러므로 한국 기업간 조정도 그 합의의 주된 이행이 외국에서 일어나는 것이라면 싱가포르 협약 적용대상이다.

그런데 조정에 해당하지만 이 협약 적용에서 배제되는 것이 있다. 바로 이미 다른 루트로 집행 가능성이 보장된 경우이다. 예를 들어 법원에 의해 승인되거나 법원의 개입에 따라 진행된 조정으로서 판결로서 집행 가능하거나, 또는 중재의 일환으로 진행되어 중재판정으로 집행될 수 있는 조정은 이 협약 적용에서 배제된다. 이미 자체적 집행경로가 확보된 마당에 굳이 새로운 협약으로 강제력을 부여할 필요가 없기 때문이다.

이러한 기본적 요건을 구비한 조정의 결과물인 합의는 이제 원칙적으로 모든 싱가포르 협약 체약 당사국 법원에서 형식 요건에 대한 검토 후 자동적으로 집행 가능하다.[3조 1항] 국제무대에서 활동하는 기업들에게는 유용한 분쟁해결 수단이 새로 생긴 것이다. 다만 이러한 집행이 신청된 (싱가포르 협약 체약 당사국인) 제3국 법원은 조정의 결과물인 합의에 중대한 하자가 있는 경우에는 집행을 거부할 수 있다.[5조] 예를 들어 의사능력 결여 상태에서 도출된 합의, 이행불능 내용을 담고 있는 합의가 그러하다. 또한 조정인[mediator]이 부적절한 행위를 하였거나 공정성에 영향을 초래할 수 있는 중요한 정보를 공개하지 않은 때에도 집행 신청국 법원은 집행을 거부할 수 있다. 또한 집행 신청국 법원이 자국 "공서양속에 반하는"[contrary to the public policy] 상황으로 판단하는 때에도 마찬가지이다. 짐작하다시피 이들 거부 사유와 관련하여 실제 사안에서는 여러 애매한 문제들이 제기될 것이다. 생각건대 싱가포르 협약 적용 초기에는 이러한 집행 거부 사유를 규정하는 제5조 적용을 둘러싸고 분쟁 당사자간, 그리고 체약 당사국간 다툼이 생길 여지가 상당하다.

결국 조정 결과물에 대한 해외에서의 자동적 집행을 규정하는 제 4조와 다양한 이유로 집행을 거부할 여지를 남긴 제5조간 균형점을 어떻게 찾는지가 앞으로 남겨진 과제이다. 이 두 조항은 싱가포르 협약 협상 과정에서 여러 국가들의 입장이 부딪힌 부분이기도 하다.

특히 중재와 달리 조정은 그 속성상 다양한 형태와 방식을 통해 탄력적으로 진행된다. 조정인이 당사자와 자유롭게 소통하며 때로는 일방 당사자와 회동하여^{ex parte} communication 자신의 의견을 제시하기도 한다. 사법절차나 중재절차에서는 생각할 수 없는 융통성이다. 그렇다면 실제에 있어서는 과연 언제, 어떠한 상황에서 조정인의 행동이 경계선을 넘는 것인지 판단이 쉽지 않을 것이다. 이 경계선을 찾아 조정인의 정당한 역할의 한계를 명확히 제시하는 것이 앞으로 국제 조정의 성공적인 정착과 확산을 위한 첫걸음이다. 그리고 제4조와 5조간 균형점의 구체화를 위한 출발점이기도 하다. 앞으로 이 문제에 대한 국제사회의 논의가 더욱 활발하게 이어질 것으로 예상된다. 여러 국제 조정기관들도 지금 이 문제를 깊이 있게 검토하고 있다.

3. 앞으로 우리에겐 어떤 파급효과가?

그렇다면 싱가포르 협약 도입과 관련한 새로운 흐름은 우리에게 어떠한 시사점을 제시하고 있는가? 먼저 새로운 국제적 제도화 작업에 적극 참여하기 위해서는 우리 국내 법제에 대한 정비가 시급하다. 사실 우리나라 역시 조정 제도가 활발하게 운용되고 있기는 하다. 그러나 우리나라의 조정은 대부분 법원이 주도적으로 진행하고 있다. 일단 법원에 제기된 소송을 해결하는 방안의 하나로 담당 법관이 '민사조정법'에 따라 조정에 회부하는 것이다.[3] 이러한 민사조정법상 조정은 담당판사가 스스로 조정을 하거나, 혹은 별도로 조정위원을 선임한다. 이러한 조정을 통해 도출된 합의에는 기판력이 부여되고 판결과 같이 집행된다.

그런데 앞에서 살펴본 바와 같이 이러한 '법원 주도형' 조정으로 조정 결과가 판결과 같은 효력을 갖는 경우에는 싱가포르 협약 적용 대상이 아니다. 요컨대 현재 우리나라에서 가장 빈번하게 이루어지는 조정은 정작 싱가포르 협약과는 상관이 없다. 싱가포르 협약을 활용하여 국제적으로 집행력을 보장받기 위해서는 법원이 아닌 순수 민간주도형 조정이어야 한다. 현재 대부분의 중재가 민간주도형으로 이루어지고 있는 것과 비견할 수 있을 것이다. 그러므로 앞으로의 관건은 우리도 어떻게 다른 나라와 같이 이러한 민간 주도형 조정을 장기적으로 활성화하는지 여부이다. 이미 여러 나라들은 민간 주도형 조정 제도 지원을 서두르고 있다. 1958년 이후 발전한 중재와 더불어 이 영역이 새로운 확장 가능성이 있음을 인식한 결과이다. 우리 법제도 이에 발맞추어 변경되어야 할 것이다.

한편 외국에서 진행된 조정의 결과 채택된 합의서가 당사자 일방의 신청으로 우리 법원을 통해 집행되기 위해서도 역시 우리 법제의 정비가 필요하다. 지금은 이러한 합의서가 우리 법원에 제출되기 위해서는 먼저 공증 절차를 거쳐야 한다. 그리고 이 공증에는 합의 상대방의 협조가 필요하다. 이러한 협조가 여의치 않으면 공증이 어려워지고 결국 처음부터 법원 문턱을 넘기도 어렵게 된다는 문제점이 있다. 사실 바로 이러한 여러 실무적 장애물에 대한 우려로 싱가포르 협약은 각 체약 당사국 법원이 이러한 별도의 절차를 요구하지 말 것을 기본적으로 전제하고 있다. 그렇다면 우리도 앞으로 이러한 부분들을 어떻게 정비할 것인지에 대한 고민이 필요하다. 가령 싱가포르 협약에 합치하는 정도의 형식적 요건 충족을 판단하는 기준을 새롭게 국내법령에 반영하여야 할 것이다.

또한 현재 협약 제5조에 규정된 집행거부 사유를 우리 국내 법제에서는 어떻게 구체적으로 수용하여 규정할 것인지에 대해서도 심

도 있는 검토도 필요하다. 그 내용을 그대로 국내법령에 규정할 것
인지 아니면 별도의 구체화 내지 명확화 작업을 거칠 것인지도 결정
해야 한다.

이와 같이 앞으로 싱가포르 협약에 가입하여 우리나라가 (정확하
게는 우리 법원이) 협약상 의무를 이행하고 또 우리 기업이 해외에서
그 효과를 향유하기 위해서는 다양한 측면에서 국내 법제에 대한 정
비작업이 수반되어야 한다. 조정을 통한 분쟁해결이 국제적 흐름과
국제사회의 요구를 반영하고 있다는 점을 감안하면 이러한 제도 정
비 작업을 가급적 조속히 진행하여 새로운 국제적 흐름에 동참하는
것이 적절할 것이다.

한편 조정에 대한 이러한 적극적인 움직임은 국가 대 국가간 분
쟁해결 수단으로서 조정의 가치 역시 재조명하고 있다. 이미 조정
절차가 여러 통상협정에 새롭게 도입되어 적용되고 있다. 가장 대표
적으로는 한-EU FTA 제13장^{무역과 지속가능한 개발}에 따라 한국의 국제노동
기구^{ILO} 헌장 원칙 위반 및 핵심협약 비준 문제와 관련하여 2019년
부터 2021년까지 한-EU간 진행된 패널절차를 들 수 있다.[4] 한중
FTA에서도 비관세 무역장벽^{Non-Tariff Barrier} 문제를 다루기 위한 조정절
차를 도입하고 있다.[5] 현재 국제사회의 첨예한 관심을 끌고 있는 투
자자 대 국가간 분쟁해결절차^{Investor-State Dispute Settlement: ISDS}에서도 조정
절차를 기존의 ISDS 절차의 보완재로 심도 있게 검토하고 있기도
하다.

조정에 대한 이러한 최근 움직임들은 모두 기존의 분쟁해결절차
에 대한 반성에서 출발한다. 정해진 분쟁해결절차에 따라 분쟁이 공
식적으로 해결되었음에도 분쟁 당사자간 관계는 더욱 악화하거나
때로는 파탄의 경지에 이른다는 점 때문이다. 제3자의 도움을 얻어
분쟁을 해결하되 가능한 한 그간의 관계를 지속적으로 유지할 수 있
는 방안이 있다면 그쪽으로 관심이 쏠릴 수밖에 없는 상황이 되었

다. 그러한 새로운 방안 중 대표적인 것이 바로 조정이다. 앞으로 조정 제도에 대한 충분한 경험이 축적된다면 이와 같은 '관계 유지형' 분쟁해결제도의 도입을 국제법 전반에 걸쳐 보다 적극적으로 모색해 볼 수도 있을 것이다.

---

1) United Nations Treaty Collection, *United Nations Convention on International Settlement Agreements Resulting from Mediation*, adopted by the General Assembly Resolution 73/198 on 20 December 2018 [on the report of the Sixth Committee (A/73/496)], and entered into force on 12 September 2020.

2) See ibid; Singapore Convention on Mediation, Background to the Convention, available at https://www.singaporeconvention.org/convention/about. (2021년 12월 25일 최종방문).

3) 법원조정에는 민사조정법이 적용된다. 민사조정법 [2017. 2. 4. 시행, 법률 제13952호] 제5조 내지 제7조 참조.

4) Report of the Panel of Experts, Panel of Expert Proceeding Constituted under Article 13.15 of the EU-Korea Free Trade Agreement (Jan. 25, 2021), available at https://trade.ec.europa.eu/doclib/docs/2021/january/tradoc_159358.pdf. (2021년 12월 25일 최종접속)

5) 한중 FTA, 제20.5조 (4), (5), (6)항 참조. 참고로 한중 FTA는 조정절차를 "conciliation"으로 표기하고 있다.

유엔 강제실종방지협약 가입과 국내 이행입법 추진

신희석(연세대학교 법학연구원·전환기정의워킹그룹 연구원)

1. 머리말: 강제실종방지협약 가입을 위한 움직임

대한민국은 2023년 1월 4일 "강제실종으로부터 모든 사람을 보호하기 위한 국제협약"^{강제실종방지협약}에 가입하여 동년 2월 3일부터 그 당사국이 되었다. 2017년 11월 9일 유엔 인권이사회에서 열린 한국의 제3차 보편적 정례인권검토^{UPR; Universal Periodic Review}에서 8개 유엔 회원국[1]이 강제실종방지협약의 비준 또는 가입을 권고하였고, 한국은 이들 국가의 권고를 수락하였다. 한국은 또한 2019년 2월 8일 유엔 총회에서 유엔 인권이사회 이사국으로 입후보하면서 강제실종방지협약의 당사국이 되는 것을 검토하겠다고 하였다.

2017년 12월 6일 국가인권위원회는 1975년부터 1987년까지 당시 전국 최대 규모의 부랑아 수용시설에서 살해, 고문 등으로 알려진 사망 피해자만 513명이나 되는 부산 형제복지원 사건에 대해 특별법 제정과 함께 향후 유사한 인권침해 방지를 위하여 강제실종방지협약의 비준 또는 가입을 권고하였고, 정부 역시 이를 수용하였다. 한편, 국회에서는 2021년 6월 29일 강제실종방지협약 비준동의안 제출 촉구 결의안이 통과되었고, 이행 법률안^{전용기 법안, 김기현 법안[2]}이 계류 중이다.

이에 따라 외교부에서는 강제실종방지협약 가입 동의안을 국회에 제출하는 절차를 밟고 있는 가운데 법무부는 2020년 11월부터 2021년 9월까지 '강제실종방지협약 이행입법위원회'를 설치하여 국내 이행을 위한 법안 기초 작업을 하였다.

유엔 헌장 제56조는 모든 회원국이 인권과 기본적 자유의 보편적 존중과 준수를 위하여 유엔과 협력하여 공동의 조치 및 개별적 조치를 취할 것을 규정하였다. 우리 헌법 제10조 또한 개인이 가지는 불가침의 기본적 인권을 확인하고 이를 보장할 의무를 국가에 부과하고 있다. 이 글에서는 이러한 인권 증진 의무의 관점에서 강제실종방지협약의 성립과정과 주요 내용 및 향후 과제를 간략히 살펴본다.

2. 유엔 강제실종방지협약의 성립과정

1970년대 칠레, 아르헨티나 등 중남미에서는 쿠데타로 집권한 군사정권의 조직적인 좌파, 노조, 리버럴, 반체제 인사 납치·살해로 수만 명의 '실종자'^{desaparecidos}가 발생하였다. 실종자들은 최소한의 적법절차나 재판 없이 비밀리에 구금되거나 처형되었고, 그 가족과 지인들도 실종자들의 구금 여부, 생사 여부도 모르는 고통 속에 살아갈 수밖에 없었다.

이를 계기로 유엔과 미주 인권기구는 '강제실종'이라는 유형의 인권침해를 본격적으로 다루기 시작했으며, 1980년 유엔 인권위원회는 유엔 강제적·비자발적 실종 실무그룹^{WGEID}을 설치하였다. WGEID의 주된 활동은 전세계 강제실종 피해자들의 진정을 접수하여 해당국 정부에 해명을 요구하는 것이다. 2022년 5월 13일까지 WGEID는 112개국에 총 59,600건의 강제실종에 대한 해명을 요구하였지만 97개국 46,751건이 여전히 미해결 상태로 남아있다.[3]

1980년대 말부터는 단순 납치나 구금과 구별되는 특수성과 중대성을 감안하여 강제실종의 법적 정의를 포함한 법전화^{codification}가 시작되었다. 1994년 6월 미주국가기구^{OAS}는 미주 인권위원회가 제출한 미주 강제실종협약 초안을 수정하여 채택하였고, 동 협약은 1996년 3월 발효되었다.4) 한편, 유엔 총회는 1992년 12월 18일 강제실종으로부터 모든 사람을 보호하기 위한 선언,^{강제실종방지선언}5) 2006년 12월 20일 강제실종방지협약을 채택하였다.

유엔 강제실종방지협약은 2010년 12월 23일 발효되었으며, 2023년 2월 현재 당사국은 총 70개국에 이른다.6)

3. 강제실종방지협약의 주요 내용

2006년 강제실종방지협약은 인권 보호와 증진의 관점에서 '강제실종'$^{enforced\ disappearance}$의 법적 정의를 규정하고, 강제실종의 방지, 처벌, 피해자 구제의 의무를 당사국에 부과한다. 이는 1984년 유엔 총회에서 채택되고 1995년 한국이 가입한 "고문 및 그 밖의 잔혹한, 비인도적인 또는 굴욕적인 대우나 처벌의 방지에 관한 협약"^{고문방지협}^{약}의 골격을 따른 것이다. 하지만 내용 면에서는 20여년 동안 진행되었던 국제인권규범의 발전을 반영하고 있다.

고문방지협약은 '고문'을 정의하고, 고문행위의 방지, 처벌, 피해자 구제를 의무로 규정하면서 이를 위한 세부 규정들을 두고 있다. 특히 1960년대부터 항공기 납치 등에 대응하기 위하여 채택된 테러방지조약들이 테러행위의 수사·처벌을 보장하기 위하여 두었던 각 당사국의 국내법제 정비, 범죄인의 인도 아니면 소추$^{aut\ dedere\ aut\ judicare}$ 원칙, 관할권 확립, 국제 형사공조 규정 등을 도입하였는데, 강제실종방지협약도 마찬가지이다.

또한, 강제실종방지협약은 국제 인권조약들에 일반적인 이행감독 메커니즘에 관한 규정, 최대한의 인권 보장을 위하여 제37조에서 협

약이 강제실종으로부터의 보호에 도움이 되는 당사국의 국내법, 국제법 규정에 영향을 주지 않는다는 유보 조항$^{savings\ clause}$을 두고 있다. 즉, 강제실종방지협약은 당사국의 최소 의무를 규정한 것으로 이행입법 등에서 협약에 명시되지 않은 진일보한 인권 친화적 규정을 도입하는 데에는 아무런 제한이 없다.

강제실종방지협약 제2조는 '강제실종'을 다음과 같이 정의하고 있다.

> "국가 요원 또는 국가의 허가, 지원 또는 묵인 하에 행동하는 개인이나 개인들로 구성된 집단에 의하여 체포, 감금, 납치 또는 그 밖의 형태의 자유 박탈이 범해지고 그 자유 박탈을 인정하기를 거부하거나 실종자의 운명 또는 소재7)를 은폐하여 그러한 사람을 법의 보호 밖에 놓이게 하는 것을 말한다."

강제실종의 구성 요건은 (1) 국가 행위자의 관여, (2) 선행행위로서 피해자의 신체 구속, (3) 후속행위로서 구속 사실이나 실종자의 운명 또는 소재를 숨기는 행위, (4) 실종자가 법의 보호 밖에 놓이는 결과 등 4가지인데, 이 중에서 특히 3번째의 후속행위 요건이 핵심이다.

1번째 국가 행위자의 관여 요건의 경우, 국내법에서 강제실종방지협약보다 높은 수준의 인권 보호를 허용하는 제37조의 유보 조항과 하마스 등 사실상 정부 역할을 하는 비국가행위자$^{NSAs;\ non-state\ actors}$의 행위도 강제실종으로 간주하는 WGEID 실행에 비추어 이행 입법에 완화된 요건을 두는 것은 인권 보호의 취지에 부합될 수 있다. 4번째인 결과요건도 생소하고 모호한 표현으로 형사처벌에 장애가 될 경우, 국내법에서는 빼는 것이 바람직할 것이다.

강제실종방지협약 제4조는 국내 형법상 강제실종이 범죄를 구성할 것을 요구한다. 그런데 기존 형법의 체포·감금죄, 체포·감금치 사상죄, 약취·유인·인신매매죄, 공무원의 불법체포·감금죄, 직권남용죄, 폭행·가혹행위죄 등은 실종자의 운명·소재 확인 거부 요건이 빠져 있으므로 강제실종 범죄 신설이 필요하다.

이와 관련하여 강제실종방지협약 제7조는 강제실종 범죄를 극도의 심각성extreme seriousness을 고려한 적절한 형벌로 처벌할 것을 규정하고 있는데, 현행법상 수사기관 등의 감금행위에 대한 처벌은 가벼운 편이기 때문에 별도로 강제실종 범죄를 입법할 필요성은 더욱 크다.

또한, 강제실종방지협약 제8조는 강제실종 범죄의 공소시효 기간이 길고, 극도의 심각성에 비례할 것, 범죄의 계속성을 고려하여 범죄 종료 시점부터 기산할 것을 규정하고 있다. 중남미에서는 실종 수십 년 후에도 피해자의 운명과 소재가 확인되지 않은 강제실종 사건을 계속범으로서 수사·기소하고 있는데, 국내법에서도 강제실종 범죄의 공소시효 기간은 피해자의 운명과 소재가 확인된 시점부터 기산되어야 한다.

뒤이어 강제실종방지협약 제9조는 각 당사국이 강제실종 범죄에 대하여 범죄지,속지주의 범죄혐의자의 국적,속인주의 범죄피해자의 국적수동적 속인주의에 따른 형사관할권을 확립하고, 자국 관할권내 범죄혐의자를 인도·인계하거나 형사관할권을 행사할 것을 요구하며, 국내법에 따른 추가적 형사관할권의 행사를 명시적으로 허용하고 있다.

따라서 이행 입법에서는 적어도 속지주의, 속인주의, 수동적 속인주의에 따른 형사관할권 행사를 규정하고, 더 나아가 해외에서 외국인이 저지른 강제실종 범죄에 대해서도 보편적 관할권universal jurisdiction의 행사를 규정하는 것이 바람직할 것이다. 참고로 이미 현행법은 집단살해죄,genocide 인도에 반한 죄,crimes against humanity 전쟁범죄war crimes에 대해서는 국내 소재 외국인, 약취·유인·인신매매죄 및 테러단체 구성죄에 대해서는 모든 외국인에 대한 보편적 형사관할권을 규정하고 있다.

한편, 강제실종방지협약은 강제실종의 방지를 위하여 제16조에서 강제실종이 우려되는 나라로의 추방·송환·인계·인도를 금지하고, principle of non-*refoulement* 제17조에서는 비밀 구금secret detention 금지와 구금시 변호인, 가족, 외국인의 경우 영사와의 접견교통권, 구금에 대한 사법적 통제 보장 등을 규정하고 있으며, 이러한 내용은 법률로 규정하는 것이 바람직할 것으로 보인다.

이외에도 강제실종방지협약 제24조는 2005년 유엔 총회가 채택한 "국제인권법의 중대한 위반 및 국제인도법의 심각한 위반의 피해자를 위한 구제 및 배상의 권리에 관한 기본원칙과 지침"유엔 중대인권침해 피해자 구제·배상원칙8)을 반영하여 진실을 알 권리right to know the truth와 실종자 수색과 석방 및 유해 반환 의무, 금전배상,compensation 원상회복, restitution 재활,rehabilitation 존엄과 명예의 회복을 포함한 만족,satisfaction, including restoration of dignity and reputation 재발방지 보장guarantees of non-repetition을 포함한 배상받을 권리right to obtain reparation를 명시하고 있다.

강제실종방지협약 제24조의 효과적인 국내이행을 위해서는 국가인권위 권고대로 형제복지원 사건 등 특정 사건에 대한 특별법 제정뿐만 아니라 전용기 법안처럼 일반 피해자들을 위한 강제실종의 손해배상 청구원인 규정, 소멸시효 연장, 외국 정부의 재판관할권 면제주권면제 배제를 법제화하는 방안도 검토할 필요가 있다.

한편, 강제실종방지협약은 이행 감독을 위하여 당사국들이 선출한 독립 전문가들로 구성된 강제실종위원회CED; Committee on Enforced Disappearances를 둔다.제26조 일반 조약과 달리 인권조약은 당사국간 상호주의에 따라 준수되는 것이 아니므로 CED와 같은 독립된 감독기구의 역할이 중요하다.

CED는 각 당사국이 제출하는 정기 이행보고서의 검토 절차,제29조 사전 동의 선언을 한 당사국들에 대한 협약 위반을 주장하는 개인 및 다른 당사국의 통보절차,제31조 및 제32조 협약의 중대한 위반에 대한 방문조사 절차^{제33조} 등을 수행한다.

4. 맺음말: 향후 과제

정부는 원래 2020년 중 강제실종방지협약에 서명을 하고 국내 입법과 병행하여 비준을 할 계획이었다.[9] 그러나 코로나바이러스감염증-19^{COVID-19} 사태로 뉴욕에서 서명식을 하는 것이 어려워지자 정부는 바로 가입을 통하여 당사국이 되기로 방침을 바꾸었다.

따라서 강제실종방지협약 가입으로 당사국이 된 후에 국내법 미비로 협약상 의무를 이행하지 못하는 사태를 피하기 위해서는 이행입법을 서두를 필요가 있다. 예를 들어, 강제실종방지협약 가입 후 강제실종 범죄 용의자가 해외에서 입국하였는데, 처벌 규정이 없어서 인도 아니면 소추가 불가능할 경우, 한국은 협약상 의무를 위반한 것이 된다.

과거 국제형사재판소에 관한 로마규정은 2002년 가입 후 2007년에야 국제형사재판소 관할 범죄의 처벌 등에 관한 법률^{국제형사범죄법}이 제정되었고, 인신매매, 특히 여성과 아동의 인신매매 방지, 억제 및 처벌을 위한 의정서^{팔레르모 의정서}는 2015년 비준 후 처음에는 형법에 처벌 규정만 신설했다가 유엔 인권기구의 지적을 받아 2021년 4월에야 인신매매등방지 및 피해자보호 등에 관한 법률^{인신매매방지법}이 제정되었다.

다행히 법무부 '강제실종방지협약 이행입법위원회'는 협약 이행을 위한 특별법안을 기초한 것으로 알려져 있다. 그러므로 이 같은 특별법안을 지체 없이 정부 입법이나 의원 입법으로 국회에 제출하여 심의·의결을 받는 것이 필요하다.

한편, 정부는 2023년 1월 4일 강제실종방지협약에 가입하면서 제31조 및 제32조에 따라 CED가 협약 위반을 주장하는 개인 및 다른 당사국의 통보를 접수·심리할 권한을 수락하는 선언을 동시에 하였다. 이는 앞서 한국이 자유권규약, 인종차별철폐협약, 여성차별철폐협약, 고문방지협약, 장애인권리협약에 대해 해당 조약이행감독 위원회의 유사한 통보절차를 수용한 것과 마찬가지로 인권보호의 취지에 부합되는 조치로 향후 사회권규약, 아동권리협약에 대해서도 유사한 통보 절차의 수용을 전향적으로 검토할 필요가 있다.

한국에 대한 강제실종방지협약 발효 후 정부는 우선 국내의 강제실종 사례들에 대한 협약상 의무부터 이행해야 할 것이다. 2001년 유엔 국제법위원회^{ILC; International Law Commission}의 국가책임 초안 제14조는 계속성^{continuing nature}이 없는 국제의무 위반과 계속성이 있는 국제의무 위반을 구분하여 후자의 경우, 위법행위가 계속되는 전기간에 위법행위가 발생한다고 규정하였다. 특히, ILC는 초안 제14조에 대한 해설에서 강제실종의 계속성을 인정한 미주인권재판소 판례를 인용하였다. 따라서 형제복지원 사건과 같이 피해자들이 협약 발효 전에 실종되었지만 발효 후에도 실종자의 운명·소재가 확인되지 않은 경우, 한국은 협약 당사국으로서 적어도 발효 시점 이후로 계속되는 강제실종에 대하여 법적 책임을 지며, 진실규명과 유해반환, 수사·처벌과 배상을 할 의무가 있다.

또한, 국제사회에서 강제실종방지협약 당사국으로서 한국은 우리 국민의 강제실종 피해에 더 당당히 목소리를 낼 수 있을 것이다. 2020년 이후, WGEID는 일제 시대 사할린에 강제노역으로 끌려갔다가 전후 소련의 점령·병합 이후 실종되어 지금도 유해가 발견되지 않은 한국인 노동자 25인에 대하여 강제실종이라 판단하였다. WGEID는 북한에 대해서도 2020년 2월 13일 대한항공 YS-11기 납북 사건 50주년을 맞아 미송환 납북자 11명의 송환, 2020년 6월 25일 한국전 발발 70주년을 맞아 국군포로·납북자 송환을 촉구하였으며, 지금까지 국군포로·납북자를 포함하여 385명의 강제실종에 대한 해명을 요구하고 있다. 정부는 강제실종방지협약 가입을 계기로 이들 사건의 해결을 위한 외교적 노력에 박차를 가해야 할 것이다.

한편, 한국은 넓게는 보편적 인권 증진, 좁게는 재외국민 보호 차원에서 강제실종방지협약 非당사국의 비준·가입을 독려할 필요가 있다. 193개 유엔 회원국의 인권상황을 돌아가면서 검토하는 유엔 인권이사회의 '보편적 정례인권검토UPR'에서 이를 非당사국들에 대한 기본 권고사항으로 할 수 있다.

지역 차원에서는 53개 아시아-태평양 지역 유엔 회원국 중 강제실종방지협약 당사국은 한국을 포함하여 10개국이며, 이 중에서 동아시아 지역은 한국, 일본, 몽골, 캄보디아 4개국에 불과하다. 그러므로 이미 협약에 서명한 8개국[10]을 비롯한 이들 국가들에게 강제실종방지협약의 조속한 비준·가입을 권고하면서 한국의 이행법을 모델 입법으로 공유한다면 국제 위신과 인권 향상에 기여할 수 있을 것이다.

---

1) 이라크, 튀니지, 우루과이, 코스타리카, 스위스, 몬테네그로, 카자흐스탄, 시에라리온.

2) 강제실종으로부터 모든 사람을 보호하기 위한 법률안(전용기의원 등 10인), 의안 제2107371호, 2021. 1. 14. 제안, 2021. 2. 22. 법제사법위원회 상정, https://likms. assembly.go.kr/bill/billDetail.do?billId=PRC_P2E1S0R1F0T8B1V6Z2W9P1X1B2Z7 C7 (2021.12.31. 최종검색); 강제실종범죄 처벌, 강제실종의 방지 및 피해자의 구제 등에 관한 법률안(김기현의원 등 10인), 의안 제2115792호, 2022. 5. 30., 법제사법위원회 회부, https://likms.assembly.go.kr/bill/billDetail.do?billId=PRC_D2B 2M0R4W2K1E1J7M2S9C4O4X2T9D1 (2023.2.1. 최종검색).

3) Report of the Working Group on Enforced or Involuntary Disappearances, A/HRC/51/31 (12 August 2022), para. 5, available at https://undocs.org/A/HRC/51/31 (2023.2.1. 최종검색).

4) OAS, Inter-American Convention on the Forced Disappearance of Persons, https://www.oas.org/juridico/english/treaties/a-60.html (2021.12.31. 최종검색). 2021년 12월 현재 총 15개 당사국.

5) Declaration on the Protection of all Persons from Enforced Disappearance, Adopted by General Assembly Resolution 47/133 of 18 December 1992, https://www.ohchr.org/en/professionalinterest/pages/enforceddisappearance.aspx (2021. 12. 31. 최종검색).

6) UNTC, International Convention for the Protection of All Persons from Enforced Disappearance, New York, 20 December 2006, https://treaties.un.org/pages/View Details.aspx?src=IND&mtdsg_no=IV-16&chapter=4 (2023.2.26. 최종검색).

7) 정본 중에서 영어본은 "fate or whereabouts", 불어본은 "du sort ... ou du lieu", 스페인어본은 "la suerte o el paradero"이며, 중국어본은 "命运或下落"이다. 일본어본은 "消息" 또는 "所在"로 되어 있다. 만약 "fate" 부분을 "생사"로 번역하게 되면 단순히 사망 여부만을 가리키게 되어 사망 당시의 정황이나 자살, 살인, 부상이나 질병 악화에 따른 사망 등 死因을 파악하는 것은 논외가 된다. 협약의 前文 8문단, 제24조 제2항, 제6항, 제7항에서 'fate of the disappeared person'이라는 표현이 반복해서 사용되는데, 이 또한 피해자의 구제, 알 권리 충족 차원에서 의미가 좁은 "생사"보다 포괄적인 "운명"이라는 표현이 더 적합할 것으로 보인다.

8) Basic Principles and Guidelines on the Right to a Remedy and Reparation for Victims of Gross Violations of International Human Rights Law and Serious Violations of International Humanitarian Law, Adopted and proclaimed by General Assembly resolution 60/147 of 16 December 2005, https://www.ohchr.org/en/professionalinterest/pages/remedyandreparation.aspx (2021.12.27. 최종검색).

9) 근래에 체코(2016. 7. 19. 서명, 2017. 2. 8. 비준), 감비아(2017. 9. 20. 서명, 2018. 9. 28. 비준), 스리랑카(2015. 12. 10. 서명, 2016. 5. 25. 비준)가 이러한 서명 후 비준 방식으로 강제실종방지협약의 당사국이 되었다.

10) 인도, 인도네시아, 라오스, 레바논, 몰디브, 팔라우, 태국, 바누아투.

안전한 학교 선언의 국제법적 함의

안준형(국방대학교 안전보장대학원 교수)

1. 안전한 학교 선언의 배경

2020년 6월 9일 발간된 아동 및 무력충돌에 관한 유엔사무총장 연례보고서는 2019년 한 해 동안 학교에 대한 494건의 공격이 확인되었다고 적시하면서, 학교가 계속해서 군사적 목적으로 이용되었으며 그로 인해 학교, 교사, 학생들이 공격에 노출되고 있다고 밝혔다.[1] 실제 무력충돌이 발생한 국가들에서 학교는 주로 병영시설이나 군사기지, 관측소, 사격지휘소, 공격·방어진지, 무기·탄약 보관소, 심문·구금시설, 군사훈련소, 국제법에 반하는 소년병 모집 등을 위한 군사적 용도로 이용되어 왔다. 그 결과 학교는 합법적인 군사목표물로 간주되어 공격의 대상이 되었고, 이는 학생들의 생존 자체를 위협하는 것은 물론 교육에 대한 접근권을 원천 차단하는 결과를 초래하였다. '공격으로부터 교육을 보호하기 위한 글로벌연합'[이하 글로벌연합]이 2022년 발간한 보고서에 따르면,[2] 2020년부터 2021년까지 2년 사이에 학교의 군사적 이용 사례는 총 24개국에서 확인되었으며, 같은 기간 전 세계적으로 570여개의 교육시설이 군사적으로 이용되었다. 그 결과 이들은 합법적인 군사목표물로 간주되어 5,000여건의 직접적 공격을 받았고 9,000여명이 넘는 학생과 교육자가 피해를 입었다. 이러한 상황을 타개하기 위해 유엔사무총장 연례보고서에서 제시된 권고 중 하나는 국가들이 「안전한 학교 선언」을 지지하고 이행하라는 것이었다.[3]

안전한 학교 선언은 2012년 5월 제네바 국제인도법·인권 아카데미가 주최한 전문가 회의에서 글로벌연합이 무력충돌 당사자들에 의한 학교 사용에 관한 연구와 그 해결을 위한 모범사례를 제시하면서 본격적인 논의가 시작되었다. 이어 동년 11월 스위스 루센스에서 개최된 두 번째 전문가 회의에는 독일, 캐나다를 포함한 12개국 대표들과 다양한 국제기구, NGO, ICRC 등의 전문가들이 대거 참여하였다. 여기에서 전직 영국군 고위장교 출신이자 그리니치 대학교 국제공법 교수인 스티브 헤인즈[Steven Haines] 교수가 제출한 "분쟁시 교육전담기관 보호에 관한 가이드라인 초안: 군사용"이라는 문건이 검토되었고, 추가적인 협의를 거쳐 "무력충돌 시 학교와 대학의 군사적 이용 방지를 위한 루센스 가이드라인 초안"이라는 변경된 명칭의 문건이 2013년 6월 4일 아동권리위원회 회의에서 공개되었다. 이후에도 40개국 대표들과 유럽연합,[EU] 북대서양조약기구,[NATO] ICRC 등이 문건의 내용을 정비하는 데 적극적으로 참여하였다. 2014년 6월 노르웨이는 가이드라인 확정과 개별 국가들의 가이드라인 이행수단 개발을 주도할 것이라고 발표하였고, 일부 국가들과의 추가 논의를 거쳐 2014년 12월 16일 "무력충돌 시 학교와 대학의 군사적 이용 방지를 위한 가이드라인"[이하 가이드라인]이라는 명칭의 최종 가이드라인을 공개하였다.

한편 개별 국가들의 가이드라인 이행을 확보하기 위하여 노르웨이와 아르헨티나는 2014년 12월 1부터 2015년 5월까지 선언문 개발 협의를 주도하였고 해당 기간 각국 정부들과 4차례의 협의를 진행하였다. 결국 2015년 5월 28일과 29일 오슬로에서 노르웨이 정부가 주

최한 국제회의에서 「안전한 학교 선언」이 제시되었고, 약 60여개국
이 참여한 가운데^{미국, 영국, 독일 등은 불참} 37개국이 지지를 선언하였다. 이
선언에서 사용된 "학교와 대학"이라는 용어는 "주로 교육을 위해 사
용되는 장소"로서 초·중·고등학교뿐만 아니라 미취학 아동을 위한
아동보육센터나 학습센터, 나아가 대학교, 전문대학 또는 기술훈련
학교와 같은 3차 교육기관도 포함하는 폭넓은 의미로 사용되었다.
아직 한국을 포함한 대부분의 아시아 국가들은 이 선언을 지지하지
않고 있으나, 2023년 1월을 기준으로 유엔 회원국의 절반이 넘는
116개국이 이미 지지를 선언하였고 학교의 군사적 이용 방지에 있
어 국제사회의 태도 변화에 적지 않은 영향을 미치고 있다. 이에 따
라 안전한 학교 선언의 세부적인 내용을 바탕으로 그 국제법적 함의
를 살펴볼 필요가 있다.

2. 안전한 학교 선언 및 가이드라인 검토

1) 국제법적 성격

일반적으로 법적 구속력을 갖는 조약은 국가가 해당 조약의 구속
력을 수락한다는 의사^{구속적 동의 표시}를 비준·수락·승인·가입의 형식을
통해 다른 체약국과 서로 교환하거나 이를 수탁자에게 기탁함으로
써 성립된다. 연성법^{soft law}에 속하는 비구속적 합의에서 이 같은 방식
을 거치는 경우는 일반적으로 찾아보기 어렵다. 안전한 학교 선언의
경우 국가가 "안전한 학교 선언 지지 서한"을 수탁자인 노르웨이 정
부에게 기탁하거나 공식 다자회의에서 지지를 표명함으로써 가입할
수 있도록 하고 있다. 그렇다면 안전한 학교 선언은 조약이라 할 수
있을까?

그러나 안전한 학교 선언과 가이드라인은 국제법상 조약에 해당
하지 않는다. 안전한 학교 선언은 그 법적 성격에 관하여 "현행 국

제법에 영향을 미치지 않는 법적 구속력이 없는 자발적 지침"임을 강조하고 있는데,^{제6항} 이는 해당 선언과 가이드라인이 조약이 아니라 이른바 비구속적 합의로서 정치적 약속에 불과함을 의미한다. 일반적으로 법적 구속력을 갖는 조약에서 흔히 사용되는 "shall"이나 "must"와 같은 문구를 피하고 "노력해야 한다"^{should endeavour}라는 표현을 주로 사용하고 있는 것도 이를 뒷받침한다. 이에 따라 안전한 학교 선언이 취하고 있는 가입 형식은 구속력이 없는 연성법의 이행을 모색하는 새로운 방식이라고 평가된다. 합의의 이행을 검토하기 위해 정기적으로 회의를 개최하는 방식 역시 새로운 방식이다.

2) 주요 내용

'안전한 학교 선언'은 이미 앞서 마련된 '가이드라인'의 이행을 확보하기 위하여 별도로 마련된 것으로 총 8개항으로 구성되어 있다. 이 선언에 대한 지지를 매개로 국가들은 '가이드라인'에 대한 준수 의무를 부담하게 된다는 점에서,^{6항} 이 선언과 가이드라인은 불가분의 일체라 할 수 있다. 1개의 두문^{chapeau}과 6개의 지침^{guideline}으로 구성된 가이드라인은 그 공포와 이행에 관한 내용을 담은 '지침 6'을 제외하고, 크게 다음의 세 가지 사항에 관한 지침을 제공하고 있다.

첫 번째는 학교의 군사적 이용에 관한 지침이다.^{지침 1, 2} '지침 1'은 정규 수업시간뿐 아니라 주말과 공휴일, 방학기간 중 일시적으로 휴교한 학교와 대학을 포함하여 "운영 중인 학교와 대학"이 무력충돌 당사자들의 병력에 의하여 어떠한 방식으로든 군사적 노력을 지원하는 데 사용되지 않도록 규정하고 있다. 아울러 무력충돌의 당사자들이 군사적 노력을 지원하는 데 이용하기 위해 학교나 대학을 비우도록 교육관리자를 강요하거나 인센티브를 제공하는 것 또한 금지하고 있다. 나아가 '지침 2'는 "폐교되거나 비워진 학교와 대학"으로까지 그 적용 범위를 확대하고 있는데, 다만 이 경우에는 "실행 가능한 대안이 없는 정상참작이 가능한 상황"에서 "유사한 군사적 이익을 얻을 수 있는 다른 실행 가능한 방법에 비추어 선택의 여지가 없는 기간"에 한하여 예외적으로 그 군사적 이용을 허용하고 있다.

두 번째는 상대 교전당사자에 의해 사용되는 교육시설에 대한 공격에 관한 지침이다.[지침 3, 4] '지침 3'은 무력충돌의 상대방이 장래에 사용할 수 있는 능력을 박탈하기 위한 조치로서 학교와 대학을 파괴하는 것을 금지하고 있다. 나아가 학교와 대학은 학기 중이든, 평일 또는 휴일 휴교 중이든, 비워졌거나 폐교되었든 간에 일반적으로 민간물자에 해당함을 강조하고 있는데, 특히 법적 구속력을 갖는 조약에서 흔히 사용되는 표현인 "must"를 사용한 점에 주목을 요한다. 즉 학교와 대학은 무력충돌의 상대 당사자가 장래에 사용할 수 있는 능력을 박탈하기 위한 조치로서 "결코 파괴되어서는 아니 된다"는 것이다. 이어서 '지침 4'는 무력충돌 당사자들이 군사적 노력을 지원하기 위해 학교와 대학을 이용함으로써 해당 학교가 군사목표물로 전환된 경우라 하더라도, "그 사용이 중단되지 않을 경우 공격이 있을 것임을 적에게 미리 경고"하는 것을 포함하여 공격 전에 모든 실행 가능한 대안조치를 고려하도록 규정하고 있다.

마지막 세 번째는 교육시설의 경비에 관한 지침이다.[지침 5] '지침 5'는 학교의 필수적 안전을 위한 대체수단이 없는 경우를 제외하고 학교 경비를 제공하기 위해 무력충돌 당사자들의 병력을 사용하는 것을 금지하고 있다. 이는 인구밀집지역 내에 또는 그 인근에 군사목표물을 위치시키는 것을 회피할 의무를 부과한 1977년 제네바협약 제1추가의정서 제58조에 부합하는 것이다. 아동, 학생 및 교직원들을 보다 안전한 장소로 대피시키는 것을 고려해야 한다는 내용 역시 마찬가지라 할 수 있다.

3) 국제법적 평가

무력충돌시 적용되는 국제법 규범인 '국제인도법'은 문화재나 예배장소의 군사적 이용을 명시적으로 금지하고 있는 것과 달리, 학교의 군사적 이용을 금지하는 규정을 두고 있지 않다. 가이드라인의 두문에서도 무력충돌의 당사자들에게 그들의 군사적 노력을 지원하기 위해 학교와 대학을 사용하지 않도록 촉구하고 있기는 하지만, 동시에 일정한 경우 학교와 대학의 군사적 이용이 국제인도법 위반이 아님을 명시적으로 인정하고 있다. 실제 무력충돌 상황에서 학교가 군사적으로 이용되는 사례가 많은 것은 그 자체가 국제인도법 위반이 아니라는 국제법적 판단이 크게 작용하기 때문이라고 생각된다.

한편 국제인도법의 핵심원칙인 구별의 원칙에 따르면 전투원과 민간인, 군사목표물과 민간물자는 각각 구별되어야 하며, 민간인 또는 민간물자에 대한 고의적·직접적·무차별적 공격은 금지된다. 국제인도법에서는 '민간물자'를 정의함에 있어서 단순히 "군사목표물이 아닌 모든 물건"이라는 소극적 방식을 취하고 있지만, 학교가 일반적으로 군사목표물이 아닌 민간물자에 해당한다는 점에 대해서는 이견이 없다. 따라서 원칙적으로 학교는 민간물자로서 공격의 대상이 되지 않는다. 그러나 학교가 어느 교전당사자 일방에 의해 군사적으로 사용될 경우 민간물자로서 향유하던 보호는 상실되며, 그 결과 해당 학교는 합법적인 군사목표물로 전환되어 공격의 대상이 될 수 있다.

이와 달리 가이드라인은 학교의 군사적 이용 및 그 공격과 관련하여 다음과 같이 현행 국제인도법에서 허용되는 행위를 명시적으로 금지하거나 보다 확대된 의무를 부과하는 내용을 담고 있다. 첫째, 가이드라인의 '지침 1'과 '지침 2'에 따르면, 운영 중인 학교는 어떠한 경우에도 그 군사적 이용이 금지되며 폐교되거나 비워진 학교는 예외적인 상황에 한하여 그 군사적 이용이 허용된다. 그러나 국제인도법은 학교가 운영 중인지 혹은 폐교되거나 비워졌는지를 불문하고 그 군사적 이용 자체를 금지하지 않고 있다. 따라서 가이드라인은 현행 국제인도법에 따르면 허용되는 '학교의 군사적 이용'을 엄격히 금지하고 있다고 할 수 있다.

둘째, 가이드라인의 '지침 3'에 따르면, 적으로부터 확립된 의도에 비추어 적이 학교를 군사적으로 이용하리라는 장래의 사용 의도가 확실하더라도 이를 사전에 공격하는 것은 금지된다. 그러나 현행 국제인도법은 설령 민간물자라 할지라도 일정한 경우 적의 사용을 박탈하기 위해 이를 공격하는 것을 합법적으로 허용하고 있다. 1977년 제네바제협약 제1추가의정서 제52조 2항은 "그 성질·위치·목적·용도상 군사적 행동에 유효한 기여를 하고 당시의 지배적 상황에 있어 그것들의 전부 또는 일부의 파괴, 포획 또는 무용화가 명백한 군사적 이익을 제공"하는 경우 이를 합법적 군사목표물로 정의하고 있는데, 적에 의한 장래의 사용 의도에 기초하여 특정 민간물자는 그 '목적'에 따른 군사목표물로 간주될 수 있다. 따라서 가이드라인은 '학교에 대한 공격'에 관하여 현행 국제인도법에 비해 보다 엄격한 기준을 부과한 것으로 볼 수 있다.

셋째, 가이드라인의 '지침 4'는 무력충돌 당사자들이 군사적 노력을 지원하기 위해 학교와 대학을 이용함으로써 해당 학교가 군사목표물로 전환된 경우 "그 사용이 중단되지 않을 경우 공격이 있을 것임을 적에게 미리 경고"하는 것을 포함하여 공격 전에 모든 실행 가능한 대안조치를 고려하도록 규정하고 있다. 이는 학교와 대학 자체를 공격으로부터 보호하는 데 그 목적이 있기 때문에, 사전경고에 따라 상대방이 그 군사적 이용을 중단하면 공격 역시 중지해야 함을 시사하는 것이다. 현행 국제인도법 역시 민간인·민간물자에 대한 부수적 피해를 최소화하기 위한 적극적 예방조치 의무의 일환으로

안전한 학교 선언의 국제법적 함의

민간에 영향을 미치는 공격시 사전경고 의무를 부과하고는 있지만, 그럼에도 불구하고 사전경고 이후에는 공격을 당연히 전제하고 있다는 점에서 일정한 차이가 있다. 결국 이 지침은 '학교에 대한 공격'에 있어서 현행 국제인도법에 비해 보다 '엄격한 완화조치'를 요구하는 것이라 할 수 있다.

3. 결론 및 대응과제

안전한 학교 선언은 가이드라인이 "현행 국제법에 영향을 미치지 않는 법적 구속력이 없는 자발적 지침"임을 강조함으로써 그 법적 성격이 법적 구속력을 갖는 조약이 아니라 정치적 약속에 불과함을 시사하고 있다. 그럼에도 불구하고 현행 국제인도법이 무력충돌시 학교의 보호에 충분히 기여하지 못하는 상황에서 이들은 이미 국가들의 행동 변화에 적지 않은 영향을 미치고 있으며, 이는 향후 관련 국제규범에 변화를 야기할 가능성도 충분히 예견할 수 있다. 이에 비추어보면 한국 역시 이에 적극 동참해야 한다는 당위성이 확산될 수 있다. 이에 따라 세부내용에 대한 면밀한 검토를 바탕으로 한국의 대응방향을 모색할 필요가 있다고 생각된다.

현행 국제인도법은 무력충돌의 당사자들이 학교를 이용하는 것을 명시적으로 금지하지 않고 있을 뿐만 아니라, 일정한 경우 그에 대한 공격까지도 허용하고 있다. 이와 달리 가이드라인은 학교의 군사적 이용과 관련하여 현행 국제인도법에서 허용되는 행위를 명시적으로 금지하거나 보다 확대된 의무를 부과하는 내용을 담고 있다. 이와 같은 이유에서 가이드라인 개발 노력은 초기부터 독일, 미국, 영국 등의 거센 반대에 직면하였다. 프랑스와 독일은 아동 및 무력충돌에 관한 안보리 실무그룹 의장을 맡은 바 있으며 캐나다는 뉴욕에서 정기적으로 "무력충돌 시 아동의 친구들"이라는 대규모 비공식

단체를 소집하기도 하였는데, 초기 반대국들 중에는 이와 같이 아동 및 무력충돌에 관한 유엔 차원의 활동을 적극 주도하던 독일, 프랑스, 캐나다도 포함되어 있었다. 글로벌연합은 이 가이드라인이 법적 구속력이 없으며 무력충돌 상황에서 아동의 교육권 보호를 보다 확대하고 군사작전을 수행함에 있어 유익한 관행을 확립할 수 있는 실질적 지침을 제공한다는 점을 강조하였다. 그럼에도 불구하고 반대국들은 가이드라인이 기존의 국제인도법을 벗어나는 의무를 설정하고 있다는 점에 문제를 제기하였다. 즉, 가이드라인이 기존의 법적 의무를 초과하는 의무를 설정하였고, 이로 인해 어떠한 기준이 법적 구속력을 갖는지에 대한 혼란을 야기할 수 있으며 궁극적으로 국제인도법을 잠식하거나 약화시킬 수 있다는 것이다. 가이드라인이 법적 구속력은 없지만 이미 국가들의 행동 변화에 큰 영향을 미치고 있으며 향후 관습국제법으로 발전할 가능성이 있음을 고려하면, 그 내용이 해당 국가에 불리한 영향을 미칠 가능성에 대해서는 충분히 신중한 검토가 필요다고 본다. 일단 지지를 선언하고 난 뒤에는 신의칙에 따른 금반언의 효과로 인해 추후 그와 반대되는 주장을 하기가 어렵게 될 것이기 때문이다.

한국의 외교 및 안보 상황에서는 첫째, 한국이 향후 다자외교에서 적극적 역할을 수행하기 위해서는 국제사회가 공유하는 가치에 기반하여 국제법을 존중하면서도 독자적 목소리를 통해 국익을 추구할 필요가 있다. 둘째, 안전한 학교 선언에 대한 지지 선언은 한국군이 학교를 군사적으로 이용하지 않으며 그에 대한 공격 역시 엄격히 제한할 것임을 선언하는 것이므로 북한이 이를 군사적으로 악용할 가능성과 그 영향을 고려할 필요가 있다. 셋째, 안전한 학교 선언에 따른 새로운 의무 부과가 관계법령이나 교전규칙 또는 군사교리를 비롯한 제반 국내적 기준과 배치되지는 않는지, 특히 작전계획과 한미 연합작전의 상호운용성에 미치는 영향, 그로 인한 작전적·정책적 변경 소요 및 예산 부담 등에 대한 폭넓은 검토가 필요하다. 가이드라인의 폭넓은 수용이 앞으로 학교에 대한 국제법적 보호의 강화를 견인할 수 있을 것인지 예의주시면서 한국의 역할 방향이 충분히 검토되기를 기대한다.

---

1) UN Doc. A/74/845−S/2020/525 (9 June 2020), para.8.
2) GCPEA, *Education under Attack 2022* (GCPEA, 2022), pp.14-15, 42-43.
3) *Supra* note 1, para.232; UN Doc. A/76/871−S/2022/493 (23 June 2022), para.47.

UNESCO 총회 "인공지능(AI) 윤리 권고"의
주요 내용 분석과 국제법적 함의

박기갑(고려대학교 법학전문대학원 명예교수)

1. 2021년 권고 채택의 배경

유엔 교육과학문화기구^{이하 'UNESCO'}는 2021년 11월 23일 제41차 총회 폐막일에 'AI 윤리에 관한 권고'^{Recommendation on the Ethics of Artificial Intelligence,} ^{이하 'AI 윤리 권고'}를 담은 '결의 41C/Resolution 73'을 회원국 만장일치로 채택하였다. 이 권고는 UNESCO가 2019년부터 2년간에 걸쳐 AI 시스템이 인간사회에 미칠 제반 문제점을 검토하여 그에 대한 대책을 종합적으로 발표한 결과물이고, 이 권고에서 다루는 'AI 시스템' 개념은 가장 넓은 의미에서 "추론·학습·인식·예측·계획 혹은 통제와 같은 지능적 행동이 가능하고, 데이터 및 정보처리 능력이 있는 시스템이며, 학습과 인지작업 수행능력을 발생시키는 모델과 알고리즘을 통합하여 물질 및 가상 환경에서 예측, 의사결정과 같은 결과를 도출하는 정보처리기술"이다.[1]

역사적으로 볼 때 UNESCO는 과학기술의 발전이 인간사회에 상당한 영향을 미칠 수 있다는 우려가 제기될 때 그와 관련되는 권고 또는 선언을 채택하여 제시하였다. 좋은 선례가 1997년 11월 11일 채택된 "인간 게놈과 인권에 관한 보편적 선언"Universal Declaration on the Human Genome and Human Rights이다. 21세기에 들어서서 AI 시스템이 인류 발전에 크게 기여할 수 있고 모든 국가에 혜택을 줄 것이라는 긍정적 기대가 널리 퍼져 있다. 하지만 다른 한편에서는 AI가 편향된 정보를 학습함으로써 차별과 불평등을 심화시키고, 정보 획득과 사용의 격차를 더 벌릴 뿐만 아니라 문화적·사회적·생물학적 다양성을 위협함으로써, 한 국가 내에 그리고 국가들 사이에 존재하는 사회경제적 격차를 심화시킨다고 하는 부정적 우려 역시 적지 않다. 이러한 이유로 최근 몇 년 사이에 UNESCO를 포함한 정부간 국제기구들과 관련 시민단체는 AI 시스템과 인간의 존엄성·인권·문화적 다양성 등을 포섭하는 "인간 가치"human value 및 인간이 선택한 목적을 달성하기 위하여 결정하는 권한을 AI 시스템에 맡길지 여부 그리고 그 권한을 맡기는 방식 등과 관련하여 "인간에 의한 통제"human control의 상호관계에 대한 권고적 성격의 문서를 채택하고 있다. 이하에서 2021년 "AI 윤리 권고"의 주요 내용과 그 국제적 함의를 살펴본다.

2. 2021년 권고의 주요 내용

AI 시스템과 관련된 윤리 문제는 연구·설계·개발부터 출고 및 사용뿐만 아니라 시스템의 유지·운용·교역·자금조달·모니터링 및 평가·유효성 검사·사용종료·분해·폐기에 이르는 이른바 "AI 시스템 수명주기"life cycle의 모든 과정과 연관되어 있다. 이처럼 다양한 윤리 문제를 다루는 2021년 "AI 윤리 권고"는 서문preamble과 8개의 장으로 구성되며, 총 141개 항으로 이루어져 있다. 이 중에서 국제법적 측면에서 관심을 가지고 봐야 할 부분은 "가치와 원칙"이 언급된 제3장과 국내 입법 및 행정조치를 염두에 두고 있는 "정책조치"에 관한 제4장이다.

제3장 제1절은 AI 시스템 수명주기에 관계된 국가와 공공 및 민간 AI 행위자[actors]가 준수해야 할 "가치"를 네 가지로 제시하고 있다. 첫째, AI 시스템의 수명주기 전반에서 인권과 기본적 자유 및 인간 존엄성은 존중·보호·증진되어야 한다. 둘째, AI 시스템의 수명주기와 관련된 모든 행위자는 환경 및 생태계의 보호와 복원을 위한 예방조치, 지속가능한 개발 등을 위하여 제정된 국제법과 각국의 법률, 기준과 관행을 준수해야 한다. 셋째, AI 시스템의 수명주기 전반에서 국제인권법을 포함한 국제법에 따라 다양성 및 포용성의 존중·보호·증진이 보장되어야 한다. 넷째, AI 행위자들은 인권 및 기본적 자유의 가치에 입각하여 평화롭고 정의로운 사회의 구축에 적극적으로 참여하고 이를 실현하여야 한다.

제3장 제2절은 위 가치에 기반을 두고서 AI 행위자들이 준수해야 할 "원칙"을 열 가지로 규정하고 있다. 첫째, "비례 원칙과 위해[危害] 금지"이다. AI 시스템 수명주기와 관련되는 과정에서 합법적 목표나 목적을 달성하는 데 필요 이상의 수단을 사용해서는 안 되며, 각기 상황에 비례한 결정을 내려야 하며, 특히 AI 시스템은 소셜 스코어[social scoring] 평가나 대중감시[mass surveillance]의 목적으로 사용되어서는 안 된다. 둘째, "안전 및 보안"이다. 인간·환경 및 생태계의 안전과 보안을 보장하기 위해 AI 시스템의 수명주기 전반에서 원치 않는 피해[안전 위협]와 공격에 대한 취약성[보안 위협]과 관련된 요소를 방지하고 이를 해결·예방·제거해야 한다. 셋째, "공정과 비차별"이다. AI 행위자들은 사회적 정의를 증진하고 국제법에 따라 공정과 비차별을 수호하여, 다양한 모든 사회구성원이 AI 기술이 주는 혜택을 공유할 수 있어야 한다. 넷째, "지속가능성"이다. AI 시스템이 인간·사회·문화·경제·환경 등에 미치는 영향에 대한 지속적인 평가는 "UN 지속가능한 개발목표"[UNSDGs]에 명시된 지속가능성과 조화되는지를 확인하면서 이행되어야 한다. 다섯째, "프라이버시에 대한 권리 및 데이터

보호"이다. 사생활은 AI 시스템 수명주기 전반에서 존중·보호·증진 되어야 한다. 여섯째, "인간의 감독 및 결정"이다. 국가는 AI 시스템 수명주기의 모든 단계에서 AI 시스템으로부터 야기되는 윤리적·법 적 책임을 물을 수 있도록 보장하여야 한다. 원칙적으로 인간의 생 사와 관련된 결정은 AI 시스템에 이양될 수 없다. 일곱째, "투명성과 설명가능성"또는 석명가능성, 釋明可能性이다. AI 시스템의 민주적 거버넌스를 위해 수명주기 전반에서 역외 영향을 포함한 투명성 및 석명가능성 을 증진하려는 노력이 계속되어야 한다. 여덟째, "책임 및 책무"이 다. AI 행위자 및 국가는 인권 및 기본 자유를 준수·보호·증진하고 동시에 국가가 갖는 인권 보호 의무를 비롯한 국제법과 AI 행위자의 영역 및 통제 내에서의 문제를 포함한 AI 시스템 수명주기 전반의 윤리 지침에 따라 각각 윤리적·법적 책임을 다함으로써 환경 및 생 태계의 보호를 장려해야 한다. 아홉째, "의식 및 문해력"文解力, literacy이 다. 사회구성원들이 AI 시스템 사용에 대한 충분한 정보를 가지고 의사결정을 내리며, 부당한 영향으로부터 보호받을 수 있도록 대중 의 효과적인 참여를 보장하고 언어·사회·문화적 다양성을 고려해 야 한다. 마지막 열 번째, "다자적이고 조정 가능한 거버넌스 및 협 력"이다. 데이터 사용에서 국제법과 국가 주권이 존중되어야 한다. 이는 국가가 국내에서 생성되거나 자국의 영토를 거치는 데이터를 국제법을 준수하는 방식으로 규제하고 데이터의 효과적인 규제를 위해 국제법과 기타 인권 보호 관련 규정 및 기준에 따라 프라이버 시 보장을 위한 데이터 보호와 같은 조치를 할 수 있음을 의미한다.

제4장은 "정책조치 분야"를 다루고 있다. 그 내용은 위에 언급한 가치와 원칙을 바탕으로 각 국가가 자발적으로 관련 정책 또는 메커 니즘을 확립하고, 공공 및 민간 AI 행위자가 관련 조치를 준수하게 하는 것을 목표로 한다. 여기에서는 윤리영향평가, 윤리적 거버넌스 및 직무, 데이터 정책, 발전 및 국제협력, 환경 및 생태계, 젠더, 문

화, 교육 및 연구, 통신과 정보, 경제 및 노동, 의료 및 사회복지 등 총 11개의 정책분야를 규율하고 있다.

위에 언급한 "가치",^{제2장} "원칙"^{제3장}과 "정책조치 분야"^{제4장}는 2021년 "AI 윤리 권고"의 대부분을 차지한다. 이에 대하여 몇 가지 선결적 질문을 던져본다. 첫째, AI 시스템의 운용과 규율 문제는 마치 사이버 공간에서의 국가 또는 사인私人의 행위 규율처럼 새로운 분야인데 과연 기존의 법체계가 이들을 모두 포섭할 수 있을까? 또한 여기서 준거법으로 언급되는 국제법은 그 실체가 분명한가? 이 권고는 국제법과 국제인권법을 상당히 많은 데에서 준거법으로 인용하고 있다. 가령 "국제법에 입각한 본 권고",^{서문 세번째 항} "국제인권법과 국제법에 따라 채택된 AI 기술에 관한 글로벌 윤리 기준",^{제2장(목표) 제8항} "국제법에 입각하여" 또는 "국제법에 또는 국제법과 국제인권법에 따라"^{제2장(목표) 제11항. 제3장(가치) 제13항, 제18항, 제19항, 제28항, 제32항, 제42항, 제46항. 제4장(정책조치 분야) 제63항, 제72항, 제107항, 제121항. 제5장(모니터링 및 평가) 제131항, 제133항 등}이다. 그러나 2021년 "AI 윤리 권고"에서 말하는 국제법의 범주는 인용된 국제문서의 법적 효력과는 무관하게 국제조약뿐만 아니라 선언, 결의, 권고 내지 지침 등까지 확대되고 혼재되어 있다.

둘째, 권고에 명시된 각각의 "가치"와 "원칙"은 하나하나가 중요하고 필요하다고 보이지만, 현재 COVID-19 대확산 상황에서 공공이익 보호를 위하여 개인의 기본적 인권을 정지 내지 침해할 수 있는지에 대한 논쟁처럼, 실제 적용시 개별 "가치"와 "원칙" 상호 간에 충돌이 발생할 수 있다. 이 경우 무엇을 우선할 것인가? 이에 대하여 권고 제2장(목표) 제11항은 "…명시된 가치들은 그 자체로 바람직하지만, 실무적 맥락에서 가치와 원칙 간에 부조화가 발생할 수 있다. 따라서 잠재적 긴장을 완화하기 위해 비례성과 인권 및 기본적 자유의 원칙에 입각한 상황별 우선시가 필요할 것이다"라고 나름대로 해법을 제시하고 있다. 여기서 말하는 "상황별 우선시"는 권고에 담긴 가치 또는 국제법 원칙 상호 간에 충돌이 발생할 경우, 사례별로 구체적 해결방안을 모색하는 것을 의미하므로, 관련된 원칙을 구체화하는 과정에서 발생할 수 있는 자의적이고 임의적인 판별을 최대한 줄이는 것이 중요한 관건이 될 것 같다.

셋째, "가치"와 "원칙"을 반영한 "정책조치 분야"는 각 국가가 자발적으로 국내 입법·행정 시스템에 적용할 것을 목표로 삼고 있다. 그러나 개별 국가의 기술·재정 능력과 사회환경은 천차만별이기 때문에 "정책조치 분야"에 언급된 많은 제언을 국가가 국내적으로 반영하는 정도에서는 격차가 발생하고 그 형태에서는 취사선택 또는 변형이 일어날 수 있다. 이렇게 된다면 정작 2021년 "AI 윤리 권고"가 달성하고자 했던 소기의 목표는 불균등하고 파편화되고 희석화된 결과로 가시화될 수 있다. 이에 대하여 권고 제4장^{정책조치 분야} 제49항은 "UNESCO는 회원국이 본 권고의 이행에 있어서 과학적·기술적·경제적·교육적·법적·규제적·인프라적·사회적·문화적 면에서의 준비가 상이하고 각기 다른 단계에 있음을 인정하면서 "준비"란 유동적이다"라고 설명한다. 이는 결국 자발적 이행과정에 한계가 있음을 인정한 셈이다. 비록 UNESCO가 일단은 회원국들에 관련 기술지원 제공 등을 제안하고 있지만, 그 제공이 의무가 되려면 중장기적으로는 법적 구속력을 갖는 지역적 또는 보편적 국제협약 채택 노력이 요구된다. 짧은 시간 내에 많은 국가가 참여할 수 있는 관련 국제협약 채택을 원한다면 그 형태는 구체적이며 세부적인 측면을 다루기보다는 현존하는 주요 국제인권협약의 관련 내용을 차용 또는 준용하는 기본골격^{framework} 체제가 바람직할 것이다.[2]

3. 2021년 권고의 국제법적 함의

2021년 "AI 윤리 권고"는 다음과 같은 몇 가지 국제법적 함의를 갖는 것으로 보인다. 첫째, AI 시스템의 연구개발과 그것의 활용 과정 전반에 적용돼야 할 전 세계적 윤리 가이드라인으로서의 역할이다. UNESCO의 세계과학기술윤리위원회[COMEST]가 사전 연구를 통해 밝혔듯이, 현재까지 AI 시스템의 개발과 적용 과정에 윤리적이며 인간 중심적인 접근법을 강조하는 전 세계적 문서가 없었다. 따라서 이 권고는 현재와 미래에 교육과 행정, 네트워크 등 광범위한 영역에서 활용되며, 수십억 명의 사람들의 생활에 직간접적인 영향을 미칠 AI 시스템에 대한 긍정적인 가능성에 대한 기대와 오남용으로 인한 인권침해나 불평등 심화 등의 부작용을 우려하는 목소리를 포괄적이며 종합적으로 다루고 있으므로 그 유용성은 높게 평가될 것이다.

둘째, 이 권고가 적용되는 일차적 대상은 UNESCO 회원국들이다. 국가는 AI 시스템 수명주기 전반과 관련된 법적 규제체제를 개발하고 AI 시스템 개발과 활용을 촉진할 권리와 의무를 행사하므로, 그 과정에서 국가는 이 권고를 AI 시스템 관련 국내 법률의 제정, 정책의 입안 그리고 기타 수단에 관한 지침으로써 자발적으로 활용할 수 있을 것이다. 이 권고가 과거에 유네스코가 채택한 "인간게놈과 인권에 관한 보편적 선언",[1997년] "생명윤리와 인권에 관한 보편적 선언"[2005년]처럼 과학 분야의 발전을 더 인간적이고 윤리적이며 포용적인 방향으로 이끌어 줄 것으로 기대한다.

셋째, 이 권고는 이차적으로 공공 및 민간 AI 행위자 또는 이해관계자들에게도 관련된다. 이들은 AI 시스템 수명주기 중 적어도 한 단계에 관련된 행위자로 정의될 수 있으며, 연구자, 프로그래머, 엔지니어, 데이터 과학자, 최종 사용자, 기업, 대학, 민간단체와 공공단체 등을 비롯한 자연인과 법인 전체를 포함한다. 가령 권고의 제50항에서 제53항에서 언급하고 있는 AI 시스템 수명주기 전반에 대한 "윤리영향평가"[ethical impact assessment]는 국가가 아닌 개인에게도 윤리적 지침을 제공하는 역할을 담당할 것이다. 참고로 "윤리영향평가"라

함은 AI 시스템의 혜택, 우려 및 위험을 식별 평가하고 적절한 위험 예방, 완화, 모니터링 조치 등을 행하는 것을 말한다. 이러한 영향평가는 소외계층과 취약계층 혹은 취약한 상황에 노출된 개인의 권리, 노동권, 환경·생태계 및 윤리·사회적 연관성처럼 인권 및 기본적 자유에 영향을 미치는 요소를 식별하는 기능을 갖는다.

넷째, 2021년 "AI 윤리 권고"에는 물적 적용 범위$^{ratione\ materiae}$가 존재한다. 이 권고의 제1장$^{적용\ 범위}$ 제1항은 "본 권고는 UNESCO의 권한 내에서 AI 영역과 관련된 윤리 문제를 다룬다"라고 밝히고 있다. 이는 UNESCO라는 국제기구의 법인격의 한도 내에서 허용되는 활동 범위, 즉 교육·과학·문화 협력 측면에 충실하겠다는 의미이다. 따라서 이 권고는 원칙적으로 평화 시의 AI 시스템 관련 문제에 맞춰져 있으며, 전시^{戰時}의 AI 시스템 사용 문제는 권고의 직접적 규율 범위 밖에 있는 것으로 봐야 할 것이다. 이는 제2장^{목표} 제5항의 "본 권고는 ⋯ AI 시스템의 평화로운 사용의 촉진을 권고한다"라는 문안에서 암묵적으로 추정할 수 있다. 그렇다고 해서 AI 시스템의 활용이 전시^{戰時}에 금지된다는 의미는 아니며, 그의 적법성 여부는 전쟁법 또는 국제인도법이라는 특별법$^{lex\ specialis}$에 의해 규율될 것이다. AI 시스템을 활용하는 신무기와 관련해서는 "신무기, 전투 수단 또는 방법의 연구·개발·획득 및 채택에 있어서 체약당사국은 동 무기 및 전투 수단의 사용이 본 의정서 및 체약당사국에 적용 가능한 국제법의 다른 규칙에 의하여 금지되는지 여부를 결정할 의무가 있다"라고 규정한 1977년 제1추가 의정서 제36조를 참고로 할 수 있다. 현존하는 전쟁법 또는 국제인도법의 규정과 원칙이 과연 나날이 진보하는 AI 시스템 또는 자신의 동작을 스스로 개선·증강할 수 있는 슈퍼컴퓨터의 능력을 일컫는 "기계학습"$^{machine\ learning}$에 적절하게 대처하는 데 충분한지 아니면 보완되어야 하는지에 대해서는 다른 논의의 장을 필요로 한다. 왜냐하면 자율적 무기 체제$^{autonomous\ weapon\ systems}$ 중에서도 AI 시스템과 기계학습을 갖춤으로써 공격목표를 선택하고 스스로 공격하는 결정적 기능에 있어서 자율성을 갖는 무기체제는 무력사용에 대한 인간의 통제 상실의 위험을 안고 있으므로 인도적·법적 그리고 윤리적 관점에서 큰 우려를 자아내기 때문이다.

---

1) 2021년 "AI 윤리 권고"의 한글번역은 유네스코 한국위원회의 번역본을 최대한 따랐음을 밝힌다.
2) 이와 관련된 상세한 내용은 다음을 참조하시오. 박기갑, "국제적 권고·지침에 바탕을 둔 "인공지능(AI) 윤리" 관련 국제조약안의 모색", 국제법학회논총 제67권 제4호 (2022), pp.121-151.

러시아의 우크라이나 무력침공에 대한 국제법적 평가

김원희(한국해양과학기술원 해양법·정책연구소 선임연구원)

1. 우크라이나 내전과 러시아의 무력침공

2022년 2월 24일 러시아는 우크라이나에 대한 전면적인 무력행사를 개시하면서 우크라이나의 영토를 침공하였다. 우크라이나에서는 2013년 11월 시작된 '유로마이단 혁명'으로 친러시아 정부가 몰락하고 친서방 정부가 수립되었다. 이에 러시아는 2014년 3월 우크라이나의 영토인 크림반도를 병합하였고, 병합 직후 러시아계 주민이 다수를 구성하고 있는 우크라이나 동부의 돈바스 지역에서도 정부군과 분리독립 세력 간에 내전이 발발하였다. 우크라이나 정부군과 러시아의 지원을 받는 것으로 추정되는 분리독립 세력 간의 무력충돌을 종료하기 위해 몇 차례 휴전 합의가 체결되었으나 산발적인 무력충돌이 최근까지 계속 발생하였다.[1] 러시아는 2022년 2월 21일 우크라이나 정부군과 내전이 진행 중인 도네츠크와 루간스크 정부를 국가로 승인하였고, 시리아와 북한 정도가 두 정부를 국가로 승인하였다.

러시아의 푸틴 대통령은 2022년 2월 24일 공식 연설에서 우크라이나에 대한 무력행사가 러시아의 국가안보, 우크라이나의 비무장과 일부 지역의 자결권 보호, 우크라이나 내 러시아계 주민의 보호 등을 위한 조치라고 주장하였다.[2] 러시아는 유엔헌장 제51조에 따른 자위권 관련 보고의무 이행을 위해 안전보장이사회에 서한을 제출하면서 푸틴 대통령의 연설문을 첨부한 바 있다. 나아가 우크라이나가 러시아를 상대로 국제사법재판소International Court of Justice에 제소한 제노사이드방지협약 관련 사건에서도, 러시아는 국제사법재판소가 관할권을 행사할 수 없다는 입장문에 푸틴 대통령의 연설문을 첨부하여 제출하였다.[3] 이 연설문은 무력행사에 관한 러시아의 공식 입장이라고 할 수 있다.

미국과 EU를 중심으로 한 국제사회는 러시아의 무력행사가 국제법을 위반했다고 강하게 비판하면서, 안전보장이사회 상임이사국인 러시아에 대해 이례적으로 즉각적이고 전면적인 제재조치를 실시하고 있다. 특히 독일은 무력충돌 지역에 자국산 무기를 수출하지 않기로 했던 역사적인 정책을 변경하여 우크라이나에 무기를 공급하기로 결정하고 이를 실행하고 있다. 우크라이나는 러시아의 침략행위로부터 국가를 수호하기 위해 최후까지 항전하겠다는 의지를 밝히고 국제공동체의 지원과 원조를 요청하고 있다.

이 글의 목적은 러시아의 우크라이나 무력침공을 국제법적으로 평가하고, 러시아와 우크라이나 전쟁 국면에서 국제법이 어떠한 역할을 하며 그 함의는 무엇인지 살펴보는 것이다.

2. 러시아의 무력침공에 대한 국제법적 평가

러시아의 우크라이나 무력침공은 무력의 위협이나 행사를 금지하고 있는 유엔헌장 제2조 제4항에 위반된다. 이 규정은 모든 회원국에게 다른 국가의 영토보전이나 정치적 독립에 대한 무력의 위협이나 무력행사를 금지하고 있다. 무력행사 금지의 원칙은 수많은 국제문서와 국제재판소 판결에서 재확인되고 규범력을 인정받았다. ICJ는 1986년 니카라과 사건 판결부터 2022년 콩고 영토에서의 무력사용 관련 판결에 이르기까지 무력행사 금지의 원칙이 국제법의 가장 근본적인 원칙과 규칙이며, 유엔헌장이라는 조약상의 의무를 넘어 관습국제법으로 확립되었다는 입장을 유지하고 있다. 다만 유엔헌장은 무력행사 금지 원칙의 예외로서 안전보장이사회가 유엔헌장 제7장에 따라 결정하는 군사적 강제조치^{제42조}와 타국의 무력공격을 받은 국가가 정당방위로서 행사하는 자위권^{제51조}을 인정하고 있다. 유엔 안전보장이사회가 러시아의 우크라이나 무력침공을 승인하는 결의를 채택한 적이 없기 때문에 러시아가 무력행사의 합법성을 주장할 수 있는 국제법적 근거는 자위권뿐이다.

러시아는 2014년 3월 크림반도를 병합했을 당시에 무력행사나 무력에 의한 간섭의 존재 자체를 부인하면서 무력행사를 정당화하기 위해 어떠한 명분도 제시하지 않았다. 그러나 푸틴 대통령은 이번 무력침공을 '특별군사작전'special military operation으로 명명하면서 세 가지 명분을 주장하였다. 첫째, 러시아는 미국과 동맹국들의 대러시아 봉쇄정책에 따른 실질적 안보위협으로부터 자국을 보호하기 위해 유엔헌장 제51조의 자위권을 행사하였다. 둘째, 러시아의 무력행사는 자국이 국가승인을 부여한 도네츠크와 루간스크 인민공화국과 체결한 우호 및 상호원조 조약을 이행하기 위한 것이다. 러시아는 우크라이나가 도네츠크와 루간스크의 주민에게 집단살해 위협을 가하고 있으므로, 이번 군사작전의 목표는 우크라이나 동부지역 주민의 자결권self-determination을 보호하는 것이라고 주장한다. 이러한 러시아의 주장은 국가승인을 부여한 두 정부에 거주하는 주민들의 자결권 보호를 위한 집단적 자위권의 원용으로 해석할 수 있다. 셋째, 러시아는 그동안 코소보, 이라크, 리비아, 시리아 등에서의 무력사용을 정당화하기 위해 미국과 나토 회원국들이 주장했던 인도적 간섭과 인권보호처럼 우크라이나 내 러시아계 주민의 보호를 명분으로 제시하였다.

　미국과 동맹국들의 안보위협에 대응하기 위한 자위권 행사라는 러시아의 첫째 주장은 유엔헌장 제51조에서 자위권의 요건으로 명시된 무력공격^{armed attack} 자체가 없었기 때문에 아무런 법적 근거 없는 정치적 수사에 불과하다. 러시아의 주장이 임박한 무력공격에 대한 예방적 자위권^{anticipatory self-defence}을 의미한다고 보더라도, 2014년 러시아의 크림반도 병합 이후 우크라이나 또는 서구국가들이 실시한 대러시아 제재조치를 임박한 무력공격으로 보기는 어렵다. 러시아는 미국과 동맹국의 러시아 봉쇄정책이나 우크라이나를 NATO에 가입시키려는 동진정책이 자국에 대한 안보 위협이라고 주장하지만, 이를 유엔헌장 제51조의 무력공격 또는 임박한 무력공격으로 볼 수 없다는 점은 명백하다.

　다음으로 러시아가 집단적 자위권을 행사했는지에 대해서는 도네츠크와 루간스크 인민공화국이 분리단체나 무장단체가 아닌 국가의 성립요건을 갖추었는지를 먼저 검토해야 한다. 2014년 3월 이후 우크라이나 동부 지역의 내전이 계속되는 상황에서 러시아는 무력충돌이 격렬했던 도네츠크와 루간스크 정부에 대해 국가승인을 부여했다. 러시아는 무력침공으로 점령한 도네츠크, 루간스크 등 우크라이나 동부지역을 러시아의 영토로 병합하는 주민투표를 실시하고 병합조약을 체결하였다. 이러한 러시아의 행위는 우크라이나의 영토적 일체성과 주권을 침해하고 유엔헌장과 관습국제법에 위반되어 국제법상 무효이다.[4] 러시아가 우크라이나 영토의 일부인 도네츠크와 루간스크를 국가로 승인한 행위는 반군을 진압하기 위해 적극적으로 국가공권력을 행사하는 우크라이나의 주권을 부인한 것이며, 우크라이나의 국내문제에 대한 위법한 간섭에 해당된다. 따라서 국가로서의 요건을 갖추지 못한 대상에 대한 상조의 승인^{premature recognition}에 근거한 러시아의 집단적 자위권 주장과 무력사용에 따른 영토취득은 국제법상 인정될 수 없다.

셋째, 러시아는 도네츠크와 루간스크에 있는 러시아계 주민들의 인권보호를 무력행사의 근거로 주장하였다. 러시아는 우크라이나가 러시아계 주민들을 집단살해하고 있기 때문에 이를 막기 위해 무력행사를 결정했다고 주장하고 있다. 자국민 보호를 위한 무력행사가 국제법상 합법적 행위인지를 별론으로 하더라도 러시아의 일방적 주장을 입증하는 사실관계가 객관적으로 확인된 바 없다. 또한 자국민 보호라는 명분을 긍정하는 국가들도 무력행사는 급박한 위험에 처한 자국민 보호를 위한 마지막 수단이어야 하고, 필요한 합리적인 범위 내에서만 허용된다는 입장을 취하고 있다. 러시아계 주민들에 대한 심각하고 급박한 위험이 존재했는지 불확실하며, 우크라이나의 전체 영토에 대한 러시아의 무력침공은 자국민 보호를 위해 필요한 합리적 범위를 벗어난 것이다. 결국 자국민 보호를 위한 무력행사를 인정하는 입장에 따르더라도 러시아의 우크라이나 침공은 합법성을 인정받을 수 없다.

한편 국제형사재판소^{이하 ICC} 소추부는 당사국들이 회부한 우크라이나 사태에 대해 공식적인 수사를 개시하였다. ICC는 국제적 관심 대상인 가장 중대한 범죄를 범한 개인을 처벌하기 위해 설립되었고, 집단살해죄, 인도에 반한 죄, 전쟁범죄, 침략범죄를 범한 개인을 수사, 기소, 처벌하기 위해 관할권을 행사할 수 있다. 보다 정확한 사실관계 확정이 필요하지만 러시아의 무력침공과 이후 전개된 무력충돌 과정에서 실시된 군사활동은 ICC의 관할범죄의 구성요건에 해당되며 기소되고 처벌될 가능성이 있다. 2022년 3월 1일부터 11일 사이에 총 41개의 재판소규정 당사국들이 우크라이나 사태에 대한 수사를 ICC 소추관에게 공식적으로 회부하였다.[5] ICC의 Karim A. Khan 소추관은 그러한 당사국들의 사태 회부에 근거하여 2013년 11월 21일

이후 우크라이나의 영토에서 자행된 전쟁범죄, 인도에 반한 죄 또는 집단살해죄 혐의를 대상으로 수사를 개시한다고 공표하였다.[6]

ICC 소추관이 공식 수사를 개시했지만 러시아가 협력하지 않는 한 가까운 시일 내에 혐의자들을 기소하거나 재판을 진행하기 어렵다는 점은 국제형사법에 내재된 한계이다. 그러나 ICC 소추관의 수사 종료 이후에 침략범죄와 전쟁범죄 등을 결정한 러시아의 대통령과 주요 정부인사들에 대해 체포영장이 발부된다면, 푸틴의 임기 내에 집행이 어렵더라도 러시아에게는 상당한 국제정치적 압력이 가해질 것이다. 이러한 정치적 압력은 우크라이나와 러시아가 진행하고 있는 종전협상 과정을 촉진하는 데 기여할 수 있을 것이다.

유엔헌장과 관습국제법상 무력행사 금지의 원칙을 위반한 러시아의 국제위법행위에 대해서는 국가책임이 발생한다. 국제법상 국가책임은 문제의 행위가 국가에게 귀속될 수 있고, 그 국가의 행위가 국제의무를 위반한 경우에 성립된다. 또한 국제위법행위에 대한 피해국의 동의, 자위권 행사, 대응조치 등의 위법성조각사유가 존재하지 않아야 한다. 러시아의 우크라이나 무력침공은 군대라는 국가기관을 동원하여 무력을 행사했고, 유엔헌장과 관습국제법의 무력행사 금지 의무를 위반했기 때문에 러시아의 국가책임이 인정될 수 있다. 러시아는 개별적 및 집단적 자위권 행사라는 명분을 제시하고 유엔헌장 제51조에 따른 보고의무도 이행했지만, 위에서 살펴본 바와 같이 러시아가 주장한 명분은 전혀 설득력이 없다. 러시아의 무력침공 이외에도 무력충돌 과정에서 이루어진 전쟁범죄나 인도에 반한 죄에 해당하는 행위가 입증되고 그 행위를 러시아의 국가행위로 귀속시킬 수 있다면 그러한 위반행위에 대해서도 국가책임이 성립할 수 있다.

국제법위원회International Law Commission의 국가책임법 초안은 국제법상 강행규범jus cogens의 중대한 위반에 대해서는 특별한 법적 효과를 인정하고 있다.^{제40조} 모든 국가는 강행규범에 따른 의무의 중대한 위반을 합법적 수단으로 종료시키기 위해 협력할 의무를 진다. 또한 강행규범의 중대한 위반으로 발생한 상황을 합법적인 것으로 승인하거나 그러한 상황의 유지를 원조하거나 지원하지 말아야 할 의무가 있다. ^{제41조} 일부 반대의견도 있지만 일반국제법상 침략행위의 금지는 일탈이 허용되지 않는 강행규범으로 받아들여지고 있다. 따라서 모든 국가들은 강행규범의 중대한 위반에 해당하는 러시아의 우크라이나 침략행위와 무력충돌을 종료시키기 위한 협력의무를 부담한다. 또한 러시아가 무력을 행사하여 우크라이나의 영토를 병합하거나 취득하는 경우에 국제위법행위에 근거한 영토취득을 합법적인 것으로 인정하거나 그러한 상황을 원조하거나 지원하면 안 된다.

3. 러시아–우크라이나 전쟁에서 국제법의 역할과 함의

러시아의 우크라이나 침공은 유엔헌장과 관습국제법을 위반한 국제위법행위이며, 침략행위를 금지하는 강행규범에 따른 의무의 중대한 위반에 해당된다. 역설적이지만 러시아가 제시한 무력행사의 정당화 명분은 미국을 비롯한 서구국가들이 코소보, 이라크, 시리아 등에서 무력을 행사하면서 주장했던 명분과 매우 닮아있다. 그러나 다른 국가들의 위법한 무력행사의 선례가 러시아의 무력침공에 면죄부를 주지는 못한다. 러시아가 주장하는 무력행사의 명분은 규범적으로나 사실적으로 인정되기 어렵다고 생각된다.

러시아의 우크라이나 침공과 무력충돌 사태에서 확인할 수 있는 국제법의 역할과 함의는 세 가지로 정리할 수 있다. 첫째, 강대국들이 유엔헌장과 관습국제법을 위반하여 무력을 행사하는 사례가 완전히 없어지지 않겠지만, 강대국 역시 자국의 무력행사를 정당화하기 위한 법적 근거를 유엔헌장을 중심으로 한 국제법 체제에서 찾고 있다. 과거 미국이 이라크를 침공하면서 국제법에 근거하여 다양한 정당화 근거를 주장하고 제시했던 것과 마찬가지로, 러시아도 이번 우크라이나 침공 직전에 러시아에 대한 미국과 나토의 안보위협을 강조하고 자국의 무력행사가 유엔헌장에 근거하고 있다고 주장하였다. 그러나 러시아의 무력침공은 유엔 안전보장이사회의 승인을 얻지 못했고 유엔헌장 제51조 자위권의 요건도 충족하지 못하기 때문에, 유엔을 비롯한 국제기구와 국가들은 국제법을 위반한 러시아의 무력행사와 영토 합병을 승인하지 않을 것이다. 이에 따라 우크라이나와 국제사회는 러시아의 국제위법행위의 종료와 배상을 위해 이용가능한 국제법상 구제수단과 제재조치를 실시할 수 있다. 국제사회는 안전보장이사회 상임이사국인 러시아에 대해 전례 없이 강력하고 포괄적인 제재조치를 신속하게 부과하고 있으며, 이는 러시아가 의도했던 전쟁의 목적을 달성할 수 없게 만드는 가장 큰 요인이 될 것이다.

둘째, 서구의 강대국들이 유엔헌장에 위반된 무력행사를 정당화하기 위해 그동안 제시해 왔던 사실적 및 법적 근거들이 부메랑이 되어 돌아왔다. 푸틴 대통령이 우크라이나 침공을 정당화하면서 미국과 서구 국가들의 과거 무력행사를 비판하면서도 비슷한 정당화 근거를 주장했다는 점을 고려할 때 모든 국가들은 무력행사 금지 원칙의 예외를 확대하는 주장과 명분 제시를 삼가야 한다. 역설적이지만 러시아의 푸틴 대통령은 구유고연방, 이라크, 리비아, 시리아 등에서 서구의 국가들이 유엔헌장과 국제법을 위반하여 무력을 사용했던 사례를 일일이 열거하면서 러시아의 무력행사가 정당하다는 주장을 펼쳤다. 다시 한번 강조하지만 다른 국가의 국제위법행위 선례가 러시아의 국제위법행위를 정당화시킬 수는 없다.

셋째, 러시아의 우크라이나 침략행위와 무력충돌 과정에서 발생하는 범죄에 대한 국제형사재판소[ICC]의 수사와 재판은 향후 러시아와 우크라이나 간의 무력충돌 양상과 종전협상에도 상당한 영향을 줄 수 있다고 생각된다. ICC가 우크라이나의 침략행위나 전쟁범죄 등에 대해 수사와 재판절차를 진행하여 범죄자들을 처벌하기까지 다양한 국제법적 및 사실적 제약과 어려움이 존재한다. 그러나 ICC가 진행하는 수사와 형사재판 절차가 투명하게 공개되고 국제사회의 협력과 지원을 받을수록 러시아의 군대는 무력충돌 과정에서 국제인도법 위반 가능성에 주의를 기울일 것이고, 이는 양국의 종전협상을 촉진하는 데 기여할 수 있다고 생각한다.

---

1) 우크라이나 내전에 관한 배경과 최근 상황의 전개는 다음 논문 참조. 김원희, "우크라이나와 러시아 간의 크림반도 분쟁에서 국제법의 한계와 역할", 국제법평론 제59호 (2021), pp. 38-43.

2) Address by the President of the Russian Federation, February 24, 2002, The Kremlin, Moscow. (en.kremlin.ru/d/67843)

3) Letter dated 24 February 2022 from the Permanent Representative of the Russian Federation to the United Nations addressed to the Secretary-General, UN Doc S/2022/154 (5 March 2022); Document (with annexes) from the Russian Federation setting out its position regarding the alleged "lack of jurisdiction" of the Court in the case, 7 March 2022, ICJ Reports 2022.

4) Secretary-General Says Russian Federation's Recognition of 'Independent' Donetsk, Luhansk Violate Ukraine's Sovereignty, Territorial Integrity. (https://www.un.org/press/en/2022/sgsm21153.doc.htm)

5) Situation in Ukraine, ICC-01/22 (https://www.icc-cpi.int/ukraine)

6) Statement of ICC Prosecutor, Karim A.A. Khan QC, on the Situation in Ukraine: Receipt of Referrals from 39 States Parties and the Opening of an Investigation (https://www.icc-cpi.int/Pages/item.aspx?name=2022-prosecutor-statement-referrals-ukraine)

미국의 국가안보 우선주의에 대한 국제법적 평가

최원목(이화여자대학교 법학전문대학원 교수)

1. 국가안보 우선주의

　바야흐로 국제법 영역에서도 국가안보$^{national\ security}$라는 개념이 남용되는 시대가 전개되고 있다. 과거에도 국가안보를 이유로 한 일방주의적 대외정책이 추진된 사례가 있었으나, 판도라의 박스를 열지 않으려는 상호주의적 노력이 상당한 억지력을 발휘해왔다. 그러나 9/11 사태는 미국민 전체의 대외정책에 대한 인식을 국가안보 우선주의로 급속히 변화시키는 계기가 되었다. 미국의 안보이익을 저해하는 테러단체나 정부를 주적 개념으로 설정하고 이러한 체제와의 전쟁을 국가안보 차원의 우선과제로 추진하게 된 것이다. 이러한 과제를 추진함에 있어 전통적인 외교적 압박이나 전쟁만으로는 한계가 있음을 인식하고, 국제적 여론을 거스르면서까지도 미국이 독자적으로 무역제재까지 취하며 전 방위적으로 개입하는 정책을 취하고 있는 것이다.

　2017년 미국에서 트럼프 행정부가 출범하자, 이러한 무역제재조치는 본격적으로 가동되기 시작했다. 2001년 11월 중국의 WTO가입 이래 가속화된 미국의 대중 무역적자의 누적현상과 이에 따른 제조업 분야의 불만이 트럼프라는 정치인의 반중정책 노선과 결부되어 돌이킬 수 없는 국가정책으로 자리 잡은 것과도 그 궤를 같이 하게 되었다. 2018년 3월부터 9월까지만 해도 2,390억불에 이르는 중국으로부터의 수입물품에 10~25%에 달하는 추가관세가 부과되었다. 바이든 미 대통령은 취임 후 트럼프 전 대통령의 여러 정책은 뒤엎었지만, 3,500억불에 달하는 대중 관세보복 조치는 그대로 유지하고 있다. 중국도 그동안 맞보복을 가하면서도, 미국산 농산물 구매 확대 등의 유화정책도 병행하고 있다.

미국과 중국이 서로 상대국에 대해 취하고 있는 무역보복의 정당화 논리는 이것이 국가안보를 위한 필수조치라는 것이다. 이제는 국가안보 개념을 대외정책에 내세우는 것을 상호주의적으로 억지해오던 체제가 더 이상 강대국 간에 작동하지 않게 되었다. 따라서 이러한 국제정치 현실을 국제법이라는 규범차원에서 분석하고 평가하는 것은 필요하다. 이는 힘들게 수립해놓은 국제규범으로부터 현재의 강대국 정책들이 얼마나 일탈하고 있는지에 대해 모두가 인식해야 하기 때문이다.

2. 국가안보에 대한 국제법적 기준

국가안보라는 개념은 국가생존이라는 최후의 안전망이기에 각국별로 고유의 개념과 범위를 설정할 수 있는 재량권을 포함하기 마련이다. 그럼에도 타국의 재량권을 적극적으로 침해하는 일방적 해석을 통해 자국의 재량권을 설정하기 시작하면 국가안보를 위한 자력구제 행위의 전제요건인 재량권 남용금지 원칙이 무너지게 된다. 그러므로 국가안보 관련 대외개입 정책이 정당한 재량권의 영역 내에서 행사되는지 여부에 관한 국제기준을 확립하는 일은 중요하다. 이러한 국제기준들은 기존 국제법 규범이 이미 수립해놓고 있다. 우선

UN헌장 제51조가 '자위권'self-defense 개념을 고유의 권리로 규정하고 있다. 상대국의 무력공격armed attack에 대해 안전보장이사회가 필요한 조치를 취할 때까지 무력으로 자국의 안전을 보호하는 조치를 취할 수 있는 시원적 권리가 UN회원국들에게 보장되어 있는 것이다. 다만, 실제로 무기를 이용한 공격이 발생했을 때에 한해, 안보를 위해 필요한 내용의 조치를 해당 공격과 비례성이 맞는 범위 내에서 취할 수 있다는 점에서, 현재 미국과 중국이 주고받고 있는 보복조치까지 자위권의 행사로 정당화될 수 있는 것은 아님은 물론이다. 또한 미국의 중국에 대한 각종 무역보복행위와 중국의 맞보복조치도 상호간의 무력공격을 전제로 하지 않는 점에서 자위권의 행사로 정당화될 수는 없다.

국제관습법상의 '대응조치'countermeasure라는 기준도 있다. 타국의 국제위법행위에 대응하여 이를 중지시키거나 배상을 받아낼 목적으로, 의무위반국에 대해 부담하고 있는 국제의무를 이행하지 않는 조치가 대응조치이다. 이러한 대응조치는 위법성이 조각되므로 그 국제법적 정당성이 보장된다. 중국이 불공정교역행위를 일삼고 산업기술을 도용함으로써 국제위법행위를 범하고 있다손 치더라도, 미국발 안보우선주의의 수단으로 취해지는 각종 보복조치들이 대응조치로서 정당화되기 위해서는 그 범위와 내용이 엄격히 제한되어야 한다. 역사적으로 과거에 만연한 복구reprisal 행위를 금지하면서, 엄격한 제한요건 하에 허용하고 있는 개념이 대응조치 개념이기 때문이다. 대응조치는 기본적으로 무력공격 금지원칙이나 기본적 국제규범 위반 형식으로 취해질 수는 없으며, 그 필요성과 비례성도 충족되어야 한다. 따라서 무력사용 형식으로 취해지는 각종 국가안보 우선주의 정책수단들은 대응조치로 정당화될 수 없으며, 통상보복의 경우에도 적극적인 관세보복이나 교역차단행위까지 대응조치로 합리화될 수 있는 것은 아니다. 미국의 대중 관세보복에 대응하기 위해, 중국이 비례적인 보복관세를 부과하는 행위 정도가 대응조치로 고려될 수는 있겠으나, WTO협정 체제가 규율하고 있는 분야에 대해서는 상대국의 WTO협정 위반행위에 대해서는 WTO분쟁해결 절차에 제소하여 그 판정에 따라 통상제재를 취해야 하는 것이므로, 일방적으로 맞보복을 취하는 것은 WTO협정체제^{분쟁해결절차에관한양해}와 상충되게 된다.

이렇게 볼 때, 국제관습법상의 대응조치 개념이 국제통상분야에서 발휘될 수 있는 유일한 통로는 WTO협정상의 '국가안보 예외' national security exception라는 개념일 것이다. GATT 제21조는 상품교역 분야에서 국가안보 예외 개념을 수립하고 있고, 서비스교역에관한일반협정^{GATS} 제14조의2와 무역관련지적재산권협정^{TRIPS} 제73조도 그 유사한 개념을 마련하고 있다. 지역무역협정^{FTA}들도 국가안보 예외규정을 두어 중대한 국가안보의 이익보호를 위하여 필요시 무역제한 조치를 취할 수 있도록 근거를 두고 있다.

3. 국가안보 우선주의와 GATT 제21조의 국가안보 예외 조항

GATT 제21조는 국가안보를 이유로 한 GATT 회원국의 각종 의무위반 조치를 정당화한다. 실제로 최근 미국이 취하고 있는 대외무역분야에서의 일방적 무역제재^{양허관세 이상의 관세부과, 수출입 금지나 수량제한 조치, 발동요건에 어긋나는 무역구제조치 등}는 WTO협정 체제상 기본원칙인 최혜국대우 원칙,^{MFN} 내국민대우 원칙, 관세양허 의무, 수량제한 금지 원칙, 공정무역원칙 등과 충돌하고 있음에 불구하고, 미국은 GATT 제21조를 통해 이러한 일방적 무역제재의 합리화를 시도하고 있다. 중국, 러시아 등도 무역보복조치와 관련하여 국가안보 예외조항을 원용하고 있고, 앞으로 미-중 패권전쟁 국면에서 각각 미국과 중국의 대외통상제재에 동참하는 여러 나라들이 이 예외조항을 원용하려들 것이다.

GATT 제21조에서의 핵심부분은 GATT의 여러 의무를 위반하는 것이 정당화되는 조치로서 "체약국이 자국의 안전보장상 중대한 이익을 보호하기 위하여 필요하다고 인정하여 전시 또는 기타 국제관계에 있어서의 긴급시에 취하는 조치"제21조(b)(iii)가 구체적으로 무엇인가 하는 해석의 문제이다. WTO설립 이전에도 이러한 국가안보 예외조항을 원용하여 일방적 무역보복조치를 합리화하려 했던 사례들이 몇몇 존재한다. 1949년 체코를 상대로 한 미국의 수출라이센스 및 단기공급 통제조치, 1961년 앙골라사태시 가나정부가 취한 포르투갈산 제품 보이콧 조치, 1962년 쿠바 미사일 위기시 미국이 쿠바에 대해 취한 금수조치, 1982년 포클랜드 전쟁시, 영국, 미국, EC 등의 아르헨티나에 대한 교역제한조치 등이 그것이다. 1986년 미국이 니카라과에 대해 취한 수출입 금지조치는 패널 판정까지 내려졌다. 그 요지는 어떠한 조치가 "필수적 안보이익을 보호하기 위해 필요한 조치"인지를 판단하는 것은 그러한 조치를 취한 국가에 있기에 패널이 그 동기나 합법성 여부를 심사하지 않는다는 것이다.

WTO설립이후 WTO패널이 GATT 제21조에 대한 해석을 내린 것은 2019년 4월이었다. 지리적 위치상 러시아의 영역을 통과해서 교역행위를 해야 하는 우크라이나를 견제하기 위해, 러시아는 우크라이나로부터 출발하여 카자흐스탄과 키르키즈 공화국으로 향하는 특정한 종류의 상품교역을 차단하는 조치를 취하게 되었다. 이러한 조치의 근거로 러시아는 우크라이나가 러시아 주변의 구소련 연방국가들을 직간접적으로 지원하여 러시아의 국가안보를 위협하고 있음을 들고, 이를 차단하는 조치는 GATT 제21조에 따라 정당화 된다고 주장하였다. 이에 대해 WTO 패널은 그동안 GATT 패널이 전통적으로 취해온 일종의 사법적 자제의 원칙필수적 안보이익을 주장하는 국가가 스스로 판단한 바를 패널이 심사하지 않음을 대폭 수정한 새로운 해석을 판시한 바가 있어 주목을 요한다. 즉, 패널은 GATT 제21조(b)(iii)상의 요건의 해석에 있어 국가안보를 원용한 국가가 스스로 판단할 권한이 있는 과거 GATT 패널의 해석은 해당 조치의 "필요성"^{necessary}에 국한된다고 평결하였다. 그리고 다른 요건들인 "전시 또는 기타 국제관계의 긴급시"에 해당하는지 여부는 객관적 사실을 근거로 패널이 판단할 권한이 있는 사항이고, "중대한 안보이익"의 존재 여부는 당사국의 주장이 "신의성실의 원칙"$^{in \ good \ faith}$에 합치되는지 여부를 패널이 판단해야 한다고 평결하였다. 다시 말하자면, 당사국이 실제로는 중대한 안보이익이 관련된 사항이 아닌데도 그렇다고 주장하며 해당 조치를 합리화하려는 경우, 이러한 주장이 신의성실의 원칙에 입각해, 해당국이 GATT의 의무를 준수하지 않고 우회하려는 수단으로서 이러한 주장을 펼치는지 여부를 패널이 심의해야 한다는 것이다.

4. GATT 국가안보 예외의 해석기준에 따른 미중 통상보복 조치의 평가

이상과 같이 최근 새로 수립된 GATT상의 국가안보 예외의 해석기준에 입각해, 미-중간의 통상보복 조치의 국제법성 합치성을 평가해 본다.

우선, 미국이 중국에 대해 통상보복을 가하는 것이 중국의 불공정무역행위에 대한 보복으로 정당화될 수는 없다. 불공정 교역행위를 다스리기 위한 별도의 WTO협정 체제가 엄연히 존재하고 있고, 보복의 절차와 정도가 그 범위를 넘어서기 때문이다. 따라서 미국의 대중 보복을 정당화하려면 국가안보 예외를 원용해야 하는데, 이는 현 상황이 "전시 또는 기타 국제관계의 긴급상황"에 해당한다는 전제로서만 가능하게 된다. 실제로 미 백악관이 발표해온 각종 선언이나 행정명령에는, 건전한 제조업과 국방산업 기반을 구축하는 것이 미국의 경제와 국가안보에 필수적 요소인바, 미국이 비상사태에 대응하는 능력을 유지하는 것은 제조업과 국방산업 기반과 공급망의

능력과 회복력에 직결된 이슈라고 본다. 그런데, 2000년 이후 6만개 이상의 공장, 핵심 회사, 그리고 5백만개 가량의 제조업 일자리가 사라진 것은 중국의 불공정 교역행위가 핵심요인이라는 것이다. 따라서 국내 제조업 부문과 산업기반 및 공급망을 전략적으로 지원하기 위해 중국에 대해 무역보복을 가하는 것은 국가 비상사태에 준하는 상황에 대한 대응이라는 것이다.

이러한 미국의 주장을 객관적으로 판단하자면, 어느 나라나 비교우위가 있는 산업부문은 존재하고 있고, 국제교역은 비교우위가 있는 분야로 특화될 수 있다는 사실을 외면하고 있는 듯이 보인다. 중국은 산업화와 해외투자의 유입으로 인해 중국의 제조업 기반이 국제경쟁력을 갖추게 되었고, WTO체제 하에서 비교우위에 입각한 교역의 혜택을 받게 된 것으로 볼 수도 있다. 반면 미국 내 제조업은 사양산업으로 전락하고 서비스산업 위주로 경쟁력이 이전되고 있음은 역사적으로 자연스러운 흐름의 결과이다. 미국이 지적하는 중국의 불공정 교역행위가 만연해있기는 하나, 그것은 개발도상단계의 국가들이 그동안 많이 활용한 산업정책과 그 궤를 같이 하는 것이고, 미국은 무역구제 제도를 발동해 불공정교역행위에 대한 대응을 적극적으로 취해오고 있다. 이런 상황에서 대중 무역적자의 누적과 미국내 제조업 기반의 몰락을 "전시 또는 기타 국제관계의 긴급상황"에 해당한다고 보기는 어려울 것이다.

둘째, 미국의 대중통상조치가 "중대한 안보이익"을 보호하기 위한 조치인지 여부는 미국의 논리 자체가 "신의성실의 원칙"in good faith에 합치되는지 여부에 달려있다. 미국의 논리는 다분히 WTO협정상의 미국의 의무를 우회하여 미국내의 사양산업을 보호하기 위한 수단으로 활용되는 측면이 강하다. 철강과 알루미늄은 물론이고, 차량, 항공기, 조선, 반도체 등의 소비용 품목으로 그 보복 대상범위가 확대되고 있는 것은 이러한 측면을 말해주고 있다. 따라서 신의성실의 원칙에 입각해 "중대한 안보"와 직결된 품목에 한정하여 무역보복의 대상범위를 좁히고 그 보복의 정도도 과도하지 않게 설정하는 것이 그 정당화를 위한 전제조건일 것이다.

5. 결론

국가안보 우선주의는 테러와의 전쟁과 미-중 패권전쟁과 결부되어 상당히 오랫동안 국제사회를 지배하게 될 것이다. 수많은 무력개입과 통상보복 조치들이 국가안보라는 개념으로 등장하고 합리화되고 있다. 그동안 국제사회가 소중하게 수립해놓은 자위권, 대응조치, 국가안보 예외조항 개념들도 그러한 개념을 지탱하는 강대국들에 의해 무용지물화 되고 있다. 하루가 멀다하고 등장하는 국가안보 우선주의에 입각한 조치들이 국제규범의 기준들로부터 얼마나 일탈하고 있는지를 속속들이 분석하고 평가하는 일이 중요하다. 수많은 세계전쟁과 대외개입을 딛고, 지구촌의 평화질서를 수립해온 인류의 지혜를 보존하는 작업의 시작점이기 때문이다.

제 3 부

국제법으로 본 해양질서

호르무즈 해협에서의 청해부대의 활동

이기범(연세대학교 법학전문대학원 조교수)

1. 들어가며

페르시아만^灣과 오만만^灣을 연결하고 있는 '호르무즈 해협'^{Strait of} ^{Hormuz}은 매우 중요한 해상수송로이다. 전 세계 원유 해상수송량의 약 30%, 한국이 수입하고 있는 원유의 약 70%가 호르무즈 해협을 통과하고 있으므로 호르무즈 해협의 중요성은 아무리 강조해도 지나치지 않을 것이다.

지난 2020년 1월 3일 미국의 드론을 이용한 공습으로 이란 군부의 실세인 솔레이마니 사령관이 사망한 이후 이란은 호르무즈 해협 봉쇄 위협을 재개했다. 이란의 호르무즈 해협 봉쇄 위협은 어제오늘의 일이 아니다. 미국 트럼프 전^前 대통령이 '이란 핵 합의'^{Joint} ^{Comprehensive Plan of Action, 약칭 'JCPOA'} 탈퇴를 선언한 이후를 포함하여 이란은 미국과의 갈등이 불거질 때마다 호르무즈 해협 봉쇄를 경고했다. 미국은 이란의 호르무즈 해협 봉쇄 위협에 대하여 적극적으로 한국의 협력을 요청했고, 결국 2020년 1월 21일 한국 정부는 소말리아 해적에 대응하는 임무를 수행하는 청해부대의 작전구역을 확대하여 호르무즈 해협 파병을 발표했다.

이란의 봉쇄 위협이 현존하는 호르무즈 해협에서 청해부대는 어떤 국제법적 근거에 기초하여 호르무즈 해협을 통항할 수 있는가? 그리고 청해부대는 호르무즈 해협에서 어떤 작전을 수행할 수 있는가? 이 글은 호르무즈 해협의 국제법적 지위, 호르무즈 해협에서 허용되어야 하는 통항방식 등에 대한 고찰을 통해 이와 같은 질문에 대한 답을 찾아보고자 한다.

2. 호르무즈 해협의 국제법적 지위

1) 호르무즈 해협 일반

호르무즈 해협은 페르시아만과 오만만을 연결하고 있는 해협이다. 호르무즈 해협의 길이는 약 90해리[1해리는 1.852km] 그리고 폭은 약 21해리에서 52해리이다. 호르무즈 해협 내에서 폭이 약 21해리에 불과한 가장 좁은 곳은 이란의 Larak와 오만의 Great Quoin 사이이다.

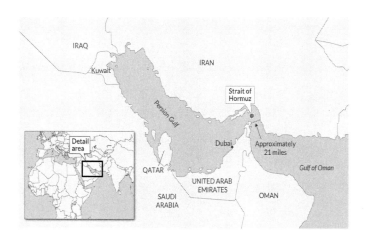

[호르무즈 해협의 위치: https://www.marketwatch.com/story/strait-of-hormuz-the-worlds-biggest-oil-chokepoint-in-focus-as-us-iran-tensions-flare-2020-01-03 참조]

호르무즈 해협을 둘러싸고 있는 '해협 연안국'States bordering the strait인 이란과 오만 양국은 각각 12해리에 이르는 영해를 주장하고 있다. 이는 호르무즈 해협 내에서 양국 12해리 영해의 폭의 합인 24해리에 못 미치는 곳에는 공해 통과항로 또는 배타적 경제수역 통과항로가 존재하지 않는다는 것을 의미한다. 즉, 호르무즈 해협 내의 일부는 이란과 오만 양국의 영해로만 뒤덮여 있다. 호르무즈 해협 내의 일부가 이란과 오만 양국의 영해로만 구성되어 있는 상황에서 호르무즈 해협이 봉쇄된다면 페르시아만과 오만만을 연결할 수 있는 방법이 없다.

2) 호르무즈 해협의 국제관습법상 지위

국제법상 어떤 국가의 권리 또는 의무는 그 국가가 당사국으로 구속받고 있는 조약 혹은 '국제관습법'customary international law에 따라 결정된다. 그러므로 호르무즈 해협의 국제법적 지위 또는 호르무즈 해협에서의 통항방식을 알아보기 위해서는 관련 조약 또는 국제관습법을 살펴볼 필요가 있다.

오만과 달리 이란은 유엔해양법협약United Nations Convention on the Law of the Sea, 약칭 'UNCLOS'의 당사국이 아니다. 이는 호르무즈 해협 문제와 관련하여 해협 연안국인 이란과 오만 양국 모두를 구속하고 있는 조약은 존재하지 않는다는 것을 의미한다. 따라서 '국제관습법'에 따라 호르무즈 해협의 국제법적 지위 또는 호르무즈 해협에서의 통항방식이 결정되어야 한다.

호르무즈 해협의 국제법적 지위는 1949년 4월 9일 *Corfu Channel* 사건[1]에서 발견되는 국제사법재판소International Court of Justice, 이하 'ICJ'의 법리를 통해 확인할 수 있다. *Corfu Channel* 사건에서 ICJ는 '국제관습법'상 '국제항행을 위해 이용되는 해협'strait used for international navigation을 공해의 두 부분을 연결하고 있다는 '지리적' 요소와 국제항행을 위해 이용되고 있다는 '기능적' 요소를 결합하여 정의했다.[2] ICJ의 이러한 정의를 호르무즈 해협에 적용하면 호르무즈 해협은 공해^{또는 배타적 경제수역}의 두 부분을 연결하고 있으며, 원유의 해상수송 등을 목적으로 국제항행을 위해 이용되고 있기 때문에 '국제관습법'상 '국제항행을 위해 이용되는 해협'에 해당한다.

3. 청해부대의 호르무즈 해협 통항의 근거: 무해통항

1) 이란이 유엔해양법협약의 당사국이 되지 않고자 하는 이유

유엔해양법협약이 연안국이 주장할 수 있는 영해의 최대 폭을 12해리로 규정한 결과 종전에 공해였던 수역이 상당 부분 연안국의 영해로 편입되어 왔으며, 이로 인해 호르무즈 해협과 같이 해협 연안국의 영해로만 구성된 부분이 존재하는 곳에서는 항행의 자유가 위협받게 되었다. 이런 이유로 유엔해양법협약은 호르무즈 해협과 같이 해협 연안국의 영해로만 뒤덮이게 되는 몇몇 요충지^{choke point}를 염두에 두고 '통과통항'^{transit passage} 제도를 도입했다.

유엔해양법협약에 규정된 통과통항은 "공해 또는 배타적 경제수역의 일부와 공해 또는 배타적 경제수역의 다른 부분 간의 해협을 오로지 '계속적으로'^{continuous} 그리고 '신속히'^{expeditious} 통과할 목적으로 항행과 상공비행의 자유를 행사하는 것"인데, 모든 항공기 및 선박이 이를 향유할 수 있다. 계속적으로 그리고 신속히 통항해야 한다는 차원에서 통과통항과 무해통항^{innocent passage}을 외견상 구분하기는 쉽지 않다. 그러나 군용^{軍用} 여부에 관계없이 모든 항공기 및 선박이 통과통항권을 향유할 수 있는 반면에 오로지 선박만 무해통항권을 행사할 수 있다는 점에서 통과통항과 무해통항은 구분된다.

이란은 유엔해양법협약에 '서명'하기는 했으나 비준 등 유엔해양법협약의 구속을 받기 위한 추가 절차를 밟지는 않았다. 이처럼 지금까지 이란이 유엔해양법협약의 당사국이 되기를 주저하고 있는 이유는 유엔해양법협약이 규정하고 있는 통과통항을 근거로 제3국 전투기 및 군함이 호르무즈 해협에 나타나는 상황을 연출하고 싶지 않기 때문이다.

이런 이유로 이란은 유엔해양법협약에 서명할 당시에도 호르무즈 해협을 염두에 두고 국제항행에 이용되는 해협에서는 통과통항이 유엔해양법협약의 당사국에게만 허용된다는 취지의 '해석 선언' Interpretative Declaration을 덧붙였다. 해석 선언을 통해 이란은 통과통항권은 국제관습법상 권리가 아니므로 호르무즈 해협과 같이 국제항행을 위해 이용되는 해협에서 유엔해양법협약의 당사국이 아닌 국가는 이러한 권리를 향유할 수 없다는 의사를 분명히 표시하고자 했다.[3]

이란의 해석 선언은 미국과 같이 유엔해양법협약의 당사국이 아닌 국가가 통과통항권이 국제관습법상 확립되었다는 전제 하에 호르무즈 해협에서 통과통항을 시도하는 것을 방지할 목적을 가지고 있다. 즉, 이란은 자신이 설령 유엔해양법협약의 당사국이 된다 하더라도 통과통항권이 국제관습법상 권리라는 것을 부정하여 호르무즈 해협에 (유엔해양법협약의 당사국이 아닌) 미국과 같은 국가의 전투기 및 군함이 출몰할 수 있는 가능성을 배제하고자 했던 것이다.

더 나아가 이란의 주장과 같이 통과통항권이 국제관습법상 확립되지 않았다면 이란이 유엔해양법협약의 당사국이 되지 않는 이상 호르무즈 해협에서 그 어떤 국가도 통과통항권을 주장하기는 쉽지 않다. 이와 같은 이유로 이란은 호르무즈 해협에서 원천적으로 통과통항을 허용하지 않기 위해 현재까지 유엔해양법협약의 구속을 받기를 거부하고 있는 것이다.

2) 호르무즈 해협에서의 무해통항

위에서 언급한 것처럼 호르무즈 해협의 국제법적 지위는 '국제관습법'상 '국제항행을 위해 이용되는 해협'이다. 따라서 이란이 (해협의 통항방식을 규정하고 있는) 1958년 '영해 및 접속수역에 관한 협약'과 유엔해양법협약의 당사국이 아닌 이상 호르무즈 해협의 통항방식은 국제관습법에 의해 규율되어야 한다. 그런데 통과통항 제도가 국제관습법상 확립되었다고 생각하는 미국과 같은 국가도 존재하기는 하나 미국을 제외한 많은 국가들 그리고 여러 학자들은 통과통항 제도가 아직 국제관습법상 확립되지 못했다고 주장한다.[4] 즉, 호르무즈 해협에서 군용 여부에 관계없이 제3국 항공기 및 선박이 국제관습법에 따라 통과통항권을 향유할 수 있다는 주장은 아직까지 많은 지지를 얻지 못하고 있다.

통과통항 제도가 아직 국제관습법상 확립되지 못한 것과 달리 위에서 잠시 언급한 *Corfu Channel* 사건에 따르면 평시에는 '군함'도 호르무즈 해협과 같이 국제항행을 위해 이용되는 해협에서 '무해통항'을 할 수 있다는 것이 국제관습법이다.[5] 이는 호르무즈 해협에서 허용되는 통항방식은 '무해통항'이라고 보아야 한다는 의미이다. 더구나 ICJ는 *Corfu Channel* 사건에서 해협 연안국은 평시에 이러한 무해통항을 막을 수 없다는 점도 덧붙여 언급했다.[6]

이란이 유엔해양법협약의 당사국이 아니기 때문에 유엔해양법협약을 직접적으로 적용할 수는 없으나 국제관습법에 따르면 호르무즈 해협과 같이 국제항행을 위해 이용되는 해협에서는 민간선박인 상선은 물론 군함의 무해통항도 허용되어야 할 것이다. 이는 이란의 호르무즈 해협 봉쇄는 이러한 무해통항을 부정하는 것이기 때문에 국제법적으로 가능하지 않다는 것을 의미한다.

4. 청해부대는 호르무즈 해협에서 어떤 활동을 할 수 있는가

이란의 호르무즈 해협 봉쇄 위협에 대응하기 위해 미국의 주도로

'호르무즈 호위연합체'국제해양안보구상(International Maritime Security Construct, 이하 'IMSC')가 구성되었다. 2019년 11월 7일 IMSC의 지휘통제부가 출범했으며, 2023년 1월 현재 IMSC에 참여하고 있는 국가는 미국, 영국, 알바니아, 사우디아라비아, 바레인, 아랍에미리트, 에스토니아, 라트비아, 리투아니아, 루마니아, 세이셸 등 11개국이다. 그런데 IMSC의 무력사용을 허용하는 그 어떤 유엔 안전보장이사회 결의도 존재하지 않는다. 하지만 IMSC는 무력사용을 제외하고 호르무즈 해협에서 무해통항 제도를 활용하여 민간선박인 상선을 호위할 수 있다. (이란과의 관계를 의식하여) IMSC에 참여하지 않고 독자적으로 파병된 청해부대 또한 마찬가지이다.

즉, IMSC 또는 청해부대에 속하는 군함이 단순히 민간선박인 상선을 호위하는 방식을 취하면서 호르무즈 해협을 통항한다면 이와 같은 방식은 *Corfu Channel* 사건에서 발견되는 법리에 의해 지지를 받을 수 있을 것이다. 위에서 언급한 것처럼 *Corfu Channel* 사건에 따르면 평시에는 군함도 호르무즈 해협과 같이 국제항행을 위해 이용되는 해협에서 무해통항을 할 수 있다는 것이 국제관습법상 인정되고 있다. 따라서 무해통항의 일환이라는 차원에서 상선과 평행하게 또는 상선 앞·뒤에서 정선 없이 호르무즈 해협을 통과하는 것은 IMSC 또는 청해부대가 취할 수 있는 적법한 조치에 포함된다.

오히려 만약 이란이 호르무즈 해협을 봉쇄한다면 이는 이란이 무력을 사용한 것으로도 간주될 수 있다. 다만 봉쇄 자체가 무력사용use of force에 해당한다 할지라도 자위권 행사를 가능하게 하는 무력공격armed attack으로 간주될 수 있는지에 대하여는 부정적으로 평가될 가능성이 높다. 따라서 이란이 호르무즈 해협을 봉쇄한다 하더라도 (자위권을 행사할 수 있을지 여부가 확실하지 않은) IMSC 또는 청해부대가 상선을 호위하는 조치 이상의 조치를 취하기는 어렵다고 보아야 한다. 즉, 청해부대는 국제항행을 위해 이용되는 해협인 호르무즈 해협에서 국제관습법에 부합하게 무해통항이라 평가될 수 있는 '상선 호위 작전'만 수행할 수 있을 것이다.

5. 나가며

이란이 유엔해양법협약의 당사국이 아닌 이상 국제관습법이 호르무즈 해협의 국제법적 지위를 어떻게 보는지, 호르무즈 해협에서 어떤 통항방식을 인정하고 있는지 등이 주요 이슈가 된다. 위에서 언급한 것처럼 호르무즈 해협은 '국제관습법'상 '국제항행을 위해 이용되는 해협'이다. 이와 같은 해협에서 유엔해양법협약이 도입한 통과통항은 허용되지 않는다 할지라도 ICJ 판례에 따르면 평시에는 '군함'도 '무해통항'을 할 수 있으므로 이란의 호르무즈 해협 봉쇄는 국제법에 위반될 것이다.

만약 청해부대에 속하는 군함이 호르무즈 해협을 통과하면서 이란에 대하여 무력을 사용할 수도 있다는 위협을 가한다면 이는 국제관습법에 의해 허용되는 무해통항이 될 수 없다. 오로지 청해부대는 호르무즈 해협에서 무해통항 제도를 활용하여 민간선박인 상선과 평행하게 또는 상선 앞·뒤에서 정선 없이 호르무즈 해협을 통과하는 '상선 호위 작전'을 수행할 수 있을 뿐이다. 다만 청해부대가 이란으로부터 대함 미사일 등을 통해 무력공격을 받는다면 자위권 발동이 가능하다는 점은 이론의 여지가 거의 없다.

이란은 국제사회를 향하여 국제법에 의해 지지를 받기 어려운 호르무즈 해협 봉쇄 위협 카드를 반복적으로 내밀고 있다. 이에 맞서 다른 국가들은 이란이 유엔해양법협약의 당사국이 아님에도 왜 호르무즈 해협에서 무해통항을 허용해야만 하는지를 ICJ 판례 등을 제시하며 적극적으로 대응해야 할 것이다. 국제법에 부합하지 않는 이란의 호르무즈 해협 봉쇄 위협이 더 이상 반복되지 않기를 기대한다.

1) *Corfu Channel, Judgment, I.C.J. Reports 1949*, p. 4.

2) *Ibid.*, p. 28.

3) https://treaties.un.org/Pages/ViewDetailsIII.aspx?src＝TREATY&mtdsg_no＝XXI-6 &chapter＝21&Temp＝mtdsg3&clang＝_en#EndDec. (2020년 3월 16일 방문)

4) Jon M. Van Dyke, "Transit Passage through International Straits", in Aldo Chircop, Theodore McDorman and Susan Rolston (eds.), *The Future of Ocean Regime-Building: Essays in Tribute to Douglas M. Johnston* (Leiden: Martinus Nijhoff Publishers, 2009), pp. 186-187.

5) *Corfu Channel, supra* note 1, p. 28.

6) *Ibid.*

호르무즈 해협에서의 청해부대의 활동

크림반도 해양분쟁의 관할권 중재판정과
독도문제에 대한 시사점

김원희(한국해양과학기술원 해양법·정책연구소 선임연구원)

1. 사건의 배경

우크라이나와 러시아 간 크림반도 해양분쟁 사건에서 유엔해양
법협약^{이하 "협약"} 제7부속서 중재재판소는 협약의 해석과 적용에 관한
분쟁^{이하 "해양법 분쟁"}이 아닌 영토주권 분쟁에 대해서는 관할권을 행사할
수 없다고 판정하였다.[1] 크림반도 주변의 해양분쟁은 우크라이나의
유럽연합^{EU} 가입을 둘러싸고 발생한 내전에 러시아가 개입하면서 촉
발되었다. 러시아는 동유럽에서 유럽연합에 가입하는 국가들이 증가
하고 나토^{NATO} 세력이 동진하는 것을 안보위협으로 인식하고 있었
다. 2004년 5월 구 소련의 일부였던 발트 3국과 체코, 헝가리, 폴란
드, 슬로바키아, 슬로베니아가 유럽연합에 가입하였다. 2008년 미국
은 나토 정상회의에서 우크라이나와 조지아의 나토 가입절차를 개
시하려 했으나, 러시아가 조지아를 침공하면서 중단되었다. 유럽연
합은 2012년에 우크라이나의 가입을 다시 추진하였으나 러시아가
우크라이나에 압력을 가하고 개입함으로써 우크라이나의 유럽연합
가입이 연기되었다.

2014년 2월 우크라이나에서는 유럽연합 가입 문제를 둘러싸고 친유럽 세력과 친러시아 세력 간에 내전이 발발하였다. 우크라이나의 크림 자치공화국은 2014년 3월 국민투표를 실시하여 우크라이나로부터 독립을 선언했으며, 러시아 연방에 가입하는 조약을 체결하였다. 또한 러시아는 친러시아 성향의 주민들이 다수 거주하고 있는 우크라이나 동부 지역의 반란단체에게 군사적 지원을 제공함으로써 우크라이나 내전이 계속되었다. 한편 유엔 총회는 크림반도에서 실시된 국민투표가 무효이고 크림반도의 지위 변경을 위한 근거가 될 수 없다는 결의UNGA Resolution 68/262를 채택한 바 있다.

우크라이나는 러시아가 크림반도를 점령한 이후 흑해,Black Sea 아조프해Sea of Azov 및 케르치 해협Kerch Strait에서 해양자원 이용 및 개발, 항행, 해양환경 보호 및 보전, 해저유물 등에 관한 우크라이나의 권리를 침해했다고 주장하면서 2016년 9월 이 사건을 협약 제7부속서

[우크라이나와 러시아 간 크림반도 분쟁과 주변 해역]2)

중재재판에 회부하였다.3) 우크라이나는 제소장에서 1) 크림반도 인근 해역에서 자행되고 있는 러시아의 국제위법행위를 중지시켜 줄 것, 2) 러시아가 협약상 우크라이나의 권리를 존중하도록 적절한 보증을 제공할 것, 3) 우크라이나가 입은 손해에 대해 완전한 배상을 할 것을 청구취지로 제출하였다.4)

이러한 우크라이나의 청구에 대해 러시아는 2018년 5월 중재재판소가 관할권을 행사할 수 없다고 주장하면서 6가지의 선결적 항변을 제기하였고, 중재재판소는 2018년 8월 선결적 항변을 본안절차와 분리하여 진행하기로 결정하였다. 중재재판소는 2020년 2월 크림반도의 영토주권에 관한 러시아의 선결적 항변을 인용하고, 나머지 5가지 선결적 항변들은 그 판단을 보류하거나 기각하는 결정을 내렸다. 중재재판소는 우크라이나가 제기한 청구 중 영토주권 분쟁에 관한 청구에 대해서는 관할권을 행사할 수 없다고 결정하였다. 이후 2022년 2월 러시아가 우크라이나를 무력침공한 이후 전쟁이 계속되고 있는 중에도 중재재판 절차는 진행되고 있다. 이 글의 목적은 우크라이나가 크림반도의 영토주권에 관한 제기한 청구에 대한 판단을 중점적으로 살펴보고, 그러한 관할권 판정이 독도 문제에 대해 갖는 시사점을 검토하는 것이다.

2. 러시아의 선결적 항변

러시아는 우크라이나가 제기한 청구에 대해 다음과 같은 6가지 선결적 항변을 제기하였다. 첫째, 우크라이나는 크림반도의 영토주권이 자국에게 속한다는 것을 전제로 연안국의 권리에 관한 청구를 제기하였기 때문에 중재재판소가 영토주권 분쟁에 대해 관할권을 행사할 수 없다. 둘째, 아조프해와 케르치 해협의 법적 지위는 러시아와 우크라이나 간 '공동의 내수'common internal waters이고, 러시아가 역사적 권원을 가지는 수역이므로 협약의 규율대상이 아니어서 중재재판소가 관할권을 행사할 수 없다. 셋째, 협약 제298조 제1항에 따라 해양경계획정, 역사적 만 또는 권원, 군사활동, 법집행활동, 유엔 안전보장이사회가 기능을 행사하는 분쟁에 대해서는 협약 제15부의 강제절차를 배제하는 선언을 하였기 때문에 그 분쟁에 대해 중재재판소가 관할권을 행사할 수 없다. 넷째, 200해리 이내의 생물자원에 관한 분쟁은 협약 제297조 제3항 (a)호에 따라 관할권에서 자동적으로 배제되기 때문에 중재재판소가 관할권을 행사할 수 없다. 다섯째, 러시아와 우크라이나는 어업, 해양환경의 보호 및 보전, 항행에 관한 분쟁에 대해 협약 제8부속서 특별중재재판소를 분쟁해결수단으로 선택하는 선언을 했기 때문에 그러한 유형의 분쟁들에 대해서는 협약 제7부속서 중재재판소가 관할권을 행사할 수 없다. 여섯째, 러시아와 우크라이나가 체결한 국경조약과 아조프해/케르치 해협 조약에는 분쟁해결에 관한 규정이 있기 때문에, 협약 제281조에 따라 분쟁당사국들이 다른 분쟁해결수단에 회부하여 분쟁을 해결하기로 합의한 경우에 해당되어 제7부속서 중재재판소가 관할권을 행사할 수 없다.

러시아는 우크라이나가 크림반도의 연안국이라는 전제에서 제기한 청구는 중재재판소가 관할권을 행사할 수 없는 혼합분쟁 사건이라고 보았다. 혼합분쟁 사건이란 협약에 따라 일방적으로 회부된 분쟁에 영토분쟁처럼 해양법 분쟁 이외의 다른 분쟁이 혼재되어 있어 별도로 타방 당사국의 관할권 동의가 필요하게 되는 경우를 말한다. 러시아의 선결적 항변 중 가장 중요한 쟁점은 우크라이나의 청구가 크림반도의 영토주권 분쟁에 관련된 것이어서 중재재판소가 관할권을 행사할 수 없는가이다. 러시아는 우크라이나가 크림반도의 연안국이라는 전제에서 제기한 청구는 크림반도에 대한 주권자가 어느 국가인지를 먼저 결정하지 않고서는 다룰 수 없기 때문에 그러한 혼합분쟁에 대해 중재재판소가 관할권을 행사할 수 없다고 주장하였다. 반면에 우크라이나는 러시아의 크림반도 점령의 법적 효력을 인정하지 않는 유엔 총회 결의[68/262]를 중재재판소가 존중해야 하고, 크림반도에 대한 우크라이나의 주권은 국제적으로 승인된 사실이며 영토주권 분쟁이 존재하지 않기 때문에 중재재판소가 관할권을 행사할 수 있다고 주장하였다.

3. 크림반도 영토주권 분쟁에 대한 관할권 부인

중재재판소는 우크라이나의 일부 청구가 자국이 크림반도의 주권자이면서 연안국이라는 전제에 기반하고 있다고 보았다. 또한 크림반도의 주권 문제를 먼저 검토하지 않거나 크림반도의 주권 문제에 대한 결정을 내리지 않고서는 그러한 우크라이나의 청구를 다룰 수 없다고 판시하였다. 중재재판소는 이 사건 분쟁의 성질결정characterization을 위해서는 협약 제288조 제1항에 따른 중재재판소의 관할권 범위와 크림반도에 대한 주권분쟁의 존재를 검토할 필요가 있다고 보았다.[5]

우선 협약 제288조 제1항이 규정하고 있는 협약의 해석과 적용에 관한 분쟁의 관할권 범위와 관련하여 중재재판소는 차고스 중재재판과 남중국해 중재재판에서 제시된 기준을 선례로 인용하였다.[6] 특히 차고스 중재사건에서 중재재판소는 원칙적으로 협약에 관한 분쟁을 해결하기 위해 필요한 부수적인 사실확정이나 법적 결정을 할 수 있는 관할권을 가지지만, 사건의 실질적인 쟁점과 소송물이 협약에 관련된 것이 아니고 부수적인 연관성을 가진 것에 불과하다면 그 분쟁을 재판에 회부할 수 없다고 판시하였다.[7] 다만 영토주권에 관한 부차적인 쟁점minor issue이 협약의 해석이나 적용에 관한 분쟁에 "부수적인ancillary" 경우에는 영토주권에 관한 분쟁에 대해서도 관할권을 행사할 가능성이 있음을 인정하였다.[8] 나아가 남중국해 중재사건에서 중재재판소는 제소국의 청구취지가 주권분쟁에 관한 것이어서 관할권이 배제되려면 두 가지 기준, 즉 (1) 제소국의 청구를 판단하기 위해 중재재판소가 명시적 또는 묵시적으로 주권에 대한 결정을 먼저 내려야 하는지, 또는 (2) 제소국의 청구의 실질적 목적이 분쟁당사국들의 주권 분쟁에서 자국의 입장을 개선하기 위한 것인지 중에서 한 가지를 충족해야 한다고 판시하였다.9)

다만 이 사건에서 우크라이나와 러시아가 협약 제288조 제1항의 관할권 범위에 대해서 다툰 것은 아니었다. 제소국인 우크라이나도 동 조항의 규정에 따라 중재재판소가 주권 분쟁에 대해 관할권을 행사할 수 있다고 주장하지는 않았다. 우크라이나는 자국이 크림반도에 대해 다툼의 여지없는 주권을 보유하기 때문에 영토주권 분쟁이 존재하지 않는다고 주장했다. 따라서 중재재판소는 크림반도에 대한 영토주권 분쟁이 존재하는지와 그러한 주권 분쟁이 해양법협약 분쟁의 결정에 "부수적인" 것인지를 판단하면 된다고 보았다.10)

중재재판소는 우크라이나와 러시아가 유엔과 국제해사기구IMO 등 다양한 국제기구에서 크림반도에 대한 영토주권을 각각 주장한 바 있고, 우크라이나는 러시아의 영토주권 주장에 대해 반복적으로 반대해 왔음을 지적하였다. 이러한 기록에 비추어 중재재판소는 우크라이나와 러시아가 크림반도의 주권 귀속을 둘러싼 다양한 법적 및 사실상의 쟁점에 관한 의견불일치를 보이고 있다고 판시하였다.11) 다만 중재재판소는 영토주권 분쟁의 존재를 인정한다고 해서 2014년 이후 발생한 크림반도의 지위 변경 또는 그러한 변경된 지위를 승인하는 것으로 해석될 수 있는 어떠한 조치나 취급을 승인하는 것은 아니며, 러시아가 크림반도에 대해 취한 조치의 합법성을 시사하는 것도 아니라는 점을 강조하였다.12) 중재재판소는 크림반도에 대한 우크라이나와 러시아 간의 영토주권 주장을 둘러싼 실체법적 쟁점에는 관여하지 않으면서, 이 사건 분쟁이 협약 제288조 제1항의 범위를 벗어나는 영토주권에 관한 분쟁이라고 성질결정하였다.

결국 중재재판소는 우크라이나의 청구가 크림반도에 대한 분쟁 당사국들의 주권에 대해 명시적 또는 묵시적으로 결정할 것을 필연적으로 요구하는 한 관할권을 행사할 수 없다고 결론 내렸다.13) 나아가 중재재판소는 절차적 공정성과 신속성을 위하여 이번 관할권 판정에서 결정된 중재재판소의 관할권 범위와 한계를 충분히 참작하여 수정된 준비서면을 제출하도록 우크라이나에게 요청하였다.14) 한편, 중재재판소는 러시아가 제기했던 영토주권 분쟁에 관한 선결적 항변 이외의 5가지 항변에 대해서 관할권 판단을 본안 단계로 보류하거나 기각하는 결정을 내렸다. 중재재판소는 아조프해와 케르치 해협의 법적 지위에 관한 문제와 이 사건 분쟁이 역사적 만 또는 권원에 관한 분쟁이라는 러시아의 항변에 대해서는 "전적으로 선결적인 성격"exclusively preliminary character을 가진 청구가 아니라고 보고 본안 단계로 판단을 보류하였다. 중재재판소는 그 밖의 선결적 항변에 대해서 이유 없다고 보아 모두 기각하였다.

4. 시사점

중재재판소는 차고스 중재판정과 남중국해 중재판정의 선례에 따라 혼합분쟁 중 크림반도 주권분쟁을 영토주권 분쟁으로 성질결정하고 그에 대해 관할권을 행사할 수 없다고 결정하였다. 이 사건에서 중재재판소는 혼합분쟁에 대한 관할권 행사 요건과 범위에 관해 차고스 중재판정이 취했던 접근방식을 그대로 따랐다고 평가할 수 있다. 결국 중재재판소는 우크라이나가 크림반도의 주권이 자국에게 귀속된다는 전제에서 제기한 청구는 협약 제288조 제1항에 규정된 협약의 해석과 적용에 관한 분쟁에 포섭되지 않기 때문에 관할권을 행사할 수 없다고 결론내렸다. 협약 제15부에 따라 관할권을 행사하는 국제재판소가 혼합분쟁 중 영토주권 분쟁에 대해 관할권을 행사할 수 없다는 법리는 이번 사건에서도 재확인되었으며, 향후의 혼합분쟁 사건에서도 원용되고 적용될 것으로 전망된다. 이러한 법리에 따른다면 일본이 독도 주변 수역에서의 해양환경이나 해양과학조사에 관한 분쟁을 빌미로 우리나라를 상대로 협약 제7부속서 중재재판을 일방적으로 제기하더라도 중재재판소가 영토주권 분쟁에 대해 관할권을 행사하지는 않을 것이다.

그러나 이번 중재판정에서 더욱 주목해야 할 점은 협약 제7부속서의 중재재판소가 혼합분쟁 중 영토분쟁이 객관적으로 존재하는지에 대해 결정을 내릴 가능성이 있다는 것이다. 중재재판소는 2014년 이후 러시아가 크림반도에 대해 취한 조치가 국제법상 합법적인지에 관한 실체법적 문제와는 별개로 협약 제15부에 따른 관할권 존부와 범위를 판단하기 위해 크림반도에 대한 영토주권 분쟁의 존부를 결정할 수 있고 실제로 영토분쟁이 존재한다고 판시하였다. 이번 사건의 구도를 우리나라와 일본의 가상 사례에 적용해 볼 수 있다. 일본이 독도 주변 해역에서의 활동에 관한 분쟁을 협약 제7부속서 중재재판에 회부하는 경우에 우리나라는 양국 간에 영토분쟁이 존재하지 않고 중재재판소가 관할권을 행사할 수 없다고 주장하겠지만, 일본은 반대로 영토분쟁이 존재하지만 중재재판소가 협약의 해석과 적용에 관한 분쟁에 대해 관할권을 행사할 수 있다고 주장할 것이다. 이 경우에 중재재판소는 우리나라와 일본 중 어느 국가가 국제법상 합법적인 영토주권을 갖는지 여부에 관한 실체법적인 문제와는 별개로 양국 간에 영토분쟁이 존재하는지 여부에 대해 결정할 가능성이 있다는 점에 유의해야 한다. 따라서 일본이 협약 제7부속서 중재재판을 이용하여 우리나라의 독도 주권에 대한 도발과 국제분쟁화를 기도할 가능성이 열려있음을 항상 염두에 두어야 한다.

한편 이번 중재절차에 적극적으로 참여하고 있는 러시아의 실행도 중요한 시사점을 제공하고 있다. 러시아는 2013년 네덜란드가 제소했던 Arctic Sunrise 중재사건의 소송절차에는 전혀 참여하지 않은 바 있다. 그러나 2016년 우크라이나가 크림반도 인근 해양분쟁을 일방적으로 중재절차에 회부하자 러시아는 매우 신속하게 중재절차에 참여하여 자국 측 중재재판관을 선임하고 중재절차를 비공개로 진행하는 합의를 이끌어냈다.

이 사건이 처음 중재절차에 회부되었을 당시에 우크라이나에서는 내전이 계속되고 있었고, 약소국인 우크라이나가 강대국인 러시아를 상대로 제7부속서 중재재판을 제기하였다는 점에서 제2의 남중국해 사건으로 불리며 국제사회의 큰 주목을 받았다. 그런데 러시아가 적극적으로 중재절차에 참여하여 중재재판 관련 문서와 중재절차를 비공개로 진행하였고, 러시아의 선결적 항변 제기로 중재절차가 지연되면서 이 사건에 대한 국제사회의 관심과 주목도는 급격히 떨어졌다. 중재절차에 적극적으로 참여한 러시아의 소송전략은 중재재판소가 혼합분쟁 중 크림반도에 대한 영토분쟁의 존재를 인정하고 그 영토분쟁에 대해 관할권을 행사할 수 없다고 결정한 관할권 판정을 이끌어내는 데 크게 기여하였다. 만약 독도와 관련된 해양법협약의 해석과 적용에 관한 분쟁이 협약 제7부속서 중재절차에 회부된다면, 그 제소의 법적 정당성이나 합법성과 무관하게 중재재판관의 선임과 선결적 항변절차의 분리 청구 등 소송절차상 보장된 모든 권리를 선제적으로 행사할 필요가 있다. 나아가 중재절차에 적극적으로 참여함으로써 소송서류 또는 중재절차를 비공개로 진행시키거나 선결적 항변을 제기하는 등 중재절차를 주도할 수 있는 소송전략을 수립해야 할 것이다.

1) *Award concerning the Preliminary Objections of the Russian Federation, Dispute Concerning Coastal State Rights in the Black Sea, Sea of Azov, and Kerch Strait (Ukraine v. the Russian Federation)*, 21 February 2020. [이하 'Award concerning the Preliminary Objections of the Russian Federation']

2) Ishaan Tharoor and Gene Thorp, "How Ukraine became Ukraine, in 7 maps", Washington Post, March 9, 2015. https://www.washingtonpost.com/news/world views/wp/2015/03/09/maps-how-ukraine-became-ukraine/?utm_term=.a0cb30d5 8dd4

3) *Ibid.*, paras. 19-26.

4) "Statement of the Ministry of Foreign Affairs of Ukraine on the Initiation of Arbitration against the Russian Federation under the United Nations Convention on the Law of the Sea" (15 September 2016).

5) Award concerning the Preliminary Objections of the Russian Federation, paras. 152-154.

6) *Ibid.*, paras. 158-160.

7) *The Chagos Marine Protected Area Arbitration between the Republic of Mauritius and the United Kingdom of Great Britain and Northern Ireland, Arbitral Award*, 18 March 2015, para. 220.

8) *Ibid.*, para. 221.

9) *The Republic of Philippines v. The People's Republic of China, Award on Jurisdiction and Admissibility*, 29 October 2015, para. 153.

10) Award concerning the Preliminary Objections of the Russian Federation, para. 161.

11) *Ibid.*, para. 165.

12) *Ibid.*, para. 178.

13) *Ibid.*, para. 197.

14) *Ibid.*, para. 198.

중국 해경법 무기사용규정의 해양질서에 대한 시사점과 국제법적 문제점

이석우(인하대학교 법학전문대학원 교수)

1. 중국 해경법의 제정 배경과 해양질서에 대한 시사점

2020년 12월 중국 해경법海警法이 전국인민대표자회의를 통과한 후 2021년 2월 1일 발효되었다. 2013년 네 개의 해상법 집행기관을 통합한 중국 해경China Coast Guard이 창설된 이후, 중국 해경은 2018년 국무원 산하 국가해양국에서 중국 공산당 중앙군사위원회 산하 무장경찰武警의 지휘를 받는 조직으로 개편되었다. 행정부의 국무원 통제에서 인민해방군PLA과 같은 지위의 무장경찰의 지휘 아래 놓임으로써 중국 해경의 군사적 성격은 더욱 짙어졌다. 중국 해경법 제정은 해경 활동의 법적 근거가 미약하다는 지적에 따라 법적 기반 강화, 증가하는 해양분쟁에서 해경의 대응역량 강화, 해군력 보완을 위한 해경의 군사적 기능 등의 고려에서 비롯된 것으로 분석된다.

중국 해경법은 평화적이고 질서있는 해양이용을 위한 원칙을 규정하고 있는 유엔해양법협약과 다른 국제법에 합치되지 않는 부분이 상당수 발견된다. 특히 동법 제22조는 "주권, 주권적 권리, 관할권이 침해되거나 침해될 급박한 위험이 있는 경우" 중국 해경에게 총기를 사용할 수 있는 권한을 부여하고 있다. 이것은 아래에서 설명할 중국해경법 제6장에 있는 총기사용규정과는 별도로 부여된 중국 해경의 총기사용 권한이다. 이 조항은 원칙적으로 선박이나 사람의 행위에 기초한 총기사용 원칙에 합치되지 않는다. 이 조항은 일본과 영유권 분쟁 중인 센카쿠/댜오위다오섬에 상륙하는 활동가나 분쟁수역에서 어로나 과학조사를 하는 자에 대하여 총기를 사용할 수 있는 법적 근거가 될 수 있다. 또한 분쟁현장에서 대치 중인 분쟁 당사국의 해경 선박이나 다른 정부선박에 총기를 사용할 수 있는 근거로 사용될 수 있다.

이러한 중국 해경법은 제정 후 중국과 해양분쟁을 겪고 있는 일본, 한국, 남중국해 연안국을 비롯해 미국, 유럽 등 국제사회로부터 많은 비판을 받고 있다. 중국의 해경법이 시행될 경우 향후 지역해 질서에 대한 중국의 적극적 통제 시도가 보다 가시화될 것이며, 이 과정에서 연안국의 주권적 권리 및 관할권 행사를 둘러싼 갈등이 보다 커질 것으로 국제사회는 우려를 나타내고 있다. 해경법의 다수 조항이 유엔해양법협약에 위반하기 때문이다. 특히 중국 해경의 군사화와 함께 포괄적인 무기사용 요건의 제시는 관습법으로 형성된 무기사용 요건에 위배된다는 비판이 제기되고 있다. 남중국해에서 중국과 대립하고 있는 미국도 중국 해경의 군사화와 총기사용 요건의 완화가 '항행의 자유 작전' 등 일련의 대중국 견제정책에 미칠 영향을 주시하며, 비판 대열에 합류하고 있다.

서해와 동중국해에서 중국과 접하고 있는 한반도 주변수역들은 유엔해양법협약, 한중, 한일, 중일어업협정 등의 국제법과 남북한과 중국, 일본의 관련 국내법이 교차적으로 적용되는 수역으로서, 북쪽에는 남북한과 중국의 중첩수역이, 남쪽에는 한중일 3국의 중첩수역이 위치하고 있다. 해양경계가 미획정인 상태에 있는 이러한 중첩수역에서는 어업, 해저자원개발, 군사활동 등을 둘러싼 당사국 간 대립이 격화되고, 해상에서의 법집행 세력간 충돌로 비화될 가능성이 상존하고 있다. 특히, 한국과 중국의 중첩수역인 서해와 동중국해 북부의 이어도 주변수역 또한 이러한 법집행의 대상에서 자유롭지 않을 것으로 보인다. 지역해에서 중국과 갈등을 겪을 수 있는 한국으로서는 동 법의 제정을 예사롭게 보아 넘길 수 없다. 중국이 단순히 해양에서 무력을 과시하는 데 그치지 않고 중첩수역에 대하여 실질적인 통제력을 강화하려고 한다면 중국과 해양경계를 획정하지 않고 있는 한국으로서는 매우 불리한 상황을 맞이할 수 있다. 이러한 배경으로 중국해경법 내에 중국 해경의 무기사용 요건 완화와 포괄적 사용에 대한 규정의 포함은 평화적인 분쟁해결과 동북아 해양이용질서를 위협하는 중대한 요인으로 작용할 가능성이 크다.

2. 국제법상 무기사용 원칙

1) 기본원칙

무기사용^{use of weapons}은 범죄자의 순응을 확보할 수 있는 마지막 수단이지만 불가피하게 인명과 재산상의 피해를 초래할 수 있고, 남용되는 경우 심각한 인권침해가 발생하기 때문에 극도로 신중해야 한다. 특히 해상에서 움직이는 선박과 승선원에 대한 무기사용은 여러 가지 제약으로 오인사격^{mistargeting}의 가능성이 높아 고난도의 기술과 주의를 요하는 일이다. 관습법으로 형성된 무기사용 요건 이외에는 국제법상 해경의 무기사용에 관한 명확한 원칙이 규정되어 있지 않기 때문에 무기사용은 전적으로 연안국의 법률과 정책에 맡겨져 있다. 이 때문에 무기사용의 관행과 규칙은 국가마다 차이가 있고 합법성^{legitimacy}과 비례성^{proportionality}에 대한 논란이 자주 발생한다.

국제연합^{UN}은 법집행 전문가의 의견을 모아 '법집행 공무원들의 무력사용과 총기사용에 관한 기본원칙'^{UN Basic Principles on the Use of Force and}

Firearms(이하, 기본원칙)을 마련하고 1990년 총회에서 동 기본원칙을 결의로서 채택했다. 기본원칙은 세계인권선언 및 자유권규약에 기초하여 무력사용과 총기사용에 대한 주요한 가이드라인뿐만 아니라 각 국가들이 무력사용에 관한 법령이나 정책 채택 시 반영해야 할 내용을 제공하고 있다. 기본원칙은 육지의 법집행에 중점을 두고 있지만, 해당 원칙들은 해상에서도 동일하게 적용되어야 할 사항들이다. 기본원칙은 일반규정과 특별규정으로 구분되어 있고, 그 주요 내용은 다음과 같다.

(1) 일반 규정

정부와 법집행기관은 법집행공무원의 대인 무력사용과 총기사용에 대한 규칙과 규정을 채택하고 실행해야 한다. 정부와 법집행기관은 법집행공무원이 차등적인 무력과 총기사용이 가능하게 다양한 무기와 탄약을 개발해야 한다. 법집행공무원은 직무수행 시 무력과 총기의 사용전 가능한 한 비폭력적 수단을 사용해야 하고 다른 수단이 비효과적이고 의도한 결과를 이룰 수 있는 보장이 없을 때에만 무력과 총기사용을 한다. 무력과 총기의 사용이 불가피한 경우에는 무력과 총기의 사용을 자제하고 범죄의 중대성과 달성하려는 목적에 비례하여 행동하고, 손상을 최소화하고 인명을 존중하며, 가능한 가장 빠른 시간에 부상이나 영향을 받은 사람에게 도움이나 의료를 지원하고, 부상이나 영향을 받은 사람의 친척이나 친구에게 가능한 가장 빠른 시간에 통보하며, 정부는 무력과 총기의 자의적 사용 또는 남용에 대해 형사범으로 처벌한다.

(2) 특별 규정

자위self-defense나 다른 사람의 인명 사상의 급박한 상황, 생명에 중대한 위협이 되는 중범죄의 방지, 위의 위험을 표출하고 저항하는 자의 체포, 도주방지, 위의 목적을 달성하기 위해 다른 수단으로 충분하지 않은 경우를 제외하고, 법집행공무원은 사람을 대상으로 총기를 사용해서는 안된다. 어떠한 경우도 고의적 살상무기$^{deadly force}$ 사용은 생명을 보호하기 위해 불가피한 경우에만 사용될 수 있다. 위와 같은 상황에서 법집행공무원은 신분을 밝히고 경고를 준수할 충분한 시간과 함께 총기사용의 분명한 경고를 해야 한다.

총기사용 규정과 규칙에는 다음과 같은 가이드라인이 포함되어야 한다. a. 총기를 사용할 수 있는 상황 및 허용되는 총기 종류 및 탄환, b. 총기는 적절한 상황에서만 사용되고 불필요한 손상의 위험을 줄일 수 있는 방식으로 사용, c. 정당화되지 않는 부상을 초래하거나 정당화되지 않는 위험을 주는 총기와 탄환의 사용 금지, d. 총기 통제, 저장, 지급에 대한 규제, e. 총기사용 시 경고의 내용, f. 직무수행 시 총기사용의 보고 체계.

2) 관련 국제판례

무력사용과 총기사용이라는 용어의 의미는 국제사법기관들의 주요 판례를 통해 파악될 수 있다. 이에 대한 해석은 국제해양법재판소^{ITLOS}의 1999년 M/V "SAIGA" 사건[1]과 유엔해양법협약 287조와 제7부속서에 따라 구성된 중재재판소에서 판정한 2007년 Guyana v. Suriname 중재재판[2]을 통해 이루어진 바 있다.

먼저 M/V "SAIGA" 사건은 1997년 세인트빈센트 앤 그레나딘 선적의 유조선 M/V "SAIGA"가 기니아 Alcatraz섬으로부터 약 22해리 떨어진 해상에서 세네갈 선적과 그리스 선적의 어선 3척에 급유를 하고 기니아의 배타적 경제수역을 벗어나 항해하던 중에 동 선박을 추적하여 온 기니아 순찰선 2척의 공격을 받고 나포되어 기니아로 예인된 사건이다. 동 나포과정에서 기니아 순찰선이 M/V "SAIGA"를 정선시키기 위하여 대구경 자동기관총을 선체에 대하여 발사하였으며, 정선 후 M/V "SAIGA"에 저항없이 승선하여서도 선원들의 무력사용이나 무력사용의 위협에 대한 증거가 없음에도 불구하고 무차별적으로 갑판에 사격을 가하고 엔진을 정지시키기 위하여 총기를 사용함으로써 2명의 선원이 부상하고 선체와 기관실 및 무선실의 주요장비에 상당한 정도의 손상을 발생시켰다.

이러한 무력사용에 관한 쟁점에 대하여 원고측인 세인트빈센트앤 그레나딘은 기니아가 비무장 유조선인 M/V "SAIGA"를 정선·나포하는 과정에서 대구경 자동기관총으로 선박에 대하여 실탄사격을 한 것은 과도하고 비합리적인 무력의 행사라고 주장하였으며, 이에 대하여 피고측인 기니아는 기니아 법집행관리들이 다양한 명령과 신호를 발령하였음에도 이를 지속적으로 거부한 M/V "SAIGA"에 대하여 단지 최소한의 사격을 하였음을 주장하였다.

ITLOS는 판결문에서 비록 유엔해양법협약이 추적권의 행사와 관련하여 정선신호를 거부하고 도주하는 선박의 나포시 행사할 수 있는 무력사용에 대해서 명백한 규정을 두고 있지 않지만, 국제법상 무력의 사용은 가능한 한 회피되어야 하며, 회피할 수 없는 경우에도 '당시 상황에 합리적이고도 필요한'reasonable and necessary in the circumstances 정도를 초과하여서는 안된다고 판시하였다. 또한 다른 국제법 분야와 마찬가지로 인도주의가 반드시 고려되어야 한다고 강조하였다.

ITLOS는 더 나아가 바다에서 선박을 정지시키는 통상적인 관행으로서 다음과 같은 기준을 제시하였다. 첫째, 국제적으로 인정되는 신호를 사용하여 청각 또는 시각 신호를 하여야 한다. 둘째, 신호에 의해 선박이 정지하지 않는 경우 선박의 뱃머리 앞쪽으로의 사격 등을 비롯한 여러 가지 조치들이 취하여질 수 있다. 셋째, 이상의 적절한 조치들이 실패한 경우 최후의 수단으로서 무력의 사용이 가능하지만 동 무력의 사용 전에 반드시 선박에 대하여 무력사용에 대한 경고가 주어져야 하며 인명이 위험하지 않도록 모든 노력을 기울여야 한다.

이상과 같은 이유를 들어 ITLOS는 기니아가 M/V "SAIGA"에 승선하기 이전과 이후에 과도하게 무력을 사용하고 사람의 생명을 위태롭게 했으므로, 국제법상 세인트빈센트 앤 그레나딘의 권리를 기니아가 침해하였다고 판시하였다.

한편, Guyana v. Suriname 중재재판은 2000년 수리남 해군의 경비정 두 척이 수리남과 가이아나가 각각 관할권을 주장하고 있는 대륙붕에서 가이아나의 허가 하에 탐사시추활동을 수행하던 캐나다 회사의 석유시추선 C.E. Thornton호에 접근하여 해당 선박에 활동을 즉각적으로 중단하고 수리남의 해역을 떠날 것을 요구하였으나, C.E. Thornton호는 자신들이 수리남의 해역에 있는 것으로 인식하고 있지 않다고 응답하였고, 이에 수리남 측은 한번 더 철수를 요구하면서 이를 따르지 않을 경우 초래되는 결과는 C.E. Thornton호의 책임이라고 경고함으로써 발생한 사건이다. 이후에도 수리남 측은 같은 경고를 반복하였지만 C.E.Thornton호를 해할 의도는 없다는 점도 함께 언급하였다. 이 부분과 관련하여 가이아나 측은 수리남측 해군이 무력을 행사할 것이라는 두려움에 선원들이 그 해역에서 철수한 것이라고 주장하였다. 즉, C.E. Thornton호 선원들은 수리남 측의 조치에 상당한 위협감을 느꼈다는 것이다.

결국 2004년에 가이아나의 신청으로 중재재판이 시작되었고, 분쟁 해역에서의 수리남의 국제법 위반 문제도 다루어지게 되었다. 후자의 문제와 관련하여, 가이아나는 수리남이 군사력을 사용함으로써 평화로운 수단에 의해 분쟁을 해결할 유엔해양법협약, 유엔헌장, 일반국제법상의 의무를 위반하였다고 주장하였다. 반면 수리남은 2000년의 조치는 "(a) 분쟁이 있는 대륙붕 해역에서 무허가 시추를 하지 못하도록 하기 위한 합리적이고 비례에 맞는 법집행조치의 성격을 지니며, (b) 가이아나는 그러한 조치가 국제법상 무력행사에 해당한다는 것을 입증하는 데 실패하였다"고 주장하였다.

재판부는 이들 선장이 시추선에게 경고한 행위는 만약 명령이 이행되지 않았을 경우 무력이 가해질 수 있다는 명백한 위협을 구성한다고 보았다. 수리남이 대륙붕지역 중 분쟁대상지역에서 허가되지 않은 시추를 금지한 행위는 합리적이고 적절한 법집행조치였다고 주장한 것에 대해 재판부는 그러한 무력의 사용이 피할 수 없고 합리적이며, 필요하다는 조건 하에 법집행활동에 사용될 수 있을 것이라는 주장을 받아들였다. 그러나 이번 사건과 같은 상황에서 재판부는 수리남이 2000년 취한 조치는 단순한 법집행활동이라기 보다는 군사적 행동의 위협에 더 가까워 보인다는 견해를 밝혔다. 그러므로 수리남의 조치는 유엔해양법협약, 유엔헌장, 일반국제법상의 의무를 위반한 무력행사의 위협을 구성한다고 판단하였다. 특히 주목할 점은 재판부가 일정한 조건이 충족되는 경우 외국선박에 대한 법집행활동 시 무력을 사용하는 것이 국제법상 허용될 수 있다는 점을 인정하고 있지만, 외국선박 나포과정에서 취해진 조치가 경우에 따라서는 국제법상 금지되는 무력행사의 위협에 해당할 수도 있다고 보았다는 사실이다.

3) 법집행현장에서 실행되어야 할 원칙과 중요 법적 고려사항

무기사용과 관련하여 법집행현장에서 실행되어야 할 원칙과 중요 법적 고려사항들은 위의 기본원칙과 1999년 M/V "SAIGA" 사건의 판결 및 2007년 Guyana v. Suriname 중재판정 등에서 제시된 판시내용에 비추어 볼 때 다음과 같이 도출될 수 있다.

첫째, 합법성[legality]인데, 무기사용을 위한 경찰권 행사는 국내법에 충분한 근거가 있어야 한다는 것을 의미한다. 무기사용이 국내법에 규정된 합법적 목표를 달성하기 위한 것이 아닌 경우에는 그 자체가 불법행위이다. 둘째, 필요성[necessity]인데, 이는 무기사용 여부에 대한 결정과 사용의 경우 어느 수준에서 사용할 것인지를 결정하는 데 적용된다. 셋째, 비례성proportionality인데, 이는 무기사용의 이익과 무기사용으로 인해 초래되는 결과 및 손상 사이에 균형이 있는지에 관한 것이다. 이 원칙에 의하면 초래되는 손상이 이익을 초과하는 경우 무기사용은 금지된다. 비례성에 의해 목적이 모든 수단을 정당화할 수 없다. 넷째, 책임성accountability인데, 법집행공무원에 부여된 임무와 권한의 막중함을 고려하여 법집행기관은 임무수행과정에서 업무수행의 준칙을 지켜야 할 책임이 있다. 이를 위해 법집행기관에는 무력과 무기의 사용에 대한 적합한 정책과 절차, 법집행공무원의 적절한 훈련, 명확한 지휘체계 및 견제와 균형 시스템이 작동되어야 한다.

3. 중국 해경법 무기사용 규정의 국제법적 문제점

중국 해경법 제6장에서 규정하고 있는 무기사용에 대해서는 중첩수역에서의 집행관할권 행사와 관련하여 그 해석과 운용에 있어 많은 우려가 제기되고 있다. 제47조는 개인화기를 사용할 수 있는 경우에 대해 "다음 각 호의 어느 하나에 해당하는 경우로서, 경고에도 불구하고 효과가 없을 때, 해경기구의 요원은 소지한 무기를 사용할 수 있다. (i) 선박이 범죄혐의자를 태우고 있거나 혹은 불법으로 무기, 탄약, 국가비밀자료, 마약 등을 운송하고 있다는 증거가 있고, 해경기구 요원업무자의 정선에 불복하여 도주하는 경우, (ii) 외국 선박이 중국 관할해역에 진입하여 불법으로 생산활동에 종사하는 경우로서 해경기구 요원업무자의 정선 지시에 불응하거나, 기타 방식으로 승선, 검사조사를 거부할 경우로서, 기타 조치를 사용하여서는 위법행위를 저지할 수 없는 경우"라고 규정하고 있다. 또한 제48조는 공용화기를 사용할 수 있는 경우에 대해 "다음 각 호의 어느 하나에 해당하는 행위에 대하여, 휴대용 무기 사용 외 함정 탑재 또는 항공기 탑재 무기를 사용할 수 있다. (i) 해상 반테러 임무 수행 시,

(ii) 해상에서 발생한 엄중한 폭력사건을 처리할 경우, (iii) 해경기구의 단속용 선박·항공기가 무기 또는 기타 위험한 방식의 공격을 받을 경우"라고 규정하고 있다.

중국은 외국선박에 대한 무기사용 권한을 법제화한 이번 해경법의 제정이 일본의 개정 해상보안청법, 한국의 해양경비법, 그리고 베트남의 신新해경법 등과 비교해 볼 때 문제될 것이 없다는 입장이다. 그러나 이러한 중국 해경법의 무기사용 규정은 한국의 해양경비법의 관련 규정인 제3장 무기 및 장비 등의 사용에 대한 해당 규정과 비교하여 보더라도 매우 포괄적이다. 즉, 한국의 해양경비법은 제17조^{무기의 사용}에서 해양경찰관이 해양경비 활동 중 개인화기를 사용할 수 있는 경우로서 (i) 선박등의 나포와 범인을 체포하기 위한 경우, (ii) 선박등과 범인의 도주를 방지하기 위한 경우, (iii) 자기 또는 다른 사람의 생명·신체에 대한 위해危害를 방지하기 위한 경우, (iv) 공무집행에 대한 저항을 억제하기 위한 경우라고 열거하고 있다. 그리고 개인화기 외에 공용화기를 사용할 수 있는 경우에 대해서는 (i) 대간첩·대테러 작전 등 국가안보와 관련되는 작전을 수행하는 경우, (ii) 제1항 각 호의 어느 하나에 해당하는 경우로서 선박등과 범인이 선체나 무기·흉기 등 위험한 물건을 사용하여 경비세력을 공격하거나 공격하려는 경우, (iii) 선박 등이 3회 이상 정선 또는 이동명령에 따르지 아니하고 경비세력에게 집단으로 위해를 끼치거나 끼치려는 경우 등으로 구체화하고 있다.

중국 해경법에 따르면, 중국이 일방적으로 주장하는 "관할수역"에서 분쟁당사국 어선의 조업이나 그 밖의 해양활동에 대한 제재수단으로 무기를 사용할 수 있다는 위험성이 있다.

4. 결론

중국 해경법의 무기사용 규정은 위에서 살펴본 바와 같이 지나치게 포괄적인 무기사용권한을 규정하고 있고, 국제법이나 관습법으로 형성된 무기사용원칙에 합치되지 않는다. 중국의 해양경찰은 경찰^{警察}로서의 역할 뿐만 아니라, 사실상 군대^{軍隊}의 성격을 가지고 활동하는 것으로 그 기능적 변화가 예상된다는 점에서, 전반적인 해상 법집행에 관한 국제사회의 이행상황을 살펴보는 것은 매우 중요하다. 그러한 국제적인 이행상황에 비추어 추후 중국 해경법의 집행과정에서 발생할 수 있는 중국의 행위 유형과 관행을 면밀하게 비교, 고찰할 필요가 있다.

중국은 주변국의 우려를 불식시키고 국제법의 원칙에 따른 무기사용을 위해 2016년 한국 해양경찰의 총기사용 가이드라인과 같이 투명하고 국제법원칙에 부합하는 무기사용 규칙을 마련하여 공표해야 한다. 이와 함께 무기사용의 오남용을 예방하기 위한 방안으로 한중 해양집행기관 간 해당 가이드라인의 상호 교환 및 관련 정보교환이 요구된다.

---

1) *M/V "SAIGA"* (No.2) (Saint Vincent and the Grenadines v. Guinea), Judgment, ITLOS Reports 1999, p.10

2) *Guyana v. Suriname*, Award of the Arbitral Tribunal, September 17, 2007 (https://pcacases.com/web/sendAttach/902)

해수면 상승과 기선의 변경 - 고정이냐 이동이냐?

박배근(부산대학교 법학전문대학원 교수)

1. 문제

2021년 8월 6일 18개 회원국으로 구성된 '태평양 도서 포럼'^{Pacific} Islands Forum, PIF은 '기후변화 관련 해수면 상승에 직면한 수역의 유지에 관한 선언'Declaration on Preserving Maritime Zones in the Face of Climate Change-related Sea-Level Rise1)을 발표하였다. 선언은 기후변화 관련 해수면 상승이 제기하는 수역 유지 문제에 관하여 PIF 회원국의 입장을 표명한 것으로, 주요 내용은 다음과 같다.

첫째, '1982년 유엔 해양법협약'이하, "해양법협약"은 기선과 수역의 외측 한계를 재검토하여야 할 적극적 의무를 부과하지 않으며 일단 유엔 사무총장에게 기탁된 해도나 지리적 좌표목록을 갱신할 적극적 의무도 부과하지 않는다고 본다. 둘째, 해양법협약과 법원칙에 따르면 해양법협약에 따라 확립된 수역과 그로부터 기인하는 연안국의 권리 및 권원은 기후변화 관련 해수면 상승에도 불구하고 유지된다. 셋째, 해양법협약에 따라 일단 수역이 확립되고 유엔 사무총장에게 통보되면 기후변화 관련 해수면 상승에도 불구하고 PIF 회원국은 수역을 축소 없이 유지하고자 한다. 넷째, PIF 회원국은 기후변화 관련 해수면 상승의 결과로 기선을 재검토하고 수역의 외측 한계를 갱신할 의사가 없다. 다섯째, 기후변화 관련 해수면 상승과 연결된 모든 물리적 변화에도 불구하고 해양법협약에 따라 확립되고 유엔 사무총장에게 통보된 PIF 회원국의 수역과 그로부터 기인하는 권리 및 권원은 축소 없이 계속 적용되어야 한다.

39개국으로 구성된 '소도서국가 연합'Alliance of Small Island States, AOSIS도 같은 해 9월 22일에 '2021년 AOSIS 지도자 선언'Alliance of Small Island States Leaders' Declaration, 2021²)을 발표하였다. 이 선언은 기후변화, 지속가능한 개발, 해양 등의 주제에 관한 다양한 내용을 담고 있다. 그 중 기후변화 관련 해수면 상승이 기선이나 수역 관할에 미치는 영향에 관한 부분은 위 PIF 선언의 내용을 그대로 옮기고 있다.

기후변화로 인한 해수면 상승은 육지 영토의 상실을 초래하여 여러 중요한 국제법 문제를 야기한다. 저지대 도서국가low-lying island States 가 완전히 수몰될 경우의 국가성 문제, 거주지 수몰로 인하여 거주지를 상실한 주민의 인권 문제, 해안선의 후퇴나 섬 또는 암석의 수몰로 인하여 발생하는 다양한 해양법 문제 등이 그 사례이다. 위 PIF 선언이나 AOSIS 지도자 선언은 이들 여러 문제 중에서 기후변화 관련 해수면 상승으로 초래되는 기선 변경의 효과에 대한 소도서국가들의 입장³)을 나타낸 것이다.

2. 해양법협약의 규정과 해석

기선에 관한 해양법협약의 주요 규정은 다음과 같다. "연안국이 공인한 대축척해도에 표시된 해안의 저조선"이 통상기선이 된다.제5조 "해안선이 깊게 굴곡이 지고 잘려 들어간 지역, 또는 해안을 따라 아주 가까이 섬이 흩어져 있는 지역"에서는 일정한 요건 충족을 조건으로 직선기선을 설정할 수 있다.제7조 "강이 직접 바다로 유입"하

는 경우에는 양쪽 강둑의 저조선상의 지점을 연결한 직선이 기선이
된다.^{제9조} 만灣의 경우에는 "자연적 입구 양쪽의 저조지점간"을 연결
하여 24해리가 넘지 않는 직선기선을 설정할 수 있다.^{제10조} "전부 또
는 일부가 본토나 섬으로부터 영해의 폭을 넘지 아니하는 거리에 위
치하는" 간조노출지의 저조선은 영해기선으로 사용할 수 있다.^{제13조}
^{제1항} 직선기선과 그로부터 도출된 수역의 한계는 "그 위치를 확인하
기에 적합한 축척의 해도에 표시"되거나 "측지자료를 명기한 각 지
점의 지리적 좌표목록"으로 표시되어야 하고^{제16조 제1항} 이들 해도나
지리적 좌표목록은 연안국이 적절히 공표하고 그 사본을 유엔 사무
총장에게 기탁하여야 한다.^{제16조 제2항}

기선에 관한 해양법협약의 주요 규정에는 기후변화 관련 해수면
상승에 의하여 육지가 수몰되고 해안선의 변경이 발생한 경우를 규
율하는 내용이 없다. 해양법협약을 기초하는 과정에서 기후변화 관
련 해수면 상승이 초래할 수 있는 해양법 문제는 해양법협약의 규율
대상으로 인식되지 않았다고 할 수 있다. 해양법협약은 삼각주처럼
해안선이 불안정 경우에는 직선기선의 기점이 된 저조선이 후퇴하
더라도 연안국이 수정할 때까지는 직선기선이 변하지 않는다고 규
정한다.^{제7조 제2항} 또 대륙붕의 경우에는 "항구적으로 자국 대륙붕의
바깥한계를 표시하는 해도와 관련정보를 국제연합사무총장에게 기
탁"^{제76조 제9항}하게 되면 기선의 변경과 무관하게 대륙붕의 한계는 고
정되는 것으로 이해된다.

해양법협약의 일반적 해석에 따르면 통상기선을 구성하는 저조
선은 해도 상의 저조선이 아니라 실제 저조선을 말한다. 그러므로
기후변화 관련 해수면 상승으로 인하여 해안선이 육지 쪽으로 후퇴
한 경우에는 기선도 그에 맞게 수정하여야 하는 것으로 보인다. 국
가 실행과 국제법원의 판례도 해안의 실제 저조선과 연안국의 공인
대축척해도에 표시된 저조선이 불일치하는 경우 실제 저조선을 기

선으로 보아야 한다는 입장이 우세하다.4) 국제사법재판소는 2007년 니카라과-온두라스 간 카리브 해 영토·해양 분쟁 사건에서 온두라스가 영해기선의 좌표목록으로 유엔 사무총장에게 기탁한 것 중에서 17번 좌표는 실제로는 존재하지 않으므로 기선의 좌표로 사용될 수 없다고 판결하였다. 직선기선의 경우에도 기점이 수몰되면 더 이상 직선기선의 기점으로 사용할 수 없다고 보아야 한다.

문제는 기선의 변경과 관련된 해양법협약 해석론이 기후변화 관련 해수면 상승으로 인한 해안선 변경에도 타당한지의 여부이다. 해양법협약 해석상 기선은 이동 가능하며 기선으로부터 측정되는 해역인 영해, 접속수역, 배타적 경제수역 등의 외측 한계도 이동 가능하다. 그렇다고 하여 연안의 조건이 변경되는 경우 반드시 새로운 기선을 획정할 의무를 해양법협약이 부과하고 있는 것도 아니다. 더욱이 기후변화 관련 해수면 상승이 초래할 해안선 변경은 해양법협약 기초 과정에서 인식되지 못한 문제이다. 나아가 기후변화 관련 해수면 상승으로 인하여 기선이 후퇴하고 관할 수역이 축소되는 부정적 영향에 가장 취약한 것은 저지대 소도서 국가들인데, 이들은 기후변화에 대하여 가장 책임이 작은 국가들에 해당한다.

3. 유엔 내 최근 논의 현황

해수면 상승이 초래하는 국제법적 문제는 이미 국제법학회International Law Association, ILA가 한 차례 연구를 진행하여 2018년의 ILA 시드니 총회에 결과를 보고하였다.5) 이 보고에서 ILA '국제법과 해수면 상승 위원회'Committee on International Law and Sea Level Rise는 해수면 상승에도 불구하고 기선과 기존 관할 수역은 그대로 유지하는 국가실행이 형성되고 있음을 확인하고, 해수면 상승으로 해안선의 지리적 실체가 영향을 받더라도 해양법협약에 따라 정당하게 결정된 기선과 관할 수역의 외측 한계는 재산정^{recalculation}을 요구받지 않아야 한다는 내용의 결의를 권고하였다.

ILA의 연구 이후 문제의 중요성에 대한 인식을 공유하게 된 유엔에서도 2019년부터 국제법위원회^{International Law Commission, ILC}에서 해수면 상승의 국제법적 문제에 관한 논의를 시작하였다. ILC는 2019년 제71차 회기에서 '국제법 관련 해수면 상승'^{Sea-level rise in relation to international} 문제를 작업주제로 선정하고 다섯 명의 위원을 공동의장으로 하는 스터디 그룹을 형성하여 검토를 진행하고 있다.

스터디 그룹은 문제를 '해수면 상승과 국제해양법', '해수면 상승과 국가의 주권 및 관할권 변화', '해수면 상승과 인권, 특히 환경난민 문제'의 세 영역으로 나누고 현재 첫 번째 영역의 해양법 문제에 관하여 2020년에 쟁점보고서^{issue paper, 제1차 쟁점보고서}를 작성하였다.6) 제1차 쟁점보고서에 관한 토의는 COVID 19의 여파로 2021년에야 이루어졌다.7)

스터디 그룹은 첫 번째 주요 문제인 '해수면 상승과 국제해양법'을 여섯 개의 세부 주제로 다시 분류하고 있는데, 이 글의 주제인 '해수면 상승과 기선의 변경'은 첫 번째 세부 주제인 ① '기선과 관할 해역의 외측 한계'에 해당한다. 그 밖의 세부 주제로는, ② 해양 경계획정, ③ 기선 설정과 경계획정에 관한 섬과 암석의 역할, ④ 이미 경계나 기선이 획정된 수역에서의 연안국과 그 국민 및 제3국과 그 국민의 주권적 권리 및 관할권 행사, ⑤ 섬과 암석의 법적 지위 및 섬이 흩어져 있는 연안국의 해양 권원에 대하여 해수면 상승이 미칠 수 있는 법적 영향, ⑥ 국제법상 인공섬의 법적 지위, 그리고 해수면 상승에 대한 대응/적응 조치로서의 간척과 섬 강화 활동 등의 법적 지위 등이 있다.

ILC 스터디 그룹의 제1차 쟁점보고서는 많은 국가들이 법적 안정성 보장의 필요성에 동의하고 있는 것으로 분석한다. 특히 태평양도서국가들은 기존 해역과 그에 대한 권원을 유지하는 것이 중요하고, 해양법협약에 따라 정해진 해역은 해수면 상승으로 축소될 수 없으며 기선은 고정되어야 한다고 주장하고 있다. 반면 일부 국가들은 기선이 변경 가능하다는 내용을 시사하면서, 해안 저조선이 이동하면 기선이 변경되어, 연안국 해역 외측 한계에도 영향을 미칠 수 있다는 입장을 취하였다.

제1차 쟁점보고서는 이러한 국가들의 다른 입장들을 종합하여, 기선 및 해역의 외측 한계의 유지와 관련하여 국제법상 특정 관습규칙 또는 지역적 관습규칙이 있다고 판단하는 것이 시기상조라 결론지었다. 일부 지역의 국가들에서 기선 및 해역의 외측 한계 유지와 관련하여 국가실행이 있지만, 아직은 법적 확신$^{opinio\ juris}$이 존재한다고 볼 수 없다고 판단하였다.

2021년 ILC 제72차 회기의 논의에서도 기선이 이동 가능한^{ambulatory} 것인지, 그리고 해양법협약 제16조에 규정된 해도와 지리적 좌표목록이 기선 설정에 어떠한 영향을 미치는지에 관해서는 국가들 간에 여전히 입장 차이가 있음이 드러났다. 해양법협약 제5조의 통상기선은 저조선을 의미하므로 원래^{inherently} 이동 가능하다는 입장을 취한 국가들이 있는 반면, 통상기선의 이동 여부나 정기적인 갱신 의무에 관하여 해양법협약은 침묵하고 있다는 의견을 밝힌 국가도 있다. 나아가 해수면 상승이 논의되지 않은 상황이라 하더라도 기선 위치의 변경 문제는 이미 토의된 것이라는 입장을 취하는 국가들도 있다.

유엔 총회 산하 제6위원회의 2021년 논의에서는 사모아,^{Samoa} 피지,^{Fiji} 앤티가바부다,$^{Antigua\ and\ Barbuda}$ 시에라리온,$^{Sierra\ Leone}$ 이탈리아, 일본, 독일, 베트남, 체코, 뉴질랜드, 몰디브, 미크로네시아, 말레이시아, 태국, 호주, 솔로몬제도, 인도네시아, 통가, 투발루, 필리핀, 사이프러스,^{Cyprus} 스페인 등이 성명을 발표하고, 기선은 고정된 것이며 이동가능하지 않다는 입장을 표명하였다. 대부분의 소도서국가는 이러한 입장을 취한다. 기선 고정을 주장하는 국가들은 첫째 법적 안정성, 안보, 확실성, 예측가능성의 중요성, 둘째 해양법협약의 보편성 및 완전성 때문에 해양법협약에 따라 설정된 기선 및 해역의 외측 한계는 그대로 유지된다는 점, 셋째 해양법협약에 따라 유엔 사무총장에게 기탁된 해당 정보들에 대해 해양법협약은 어떠한 검토 및 갱신 의무도 부과하고 있지 않다는 점을 근거로 든다.

제6위원회에서는 기선은 이동 가능한 것이라는 의견도 제시되었다. 미국은 해양법협약의 보편적이고 통일적인 특성을 강조하면서, 해양법협약상 기선은 일반적으로 이동 가능하며 해안 저조선이 육지 또는 바다 방향으로 이동하게 되는 경우에 연안국 해역의 외측 한계도 이동하게 된다고 주장하였다. 루마니아도 자국 국내법의 해석상 기선은 이동이 가능한 것으로 해석될 수 있다는 의견을 제시하였다.

제6위원회에서 아이슬란드, 유럽연합, 네덜란드, 슬로베니아, 아일랜드, 오스트리아 등은 기선의 이동 또는 고정에 대한 중립적인 입장을 취하였다. 이들 국가는 문제에 대한 국가 간 의견 일치가 없으므로 기선의 이동 또는 고정에 관하여 추가적인 연구가 필요하다고 본다.

4. 맺는 말

"육지가 바다를 지배한다"는 원칙에 따르면 해양 권원은 육지로 인정될 수 있는 해양지형물로부터 나온다. 이 원칙에 따르면 해수면 상승에 따라 연안국 해양 관할권의 권원이 되는 육지 상태가 바뀌고 기선이 후퇴하면 기선은 변경되고 연안국이 관할하는 수역도 변경될 수밖에 없다. 이러한 원칙에도 불구하고, 기후변화 관련 해수면 상승은 '육지'에 관한 현상 변경이 있더라도 해양 관할에 관한 기존의 법적 상태를 유지할 것인가(고정), 아니면 새로운 상황 변화에 맞추어 기존의 법적 상태를 조정하고 개편할 것인가(이동)의 선택 문제를 제기하고 있다. 법적 안정성을 중시하는 입장에서는 법적 상태의 고정을, 법의 합목적성이나 구체적 타당성을 중시하는 입장에서는 법적 상태의 조정과 개편을 주장할 것이다. 입장의 선택은 개별 국가가 처하고 있는 구체적 상황에 따라 달라진다.

'고정'을 옹호하는 국가의 가장 큰 논거는 해양법협약의 보편성과 완전성이다. 기존의 기선은 해양법협약에 따라 설정되었으므로 유지되어야 하며 기존 기선에 근거하여 측정된 해역의 외측 한계도 그대로 유지된다는 것이다. 직선기선에 관해서는 해양법협약이 해도 및 지리적 좌표목록의 갱신에 대한 의무를 부과하고 있지 않다는 점도 논거로 든다. '고정'을 옹호하는 입장은 또한 법적 안정성, 안보, 확실성, 예측가능성의 가치를 중시하는 입장이기도 하다. 기선의 빈번한 변경과 그로 인한 연안국 관할수역의 범위 변화는 법집행기관에게 심각한 문제가 된다.

해양법협약 제5조는 "해안의 저조선"을 통상기선으로 규정하고 있다. 이 규정의 충실한 문언해석에 따르면 저조선이 변경될 경우 통상기선도 변경되는 것으로 해석할 수밖에 없다. 저조선의 변경이 사소한 정도에 그칠 경우는 별론으로 하고, 해수면 상승으로 인하여 현저한 저조선 변경이 발생하였음에도 불구하고 기존의 기선을 그대로 유지하는 것이 해양법협약의 해석상 허용될 수 있는지 의문이다. 직선기선의 설정도 저조선과 무관하지 않다. 삼각주^{제7조 제2항}를 제외한 하구^{제9조}와 만^{제10조}은 저조지점간에 직선기선을 설정할 수 있다. 이들 규정에 따르면 저조선이 변경되면 저조지점도 변경되고, 그 결과 직선기선도 '이동'하게 된다. 당연히 직선기선으로부터 측정되는 해역의 외측 한계도 변경되어야 한다.

현재까지의 유엔 내 논의에서는 해수면 상승에도 불구하고 기존의 해양 권원과 해양 경계를 인정하는 의견이 우월한 것으로 보인다. 이는 해양경계획정과 관련하여 안정성, 객관성, 예측가능성의 확보라는 가치를 중시하는 국제법의 특성을 고려하면 당연히 예상할 수 있는 바이다. 그러나 '고정'과 '이동'이라고 하는 대립된 주장과 태도 중에서 아직까지는 국제사회에서 어느 하나가 일치된 지지를 받고 있지는 못하고 있는 것으로 보이며, 많은 국가는 이 근본적인 문제와 그로부터 파생되는 각종 해양법상의 세부 문제에 관하여 ILC의 추가적인 연구와 국가실행의 검증이 필요하다고 보고 있다.

---

1) https://www.forumsec.org/2021/08/11/declaration-on-preserving-maritime-zones-in-the-face-of-climate-change-related-sea-level-rise. 2022년 2월 16일 방문.
2) https://www.aosis.org/launch-of-the-alliance-of-small-island-states-leaders-declaration/. 2022년 2월 16일 방문.
3) 단, PIF 회원국 중에는 소도서 국가로 분류될 수 없는 오스트레일리아와 뉴질랜드도 포함되어 있다.
4) 박영길, "해수면 상승과 해양 관할권 범위의 문제", 『법학연구』 통권 제37집 2012년 12월 49~70면 49(전북대학교 법학연구소), 37집(2012), 52면.
5) ILA의 2018년 시드니 총회 최종보고서, *Final Report of the Committee on International Law and Sea Level Rise, International Law Association, Report of the Seventy-eighth Conference, Held in Sydney, 19-24 August 2018, Vol. 78*, 2019.
6) "Sea-level rise in relation to international law", First issues paper by Bogdan Aurescu and Nilufer Oral, Co-Chairs of the Study Group on sea-level rise in relation to international law, A/CN.4/740, 2020.
7) 제1차 쟁점보고서에 관한 토의를 비롯한 최근 유엔 내 논의 상황에 관해서는 김성규, 박배근, "해수면 상승의 국제해양법적 쟁점 - 유엔 내 최근 논의의 현황과 과제 -", 『경희법학』, 제56권 4호(2021), 621-649면 참조.

러시아와 우크라이나 전쟁에서 국제법은 무용한가?
– 우크라이나 군함과 군인 억류 사건의 선결적 항변 중재판정의 주요 내용과 국제법적 함의 –

김원희(한국해양과학기술원 해양법·정책연구소 선임연구원)

1. 사건의 배경과 소송경과

2022년 2월 24일 러시아가 우크라이나를 무력침공한 이후 국내외에서는 국제법의 실효성과 유엔으로 대표되는 글로벌 거버넌스의 실패를 지적하는 회의적 견해가 득세하고 있다. 주요 언론매체에서는 강대국인 러시아의 위법한 무력행사를 막지 못한 국제법이 무용하다거나, 개별 국가들이 취하고 있는 대러시아 제재조치가 실효성이 없어 우크라이나 사태 해결에 도움이 되지 않는다는 인터뷰나 언론보도가 난무하고 있다. 이런 상황에서 유엔해양법협약^{이하 '해양법협약'} 제7부속서 중재재판소^{이하 '중재재판소'}는 2022년 6월 27일 러시아의 우크라이나 군함과 군인 억류에 관한 사건의 선결적 항변에 대한 중재판정을 선고하였다.[1] 이 글의 목적은 우크라이나 군함과 군인에 대한 억류 사건의 선결적 항변 중재판정의 진행과정과 주요 내용을 검토하고, 국제법이 러시아와 우크라이나 전쟁의 수행과 전후처리 과정에서 '게임의 규칙^{rules of the game}'으로 작용할 수 있다는 점을 보여주는 것이다.

　이 사건은 2018년 11월 케르치 해협 인근에서 러시아 군함이 우
크라이나의 군함을 공격하고 나포하면서 발생하였다. 우크라이나 군
함 두 척이 2018년 11월 24일 케르치 해협^{Kerch Strait} 인근에서 양국 간
영해 경계선에 접근하였고, 러시아 해경은 우크라이나 군함에 대해
케르치 해협의 폐쇄와 무해통항 정지를 통보하였다. 이 통보를 받은
우크라이나 군함은 영해 경계와 케르치 해협을 통과할 의사가 없다
고 통보하였다. 하지만 2018년 11월 25일 우크라이나의 군함 두 척
이 더 합류하면서 러시아의 영해를 통과하여 케르치 해협으로 항해
하겠다는 의사를 다시 통보하고 항해를 추진하였다. 이에 러시아는
흑해함대의 군함을 파견하고 해경 함정들과 함께 우크라이나 군함
들의 항해를 차단하였다. 우크라이나 군함들은 러시아 군함들과 군
용 헬기에 둘러싸여 정박하면서 약 8시간 동안 대치하였다. 대치상
황이 계속되자 우크라이나의 군함들은 항해를 포기하고 우크라이나
의 항구로 복귀하고자 하였으나, 러시아 군함이 우크라이나 군함들
을 추격하여 나포하였다. 러시아는 나포한 우크라이나 선박을 억류
하면서 자국 국내법에 따라 형사절차를 진행하였다.

　이에 우크라이나는 2019년 4월 1일 해양법협약 제15부에 따라
러시아와의 분쟁을 중재재판에 회부하였다. 동시에 우크라이나는 중
재재판소가 구성되기 전에 나포된 선박들의 신속한 석방을 구하는
잠정조치 명령을 국제해양법재판소에 신청하였다.²⁾ 이에 따라 국제
해양법재판소는 2019년 5월 25일 러시아에게 우크라이나의 군함과
군인을 신속하게 석방하라는 잠정조치 명령을 선고하였다.³⁾ 러시아
는 국제해양법재판소의 잠정조치 명령에 따라 우크라이나 군인과
군함을 각각 2019년 9월 7일과 11월 18일에 석방했다는 입장을 표
명하였으나, 우크라이나는 러시아가 잠정조치 명령을 신속하게 이행
하지 않았다고 주장하고 있다.

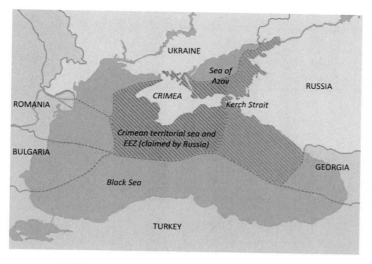

혹해와 아조프해에 대한 러시아와 우크라이나의 권원 주장

출처: Valentin J. Schatz and Dmytro Koval, "Ukraine v. Russia: Passage through Kerch Strait and the Sea of Azov (Part I)", Volkerrechtsblog, 10 January 2018, doi: 10.17176/20180110-131019.

국제해양법재판소의 잠정조치 명령이 내려진 후 2019년 6월 12일 중재재판소의 재판부가 구성되었고, 중재재판소는 2019년 11월 22일 절차명령 제1호를 채택하면서 중재절차를 계속 진행하였다. 러시아는 국제해양법재판소에서 진행된 잠정조치 사건의 구두심리에 불참했지만, 이후 진행된 중재절차에는 적극적으로 참여하였다. 러시아는 우크라이나가 제기한 청구에 대해 중재재판소가 관할권을 행사할 수 없다고 주장하면서 선결적 항변을 제기하였다. 중재재판이 진행 중이던 2022년 2월 러시아가 우크라이나를 침략하고 전쟁이 지속되는 상황이었음에도 불구하고, 중재재판소는 계획된 일정대로 평의deliberation를 진행하였고, 2022년 6월 선결적 항변에 대한 중재판정을 선고하였다.

2. 우크라이나의 청구와 러시아의 선결적 항변

우크라이나는 러시아의 나포와 억류로 인해 발생한 사건에 대해 다음과 같은 청구를 중재재판소에 제출하였다. 첫째, 러시아는 자국 법원에서 진행되고 있는 우크라이나 군인 24명에 대한 형사소추를 즉각 중단해야 한다. 둘째, 러시아는 향후 해양법협약상 우크라이나 군함이 향유하는 면제^{immunity}를 존중할 것을 보장해야 한다. 셋째, 러시아는 나포 및 구금행위로 인한 물질적 손해 2,654,400유로와 선박 사용에 관한 일실이익을 배상해야 한다. 넷째, 러시아는 국제위법행위의 결과 우크라이나 군인이 입은 비물질적 손해 200만 유로와 이자, 그리고 국제해양법재판소의 잠정조치 명령 불이행으로 인한 손해 200만 유로와 이자를 배상해야 한다.

반면에 러시아는 우크라이나가 제기한 청구에 대해 중재재판소가 관할권을 행사할 수 없다는 네 가지 항변을 제기하였다. 첫째, 우크라이나가 제기한 청구원인은 군사활동에 관한 것이고 러시아는 해양법협약 제298조 제1항(b)에 따라 군사활동을 강제절차에서 배제했으므로 중재재판소가 관할권을 행사할 수 없다. 둘째, 해양법협약은 영해에서의 군함의 면제를 규율하는 명시적 규정을 두고 있지 않기 때문에, 우크라이나 군함의 면제에 관한 청구에 대해 관할권을 행사할 수 없다. 러시아는 관습국제법상 군함의 면제 가능성을 인정하지만, 해양법협약 제32조가 그러한 관습국제법을 편입한 것은 아니므로 해양법협약 제288조 제1항에 따른 협약의 해석과 적용에 관한 분쟁이 존재하지 않는다고 주장하였다.⁴⁾ 셋째, 중재재판소는 국제해양법재판소의 신속한 석방에 관한 잠정조치 명령의 불이행에 대해 관할권을 행사할 수 없다. 러시아는 중재재판소가 주요 분쟁^{main dispute}에 대해 관할권을 갖는 경우에만 국제해양법재판소의 잠정조치 명령 위반 여부를 판단할 수 있으므로 협약 제290조와 제296

조에 따라 관할권을 행사할 수 없다고 주장하였다.5) 즉 중재재판소가 군사활동이나 군함의 면제에 관한 활동에 대해 관할권을 행사할 수 없다면 국제해양법재판소의 잠정조치 명령에 대해서도 관할권을 행사할 수 없다고 주장하였다. 넷째, 우크라이나는 협약 제283조에 따른 분쟁해결에 관한 의견교환 의무를 이행하지 않았으므로 중재재판소가 관할권을 행사할 수 없다. 러시아는 우크라이나가 2019년 3월 15일 분쟁해결에 관한 의견교환을 요청하는 서신을 보낸 직후에, 러시아가 3월 25일 답신을 보냈으나 이후 추가적인 의견교환이 없는 상황에서 우크라이나가 4월 1일 일방적으로 중재재판을 제기하였다고 주장하였다. 러시아는 우크라이나의 2019년 3월 15일자 서신에는 분쟁해결 수단을 제안하는 내용이 포함되어 있지 않기 때문에 협약 제283조의 요건을 충족하지 못하였다고 주장하였다.

3. 러시아의 선결적 항변에 대한 판단

중재재판소는 러시아가 제기한 네 가지 선결적 항변을 대부분 기각하였고, 일부 관할권 항변에 대해서는 최종 판단을 본안 단계로 보류하는 결정을 내렸다. 첫째, 군사활동에 관한 선결적 항변에 대해 중재재판소는 사건 발생 초기 군사적 대치상황은 군사활동에 해당하여 관할권을 행사할 수 없지만, 나포 이후의 억류와 형사소추는 법집행활동에 해당하여 관할권을 행사할 수 있다고 판단하였다. 중재재판소는 사건의 시간 순서에 따라 3단계, 즉 (1) 사건 초기 군함 간의 대치 상황, (2) 대치 이후 우크라이나 군함이 러시아의 영해를 떠났으나 러시아 군함이 추격하여 나포한 상황, (3) 나포 이후 우크라이나 군함과 군인에 대한 억류와 형사소추로 나누어 관할권 행사 여부를 판단하였다. 1단계는 항해를 계속하려는 우크라이나 군함들과 이를 차단하려는 러시아 군함들 간의 대치 상황이 있었고 양국 모두 이를 군사적 대치 상황으로 인식했다고 보아 해양법협약 제298조 제1항(b)에서 강제관할권이 배제되는 군사활동이라고 판단하였다. 2단계는 대치 상황 이후 우크라이나 선박이 정박지에서 출발하여 러시아 군함의 정선명령을 받은 때부터 시작되지만, 어느 시점에 군사활동이 종료되는지에 대해서는 추가적인 규명이 필요하다고 보고 본안 단계로 판단을 보류하였다. 3단계는 우크라이나 군함의 나포 이후 군함과 군인의 억류와 형사소추가 해당되며, 이는 군사활동이 아닌 법집행활동에 해당하여 중재재판소가 관할권을 행사할 수 있다고 판단하였다. 결국 중재재판소는 1단계 군사활동에 대해서는 관할권을 행사할 수 없지만 3단계 법집행활동에 대해서는 관할권을 행사할 수 있다고 판단하였고, 2단계에서 군사활동의 종료 시점은 본안 단계로 판단을 보류하였다. 결국 러시아가 제기한 선결적 항변 중 중재재판소가 인용한 것은 양국 군함이 대치했던 상황뿐이다.

둘째, 중재재판소는 영해에서의 군함의 면제를 규율하는 해양법협약 규정이 없다는 러시아의 항변을 전적으로 선결적인 성격not exclusively preliminary을 가진 항변이 아니라고 보아 판단을 본안 단계로 유보하였다. 중재재판소는 러시아 군함이 우크라이나 군함을 나포한 위치가 러시아의 영해 내인지 밖인지에 따라 관할권 행사 가능성이 달라지므로 이 문제는 본안 단계에서 다루어야 한다고 결정하였다. 러시아의 나포행위가 영해 내에서 이루어졌다면 영해에서의 군함의 면제에 관한 해양법협약 제32조의 해석이 필요하지만, 영해 밖에서 이루어졌다면 제32조에 근거한 우크라이나의 청구를 판단할 필요가 없다고 보았다. 따라서 중재재판소는 군함의 면제에 관한 선결적 항변은 나포가 영해 내에서 이루어졌는지에 관한 사실확정이 가능한 본안에서 다루어져야 한다고 보고 판단을 보류하였다.

셋째, 국제해양법재판소의 잠정조치 명령 불이행에 관한 러시아의 선결적 항변에 대해 중재재판소는 해양법협약의 근거 규정에 따라 제290조 및 제296조에 입각한 항변은 기각하고, 제279조에 근거한 항변은 본안 단계로 판단을 보류하였다. 러시아는 협약 제290조와 제296조에 따라 주요 분쟁^{main dispute}에 대한 관할권을 가져야 잠정조치 명령의 불이행에 대해서도 관할권을 가질 수 있다고 항변했지만, 중재재판소는 이를 기각하였다. 러시아는 분쟁당사국이 제290조에 따라 명령받은 잠정조치를 신속히 이행해야 한다고 규정하고 있는 협약 제290조 제6항은 본 사건과 관련성이 없다고 주장하였다. 이에 대해 중재재판소는 협약 제290조 제6항의 범위, 적용 및 관련성에 대해 러시아와 우크라이나 간의 견해 차이가 존재하므로 협약의 해석과 적용에 관한 분쟁으로서 관할권을 행사할 수 있다고 판단하였다. 한편, 중재재판소는 국제해양법재판소가 잠정조치 명령에서 양국에 부과한 분쟁격화 방지의무가 존재한다고 보았고, 잠정조치 명령 불이행에 대한 관할권을 인정했으므로 이에 대한 관할권을 행사할 수 있다고 판단하였다. 다만 우크라이나가 제7부속서 중재재판을 제기한 2019년 4월 1일부터 국제해양법재판소의 잠정조치 명령이 내려진 2019년 5월 24일 사이의 기간에 발생한 분쟁격화 방지의무는 해양법협약 제297조에 근거할 수 있으므로, 제297조의 해석 문제는 본안 단계로 판단을 보류하였다.

넷째, 중재재판소는 우크라이나가 협약 제283조에 규정된 분쟁해결에 관한 의견교환 의무를 이행하지 않았다는 러시아의 항변을 기각하였다. 러시아는 우크라이나의 분쟁해결 제안에 답신하고 약 10일 정도 경과한 직후에 우크라이나가 일방적으로 중재재판을 회부함으로써 해양법협약 제283조를 위반했다고 주장하였다. 중재재판소는 러시아가 추후 상세한 답신을 하겠다는 내용의 형식적 답변을 보낸 이후 추가적인 의견교환이 없었고, 러시아 국내법원에서 우크라이나 군인들에 대한 형사재판 가능성이 커지고 있었으므로 긴급성이 인정된다고 보았다. 중재재판소는 해양법협약 제283조에 따른 의견교환이 없었더라도 중재절차의 개시를 정당화할 다른 사정이 있는지를 검토하면서, 우크라이나 군인들에 대한 형사재판이 진행되고 있었다는 긴급성이 있었으므로 해양법협약 제283조가 위반되지 않았다고 판단하였다.

선결적 항변에 관한 이상의 판단에 기초하여 중재재판소는 이 사건에 대해 관할권을 행사할 수 있으며, 본안 절차를 속개한다는 결정을 내렸다. 중재재판소는 러시아에게 2022년 12월까지 본안절차의 답변서를 제출하도록 명령하였다. 이 사건의 사실관계가 러시아의 우크라이나 침략 전에 이루어진 것이지만 중재재판소는 흑해에서 러시아 군함의 법집행과 나포 등의 활동이 해양법협약에 위반되는지 여부를 판단하고, 국제법 위반이 인정될 경우에는 손해배상 의무를 러시아에게 명할 것으로 전망된다.

4. 선결적 항변에 관한 중재판정의 국제법적 함의

러시아-우크라이나 전쟁 후 국제법과 유엔으로 대표되는 글로벌 거버넌스에 대한 회의론이 팽배해 있음에도 불구하고, 이 사건 중재판정은 다음과 같은 국제법적 함의를 갖는다. 첫째, 러시아와 우크라이나 간 전면전이 계속되고 있는 중에도 러시아의 국제법 위반 여부를 판단하기 위한 국제재판이 진행되고 있으며, 러시아 역시 중재절차에 참여하여 적극적으로 국제법적 대응을 하고 있다는 점에서 국제법과 국제재판은 여전히 국제관계에서 '게임의 규칙'rules of the game 으로 기능하고 있다. 러시아는 Arctic Sunrise 중재사건이나 국제해양법재판소의 잠정조치 사건 등에 불출석한 전례가 있었기 때문에 2022년 2월 양국 간 전면전이 발발한 이후 러시아가 중재절차에 불참하거나 원활한 중재재판 진행에 차질이 있을 것으로 전망되었다. 이러한 상황에서 중재재판소는 선결적 항변 절차를 그대로 진행하였고, 러시아가 제기한 대부분의 선결적 항변을 기각하면서 본안 판단을 속개하는 결정을 내렸다. 이 사건 본안에 관한 중재판정이 내려지면 해양에서의 군사활동과 법집행활동을 규율하는 국제법이 강대국이나 약소국 모두에게 적용된다는 점을 확인할 것이고, 이는 전쟁이 종료된 후 전후처리를 위한 협상과정에서 우크라이나에게 또 다른 외교적 지렛대로 기능하게 될 것이라고 생각된다.

둘째, 해양법협약 제298조 제1항(b)에 따라 군사활동을 강제절차에서 배제하는 선언을 했더라도 문제되는 활동이 법집행활동으로 평가될 수 있는 경우에는 관할권 행사가 가능하다. 이 사건에서 중재재판소는 군사활동의 개념에 관한 국제재판소의 선례에 기초하여 군사활동과 법집행활동이 이분법적으로 구별되는 개념이 아니라 사건의 관련사정을 고려하여 활동 주체와 구체적인 활동의 성격에 따라 판단해야 한다는 법적 기준을 제시하였다. 중재재판소는 2016년 남중국해 중재판정과 2020년 연안국 권리 사건의 선결적 항변 판정에서 분쟁의 대상과 군사활동 간에 밀접한 연관성이나 관계가 있어야 하고, 군함이나 군사적 임무를 수행하는 정부 선박이 수행하는 활동으로서 군사적 성격을 가져야 한다고 판시한 점에 주목하였다. 나아가 중재재판소는 군사활동에 해당되는지 결정하기 위해 각 사건의 관련사정을 고려하여 문제된 활동의 성격을 객관적으로 평가한 국제해양법재판소의 잠정조치 명령이 올바른 접근방식을 채택했다고 보았다.

중재재판소는 군사활동과 법집행활동이 상호배타적인 개념이 아니며, 군사활동의 성격이 법집행활동으로 전환되거나 그 반대로 전환될 가능성이 있다고 보았다. 중재재판소는 문제된 러시아의 활동을 단계별로 나누어 군사활동에 대한 관할권 유무를 판단하였다. 즉 양국 군함의 대치가 계속된 상황에서 러시아의 활동은 군사활동이지만, 나포 이후의 억류와 형사소추는 법집행활동이라고 보았다. 한편 러시아 군함이 우크라이나의 군함에 승선하여 나포한 행위는 상황의 전개에 따라 군사활동 또는 법집행활동에 해당할 수 있어 본안 단계로 판단을 보류하였다. 이와 같이 중재재판소는 해양법협약 제298조 제1항(b)에 따른 강제관할권 배제선언으로 관할권을 행사할 수 없는 군사활동의 범위를 좁히는 해석론을 제시하였고, 이는 군사활동과 법집행활동의 성격을 모두 갖는 활동이 무조건 강제관할권에서 배제되지 않는다는 점을 시사한다.

셋째, 중재재판소가 본안단계에서 러시아의 나포행위가 영해 내에서 이루어졌다고 사실확정을 하면 영해에서 외국 군함에게 면제가 인정되는지에 관한 국제재판소의 해석론이 최초로 제시될 것이다. 해양법협약 제32조의 해석을 둘러싸고 영해에서 군함과 정부 선박의 면제가 인정되는지에 관한 논란이 있었지만, 국제해양법재판소가 이 문제를 정면으로 다룬 적은 없었다. 이 사건에서 중재재판소가 러시아의 나포행위가 자국 영해 내에서 이루어진 것으로 사실확정을 하게 되면 러시아가 우크라이나 군함의 주권면제를 침해한 것인지에 대한 판단이 이루어질 것이다.

결론적으로 러시아와 우크라이나 전쟁 발발 이전에 발생한 국제분쟁을 해결하기 위한 국제재판이 전쟁 중에도 계속되고 러시아가 그러한 중재절차에 참여하고 있다는 점을 고려할 때, 이 사건 중재판정을 통해 제시되는 해양에서의 군사활동이나 군함의 주권면제에 관한 법적 판단은 향후 전후처리를 위한 협상과정과 전후 지역해 질서에도 일정한 게임의 규칙으로 작용할 것이다.

---

1) *Dispute concerning the Detention of Ukrainian Naval Vessels and Servicemen (Ukraine v. The Russian Federation), Award of the Preliminary Objections of the Russian Federation, 27 June 2022, PCA Case No. 2019-28.* [이하 'Award of the Preliminary Objections']

2) 해양법협약 제290조 제5항은 제7부속서 중재절차가 개시되었으나 중재재판소가 구성되기 이전에 잠정조치 요청이 있는 경우에 분쟁당사국이 합의하는 재판소 또

는 그러한 합의가 2주 내에 이루어지지 않으면 국제해양법재판소가 해당 잠정조치 사건에 대해 관할권을 행사하도록 규정하고 있다.

3) *Detention of three Ukrainian naval vessels (Ukraine v. Russian Federation), Provisional Measures, Order, 25 May 2019, ITLOS Reports 2019*, p. 283.

4) 해양법협약 제32조는 제2부 제1관, 제30조, 제31에 규정된 경우를 제외하고 이 협약의 어떠한 규정도 군함과 그 밖의 비상업용 정부 선박의 면제에 영향을 미치지 않는다고 규정하고 있어, 관습국제법에 따라 군함과 정부 선박의 면제가 인정될 가능성을 열어두고 있다.

5) 러시아는 ICJ의 LaGrand 사건을 원용하면서 잠정조치 명령의 준수 여부에 관한 관할권은 주요 분쟁(main dispute)에 대해 관할권이 있는 경우에만 행사할 수 있다고 주장하였다.

제 4 부

국제법으로 본 한국 관련 사건

다야니 사건에 대한 국제투자중재판정 취소소송의 결과

장석영(한국형사·법무정책연구원 부연구위원, 법학박사)

1. 서론

한국을 상대로 한 국제투자중재가 나날이 증가하고 있는 가운데, 2019년 12월 20일 영국고등법원에서 다야니^{Dayyani} 사건에 대한 중재판정 취소소송의 결과가 나왔다.[1] 2018년 6월 다야니와 한국 간 국제투자중재^{투자자-국가중재} 사건에서 런던국제중재법원^{LCIA}이 내린 중재판정은 국제투자중재에서 한국에 대해 처음으로 불리하게 내려진 중재판정이었다.[2] 이러한 중재판정이 내려진 후 한국 정부는 영국고등법원에 중재판정 취소소송을 제기했지만 패소하였다.

국제투자중재는 국제투자분쟁 즉, 외국인 투자자와 투자유치국 간에 발생한 투자분쟁을 국내법원이 아닌 국제적인 방식을 통해 해결할 수 있게 하려고 마련된 절차이며, 외국인 투자자는 자신의 국적국이 투자유치국과 체결한 양자투자조약^{BIT} 등 국제투자협정에 근거하여 국제투자중재를 신청할 수 있다. 한국도 2023년 현재 약 90개의 BIT가 발효 중이며, 한국과 한국기업은 2012년 제기된 론스타^{Lone Star Funds} 사건 이후로 다수의 국제투자중재에서 피신청국 또는 신청인이 되었다. 다야니 사건도 그중 하나이며, 이하에서는 다야니 사건에 대한 중재판정 취소소송의 배경과 주요 쟁점, 그리고 향후 대응과 관련한 시사점을 살펴본다.

2. 다야니 사건에 대한 중재판정 취소소송의 배경

다야니 사건은 싱가포르 회사인 D&A가 대우일렉트로닉스 인수에 실패하면서 발생하였다. 1997년 외환위기 이후 대우전자^{이후 '대우일렉트로닉스'로 변경}가 파산하자 한국자산관리공사^{KAMCO}가 부실채권을 인수하여 최대지분을 소유하게 되었으며, 총 38개의 금융기관으로 구성된 채권단이 대우일렉트로닉스의 매각을 진행하였다. 그리고 채권단은 2010년에 다야니가 대주주인 이란 가전회사 엔텍합^{Entekhab}을 우선협상대상자로 선정하였다.

한편 채권단이 엔텍합의 재정 능력과 이란에 대한 미국의 제재가 이 거래에 미칠 영향에 대해 우려를 표시하자 다야니는 대우일렉트로닉스 인수를 위하여 싱가포르에 D&A라는 기업을 설립하였다. 이후 대우일렉트로닉스 채권단은 D&A와 매매계약을 체결했으며, D&A는 계약금으로 약 578억 원을 지급하였다. 계약서에는 매수인인 D&A가 자금을 조달할 능력에 관한 충분한 증거를 제시하지 못할 경우 매도인이 계약을 해지할 수 있고 계약금을 몰수할 수 있다는 내용이 담겨 있었으며, 계약과 관련하여 발생한 분쟁은 서울중앙지방법원을 전속관할로 한다고 규정하고 있었다. 이 같은 내용에 근거하여 채권단은 D&A가 제출한 투자확약서가 총 필요자금에 미치지 못한다고 판단하고 같은 해 12월 계약을 해지하였다. 그 후 D&A는 서울중앙지방법원에 매수인 지위의 인정 및 제3자 매각 절차 진행의 금지를 내용으로 하는 가처분을 신청하였다. 그러나 동 법원은 채권단의 계약해지가 적법하다고 판단하여 이를 기각하였다.

서울중앙지방법원 판결 이후 다야니는 한-이란 BIT 제12조에 근거하여 한국을 상대로 LCIA에 UN국제상거래법위원회^{UNCITRAL} 중재규칙에 따른 국제투자중재를 신청하면서 계약금 등의 반환을 청구하였다. 이 사건의 중재판정부는 2018년에 한국 정부가 한-이란 BIT 상의 의무를 위반했다고 판단하여 한국에 불리한 중재판정을 내렸으며, 한국 정부가 계약금에 이자를 더한 액수를 다야니에 지급하고 중재비용까지 부담하라고 결정하였다.3)

이후 한국은 중재지인 영국의 중재법상 취소 사유가 있다고 보아 영국고등법원에 중재판정 취소소송을 제기하였다.4) 다야니 사건은 UNCITRAL 중재규칙에 따라 LCIA에 제기된 사건이었고,5) ICSID 협약^{국가와 다른 국가 국민 간의 투자분쟁해결에 관한 협약}에 따른 중재가 아니라면 중재지 법원에서 중재판정의 취소 청구를 다루는 것이 일반적이기 때문에 영국고등법원에서 다야니 사건의 중재판정에 대한 취소소송을 다루게 되었다. 한국은 이 취소소송에서 다야니가 신청한 국제투자중재에 대해 중재판정부의 관할권이 성립하지 않는다고 주장하였다.

3. 판결의 요지와 주요 쟁점

1) 투자의 존재 여부

한국은 이 사건에서 D&A의 투자가 있었다고 볼 수 없으며, 다야니가 투자라고 주장하는 매매계약 및 이에 부가된 권리와 계약금이 한-이란 BIT 제1조 제1항에서 말하는 "투자^{investments}"에 해당하지 않는다고 주장하였다.6)

그러나 이 사건에 대해 판결한 Butcher 판사는 한-이란 BIT 제1조 제1항의 문구를 살펴봤을 때, 투자를 "투자유치국에서 투자자에 의해 투입된 모든 종류의 재산 또는 자산"이라고 넓게 정의하고 있고, "재산 또는 자산"^{property or asset}은 "나열하고 있는 항목을 의미하지만 이에 한정된다고 볼 수 없다"^{in particular, though not exclusively}라고 규정하고 있으므로 투자의 개념은 넓게 이해해야 한다고 하였다. 따라서 동 조항의 예시에 매매계약이 포함되어 있지 않다고 하더라도 대우 일렉트로닉스 채권단과 D&A의 매매계약은 한국 법에 따라 체결된 구속력 있는 계약으로 D&A에 권리를 부여하고 있고, 그 권리 중에는 의무 이행을 요구할 수 있는 권리가 포함되어 있으므로 이는 재산 또는 자산에 해당한다고 보았다.

다음으로 Butcher 판사는 계약금이 투자에 해당하는지와 관련하여서는 동 조항에서 "투자자에 의해 투입된"invested by the investors이라는 문구로 투자를 설명하고 있고, (c)호에서 "현금"money을 재산 또는 자산의 한 예로 들고 있다는 점에 주목하였다. 그리하여 계약금은 대우일렉트로닉스의 인수합병에 참여하기 위해 이란 투자자로부터 한국 영토로 이전되었고 여전히 한국에 남아있으므로 동 조항 (c)호의 규정에 따라 투자에 해당한다고 판시하였다.

일반적으로 BIT는 투자 개념을 매우 넓게 정의하는 편이며, 중재 판정에서도 투자의 개념을 넓게 해석하는 경향이 있다. 한-이란 BIT 제1조 제1항도 투자의 개념을 넓게 규정하고 있으며, Butcher 판사도 이러한 경향에 따라 투자의 개념을 넓게 해석하였다. 그 결과 Butcher 판사는 한국의 주장은 한-이란 BIT의 체결 의도와는 달리 투자의 개념을 부당하게 제한할 우려가 있다고 판시하였다.

2) 다야니가 투자자인지 여부

이 사건에서 매매계약의 당사자로서 계약금을 지급한 것은 D&A 이지만, D&A의 주주에 불과한 다야니가 중재를 신청한 점에 대해서 한국은 문제를 제기하였다. 즉, 기업의 주주가 투자자로서 투자조약에 따른 중재를 신청할 권한이 있는지 여부와 관련하여 한국과 다야니가 견해대립을 보인 것이다.

이와 관련하여 한국은 국제사법재판소[ICJ] 사건 중 Barcelona

Traction 사건과 Diallo 사건의 판결 내용을 근거로 제시하였는데, 이 두 사건에서 ICJ는 기업에 대한 피해와 관련하여 기업의 국적국이 아닌 주주의 국적국은 외교적 보호권을 행사할 수 없다고 판시하였기 때문이다.[7] 그러나 Butcher 판사는 국제투자중재에서는 BIT에 근거하여 투자자의 범위에 속하는 모든 실체가 투자유치국을 상대로 투자중재를 신청할 수 있다는 점을 강조하였으며, 이 같은 점에서 외교적 보호권에 관한 ICJ의 두 사례와 주주의 중재 신청 권한에 관한 국제투자중재 사례는 구별된다고 판시하였다. 또한 기업과는 별도로 주주에게 중재를 신청할 권한을 인정하는 국제투자협정은 특별법$^{lex\ specialis}$에 해당하며, 결국 중요한 문제는 관련 BIT에서 주주까지 포함될 정도로 투자 및 투자자의 범위를 넓게 규정하고 있는지 여부라고 덧붙였다.

한국 정부는 주주가 투자조약을 통한 중재절차를 이용할 수 있도록 허용한 다야니 사건의 중재판정은 상당히 이례적인 판단이며, 다야니가 D&A에 보유한 주식은 한-이란 BIT에 따라 보호되는 투자에 해당하지 않는다고 주장하였다. 그러나 한국 정부의 이러한 주장은 기존 중재판정에 대한 이해 부족에서 비롯된 측면이 있다고 보여진다. 주주가 투자조약에 따른 중재를 신청할 권한이 있는지의 문제는 이미 다수의 중재판정에서 그 권한이 인정된 바 있기 때문이다. 따라서 다야니 사건에서의 중재판정은 이례적인 판정이라고 할 수 없으며, 국제투자중재에서는 BIT에 규정된 투자의 범위에 근거하여 투자자에 해당하는 모든 실체는 그 실체가 기업의 주주라고 하더라도 투자유치국을 상대로 중재를 신청할 수 있다.

3) 한국이 다야니 사건의 당사자인지 여부

한국은 이 사건의 분쟁이 다야니와 KAMCO 간에 발생한 것이며 KAMCO의 행위는 한국에 귀속될 수 없으므로 한국은 분쟁의 당사

자가 아니며, 한-이란 BIT에 따른 국제투자중재는 성립할 수 없다고
주장하였다.

그러나 Butcher 판사는 "분쟁"^{dispute}이라는 개념은 특정 행위가 투
자유치국에 귀속되는지 여부에 관한 분쟁까지 포함하는 넓은 개념
이라고 하였다. 또한 분쟁해결조항인 한-이란 BIT 제12조 제1항에
서도 "투자자와 투자유치국 간에 투자와 관련하여 직접 발생하는 모
든 법적 분쟁"^{any legal dispute}이라는 문구로 분쟁해결 대상을 넓게 표현
하고 있으므로 KAMCO의 행위가 한국에 귀속될 수 있는지의 문제
는 여기에 포함된다고 하였다. 따라서 한국이 분쟁의 당사자라는 점
에 의심의 여지가 없다고 판시하였다.

KAMCO의 행위는 한국에 귀속될 수 없다는 한국의 주장과 관련
하여 다야니 사건의 중재판정부는 공기업인 KAMCO는 한국 정부의
국가기관으로 볼 수 있고, KAMCO의 행위는 한국에 귀속된다고 보
았다. 그러나 Butcher 판사는 KAMCO의 행위가 한국에 귀속되는지
여부에 대해서는 검토하지 않았다. 그 이유는 영국 중재법 제67조에
근거한 다야니 사건에 대한 중재판정의 취소소송은 중재판정부의
관할권 성립 여부만을 다루는 소송이며, Butcher 판사는 특정 행위
의 투자유치국 귀속 여부에 관한 분쟁이 있다면 그것만으로 중재판
정부의 관할권이 성립할 수 있다고 보았기 때문이다.

다야니 사건과 같이 투자자가 공기업의 위법행위를 국가의 행위
로 보아 공기업의 국적국을 상대로 중재를 신청하는 경우에는 관할
권 성립 여부와 공기업 행위의 국가귀속 여부에 관한 문제가 함께
발생한다. 따라서 한국이 KAMCO의 행위가 국가에 귀속되지 않는
다고 주장하였듯이, 문제된 행위의 투자유치국 귀속을 부인하는 내
용의 관할권 항변이 제기되는 경우에 행위의 국가귀속 문제를 관할
권 단계와 본안 중 어느 단계에서 판단해야 하는지의 문제에 직면하
게 된다. 기존 사례에서는 공기업 행위의 귀속 여부를 본안 전 관할

권 단계에서 판단해야 한다는 견해와 명백히 관련이 없는 경우가 아니라면 관할권 성립을 인정한 후 본안에서 판단해야 한다는 견해를 적용한 중재판정을 골고루 찾아볼 수 있다. 이에 대해서 Butcher 판사는 행위의 국가귀속 문제를 관할권 단계에서 다루는 것은 매우 복잡한 일이 될 것이고, 이는 본안에서 다루어야 할 사항을 관할권 성립 여부를 판단할 때 다루는 것이라는 입장을 취하였다.

종합해보면, Butcher 판사는 특정 행위의 투자유치국 귀속 여부에 관한 분쟁이 있다면 그 사실만으로도 국제투자중재의 관할권이 성립할 수 있다고 보았기 때문에 한국의 주장을 받아들이지 않은 것이며, 행위의 국가귀속 문제는 본안에서 다루어야 할 사항이라고 판단하였기 때문에 본 소송에서는 이에 대해서 별도로 검토하지 않았던 것이다.

4. 향후 국제투자중재 대응에의 시사점

다야니 사건에 대한 중재판정 이후 2019년 10월에는 미국 시민권자 서씨가 신청한 재개발보상금 관련 국제투자중재에서 한국이 처음으로 유리한 중재판정을 받기도 하였다. 그러나 미국 국적 사모펀드인 엘리엇과 메이슨, 그리고 스위스 기업인 쉰들러 홀딩 아게가 신청한 사건 등이 중재판정 결과를 기다리고 있으며, 한국을 상대로 한 다수의 국제투자중재 사건은 지금도 계속해서 제기되고 있는 상황이다. 따라서 다야니 사건을 통해 확인된 문제점을 통해 현재 진행 중인 또는 새로 진행될 사건의 대응방식을 보완해나가야 할 것으로 보이며, 그러기 위해서는 몇 가지 과제가 남아있다.

먼저, 정부 내 전문인력 확보를 통한 전략적인 대응이 필요할 것으로 보인다. 다야니 사건과 론스타 사건에서 금융위원회였던 주무부처가 이후 법무부로 이관되었고, 국제투자분쟁의 예방 및 대응에 관한 규정이 신설되는 등 많은 개선이 있었지만, 여전히 정부 담당자가 수시로 변경된다는 문제가 있다. 국제투자중재가 계속해서 제기되고 있는 만큼 관련 경험의 축적을 통해 전문적인 대응을 할 수 있는 전문인력을 양성할 필요가 있을 것이다.

이와 더불어 향후 진행될 국제투자중재에 대비하기 위해서는 중재판정을 체계적이고 지속적으로 정리하고 분석하여 중재판정의 동향을 파악할 필요가 있다. 지금까지 총 1,000건 이상의 국제투자중재가 제기되었고, 매년 수십 건의 새로운 사건이 제기되고 있는 만큼 다수의 중재판정이 나오고 있으며, 국제투자법은 중재판정을 통해서 빠르게 발전하고 있는 분야이다. 따라서 최신 중재판정의 경향을 잘 파악하여 한국의 주장을 뒷받침할 수 있어야 할 것이다.

또한 다야니 사건에 대한 중재판정이 나온 이후 중재판정문의 공개를 요청하는 소송이 있었지만 서울행정법원은 이를 받아들이지 않았으며, 다야니 사건과 관련하여 지금까지 공개된 자료는 정부의 보도자료뿐이다.[8] 취소소송의 판결문은 영국법원을 통해 공개되었지만, 중재판정의 내용은 다야니 측을 대리한 로펌의 간략한 발표자료를 통해 확인할 수밖에 없는 상황이다. 서울행정법원에서는 영국법원의 중재판정 취소소송 절차가 여전히 진행중이기 때문에 중재판정문을 공개하는 것이 부적절하다고 판단하였지만, 이제 취소소송이 모두 종료되었으므로 중재판정문의 공개를 통해 투명성을 제고하여 논의를 활성화하고 새로운 국제투자중재에 대비해야 할 것이다.

---

1) *Republic of Korea v. Mohammad Reza Dayyani & 5 ors*, [2019] EWHC 3580 (Comm).

2) *Mohammad Reza Dayyani, et al v. The Republic of Korea*, [2018] UNCITRAL, PCA Case No. 2015-38.

3) 한국 정부는 대이란제재 등 외환 및 금융거래 제한으로 인해 약 730억 원 상당의 배상금 지급에 어려움을 겪다가 2022년 배상금을 대부분 지급한 것으로 알려졌다.

4) 1996 영국 중재법 제67조 Challenging the award: substantive jurisdiction

(1) A party to arbitral proceedings may (upon notice to the other parties and to the tribunal) apply to the court—

    (a) challenging any award of the arbitral tribunal as to its substantive jurisdiction.

5) 이란은 ICSID 협약 당사국이 아님.

6) 한-이란 BIT 제1조

1. The term "investment" refers to every kind of property or asset, and in particular, though not exclusively, including the following, invested by the investors of one Contracting Party in the territory of the other Contracting Party ......:

c) money and/or receivables;.

7) *Barcelona Traction, Light and Power Company, Limited, Judgment*, ICJ Reports 1970, p. 3; *Ahmadou Sadio Diallo (Republic of Guinea v. Democratic Republic of the Congo), Preliminary Objections, Judgment*, ICJ Reports 2007, p. 582.

8) 2022년 8월 31일 중재판정이 나온 론스타 사건의 경우에는 중재판정문과 양측 변론서가 모두 공개되었다(*LSF-KEB Holdings SCA and others v. Republic of Korea*, ICSID Case No. ARB/12/37, 2022; 법무부 보도자료, "론스타 국제투자분쟁(ISDS) 사건 판정 선고", 2022년 8월 31일).

북한은 소송의 피고가 될 수 있는가?
– 국군포로 판결과 관련하여

오승진(단국대학교 법과대학 교수)

1. 판결의 내용과 쟁점

서울중앙지방법원은 2020. 7. 7. 북한과 김정은에게 6·25 전쟁에 참여하였다가 포로가 된 국군포로에 대하여 손해를 배상할 것을 명하는 판결을 선고하였다.[1] 그러나 법원은 북한을 한국의 헌법상 국가가 아니라 사실상의 지방정부와 유사한 정치적 단체로 '비법인 사단'이라고 보았다. 한국전쟁의 기간에 82,000명의 국군이 실종되었고, 약 50,000~70,000명의 국군이 북한 및 북한의 동맹국에 억류되었다.[2] 그리고 한국전 종전 직후에 약 8,343명의 한국군 포로가 송환되었는데, 결과적으로 약 50,000명의 한국군 포로가 송환되지 못하였다.[3]

원고들은 불법적인 포로송환 거부와 억류, 탄광에서의 강제노역, 내각결정 143호에 의한 북한주민으로의 강제편입, 가혹한 탄광 노역 및 학대, 본인 및 자녀들에 대한 신분 차별과 박해 등 인권침해를 주장하면서 민법상의 불법행위, 정전협정상의 포로송환의무 위반, 전쟁포로의 대우에 관한 제네바 제3협약 위반, 국제노동기구[ILO]의 강제노동폐지를 규정한 제29조 협약 위반 등을 책임의 근거로 제시하였다.

민사소송법에 따르면 외국에서 하는 송달은 당해 외국의 관할 공공기관에 촉탁해야 하지만 북한 등에 대한 송달은 이 규정에 따를 수 없거나 이에 따라도 효력이 없을 것으로 인정되어 공시송달의 방법으로 소송이 진행되었다. 그리하여 피고가 원고의 청구사실을 모두 자백한 것으로 보고 변론 없이 원고 승소판결이 선고되었다.

국제법상 국가는 외국의 법원에서 자국의 동의 없이는 소송의 피고가 되지 않는 특권을 누리는데, 이를 '국가면제' 또는 '주권면제'라고 한다. 이는 사인私人에게는 인정되지 않는 국가의 특권이다. 국가면제는 국가의 승인과 밀접한 관련이 있다. 국가가 새로이 등장하면 다른 국가들로부터 승인을 받으며, 외교관계를 형성하게 된다. 승인의 국제법적 효과에 대하여, 새로운 국가는 승인을 받아야만 법적으로 존재하게 된다는 견해창설적 효과설가 있지만 대체적으로는 국가는 타국의 승인 여부와 상관없이 법적으로 존재한다는 견해선언적 효과설가 일반적이다.

국가승인의 효과는 국제법에서는 물론 국내법적으로도 나타난다. 국가가 타국을 승인하지 않는다면 국내법상으로도 그 실체를 인정하기 어렵다. 그러나 법률상 승인이 없다는 이유로 특정한 영토를 실효적으로 통제하고 있는 국가나 정부를 아예 존재하지 않는 것처럼 취급하게 되면 실제상 상당한 어려움이 생기게 된다. 그리하여 대부분의 국가에서는 미승인국가의 국내법적 지위를 일률적으로 부인하지 않고 사안에 따라 달리 취급한다.

이 소송의 판결은 한국의 법체계상 북한은 국가가 아니므로 적어도 국가의 자격으로는 소송의 피고가 될 적격도 인정하지 않았다. 이와 관련하여 우리나라에서 미승인국가인 북한을 피고로 하여 소송을 제기하는 것이 가능한지가 문제가 된다.

2. 한국법상 북한의 지위

헌법 제3조는 대한민국의 영토를 한반도와 그 부속도서로 한다고 규정하고 있으며, 이 규정은 한국의 헌법이 북한 및 북한 정부를 국가로 인정하지 않는 주된 근거가 되고 있다.[4] 대법원 96누1221 판결은 북한지역은 대한민국 영토에 속하는 한반도의 일부이므로 대한민국 주권이 미치고 이에 부딪치는 국가단체나 주권을 인정할 수 없다고 보고 있다.

다만, 헌법재판소는 북한이 반국가단체에 해당하는지 여부는 형사재판절차에서의 사실인정 내지 구체적 사건에서의 법률조항의 포섭, 적용에 관한 문제이므로 위헌심판청구의 대상은 아니라고 판시하였다.[5] 한국의 법률 자체가 북한을 반국가단체로 지정한 것은 아니며, 이는 법률해석의 문제라는 것이다. 헌법재판소는 승인과 관련하여 남북한이 유엔U.N.에 동시 가입하였다고 하더라도, 다른 회원국과의 관계에 있어서도 당연히 상호간에 국가승인이 있었다고 볼 수 없다고 판시하였다.[6] 대법원도 북한이 유엔이 가입하였다는 사실만으로는 다른 회원국에 대하여 당연히 상호간에 국가승인이 있다고 볼 수 없으며, 남북회담과 경제협력 등의 현상들만으로 북한을 국제법과 국내법적으로 독립한 국가로 취급할 수 없다고 판시하였다.[7]

헌법재판소는 북한의 법적 지위와 관련하여, 1991. 12. 13. 남북한 사이에 체결된 남북합의서에 기초하여 남북관계를 "나라와 나라 사이의 관계가 아닌 통일을 지향하는 과정에서 잠정적으로 형성되는 특수관계"로 정의하면서도 남북합의서의 채택 이후에도 북한이 적화통일의 목표를 버리지 않고 도발을 자행하고 있으며, 남북한의 정치, 군사적 대결이나 긴장관계가 해소되지 않고 있으므로 북한의 반국가단체성에 변함이 없다고 보았다.

입법 및 사법의 실무에서는 경직된 이론을 적용하기 보다는 사안에 따라 유연성을 발휘하고 있다. 남북 사이의 1972년 7·4 남북공동성명, 2000년 6·15 남북공동선언, 여러 차례의 남북정상회담에 비추어 보면, 한국 정부는 공적인 관계에서 사실상 북한을 반국가단체가 아니라 사실상의 국가로 인정하는 것으로 여겨진다. 나아가 개인의 사권과 관련된 문제에 대하여는 북한 및 북한 정부의 법적 효력을 인정하고 있다. 북한 주민은 북한의 학력 및 자격을 인정받을 수 있으며,[8] 북한에서 이루어진 결혼도 그 효력이 있음을 전제로 이혼에 관한 특례를 규정하고 있다.[9] 이상을 종합하면, 한국이 북한을 승인하는 것은 아니지만 전적으로 북한의 실체를 부인하는 것은 아니며, 북한과의 공식적인 관계 및 사적인 영역과 관련된 문제에서 북한을 국가에 준하여 대우하는 것으로 보인다.

3. 외국의 사례

영국은 1980년대부터 공식적인 승인을 하지 않는 정책을 채택하고 있다. 외국의 승인 여부 및 그 효과는 법원이 판단한다. *Gur Corporationb v. Trust Bank of Africa* 사건에서 이 문제가 다루어졌다. 이 사건에서 Ciskei 지역이 영국에서 제소 또는 피소될 수 있는 당사자능력이 있는가 여부가 문제되었다. 이 지역은 남아프리카 공화국의 일부였는데, 1981년 Ciskei 지위법[Status of Ciskei Act, 1981]에 따라 남아공에 의하여 독립이 인정되었다. 영국 외교부는 Ciskei 지역이 법률상 및 사실상 독립국이 아니며, 이 지역에는 대표부도 파견되어 있지 않다고 확인하였다. 이 사건에서 재판부는 Ciskei의 입법부는 남아프리카 당국의 위임을 통하여 권한을 행사하는 것이므로 남아공 정부의 하부 기구로 영국 법원에서 제소 또는 피소의 당사자능력을 갖는다고 판시하였다. 이 판결은 미승인국가를 남아공의 하부 기구로 인정하여 당사자능력을 인정하였다. 이 사안은 남아공의 일부 지역이 남아공에 의하여 독립이 부여된 사안으로 남북한 사이의 관계에 유추하여 적용하기는 무리이다.

미국의 법원에서는 승인을 받은 국가나 정부만이 소송을 제기할 수 있으나 예외적으로 미승인 국가나 정부도 제소의 권리를 얻은 사례도 있다. *Ministry of Defense of the Islamic Republic of Iran v. Gould* 사건에서 미국의 승인을 받지 못한 이란 정부는 미국 내에서 중재판정을 집행하려고 시도하였다. 미국 정부는 재판과정에서 이란 정부의 입장을 지지하였다. *National Petrochemical v. The M/T Stolt Sheaf* 사건에서 법원은 행정부가 미승인 정부를 어떻게 대우할 것인지에 대한 판단 권한을 가져야 하지만, 공식적인 승인이 없다고 하여 반드시 외국 정부가 미국의 법원에서 제소권을 상실하는 것은 아니라고 판시하였다.

이상과 같은 영국과 미국의 사례를 보면, 미승인국가도 국내법원에서 제소권 등 당사자의 자격을 인정받고 있음을 알 수 있다.

4. 국가면제의 적용 여부

국가는 외국의 법정에서 소송의 피고가 되지 않는다는 국가면제 또는 주권면제의 특권을 누린다. 그렇다면 미승인국가도 국가면제를 향유할 수 있는가? 승인을 받지 못하였다면 국가의 특권인 국가면제를 누릴 수 없다는 주장도 가능하다. 이 경우에 위 한국 법원의 판결처럼 비법인사단의 책임을 인정하는 것도 하나의 방법이 될 수 있다. 그러나 이와 같은 입장은 몇 가지 점에서 문제점이 있다. 첫째, 미승인국가의 국내법상 지위는 북한만의 문제로서 고려할 것이 아니라 일반국제법상으로 정할 필요가 있다. 다른 유사한 사안에서 제3의 미승인국가를 비법인 사단으로 보는 것은 상당한 어려움을 초래할 수 있다. 둘째, 법원의 판결은 국가로서의 실체를 가지고 있는 북한의 현실과 괴리된다. 일부이기는 하지만 한국은 공식적 또는 사적인 영역에서 북한을 사실상의 국가로 인정하고 있다. 셋째, 미승인국가를 소송의 피고로 한다는 것은 국가로서의 책임을 추궁하는 것이다. 이 사건에서도 원고들은 북한에게 포로의 대우 및 송환거부로 인한 책임을 추궁하고 있다. 국가가 아닌 주체에게 국가의 책임을 추궁할 수는 없을 것이다. 위 법원의 판결은 내용상으로는 포로의 대우에 관한 국가의 책임을 추궁하는 것인데, 형식상으로는 국가로서의 책임을 추궁하는 것이라고 보기 어렵다.

다만, 미승인국가에게 국가로서의 책임을 추궁하는 경우에도 국가면제가 적용되는가 여부의 문제는 남는다. 그러나 미승인국가라고 하여 당연히 국가면제가 적용되지 않는다고 볼 근거는 없다. 오늘날 다수의 국가는 제한적 국가면제론을 따른다. 이에 의하면 타국의 행위를 주권적 행위와 상업적 행위로 나누어 주권적 행위에 대하여는 면제의 특권을 인정하고, 상업적 행위에 대하여는 재판관할권을 행사한다. 주권적 행위와 상업적 행위는 행위의 성질 및 목적을 고려하여 구분하는데, 대표적으로는 국가의 행위 중 국방이나 전쟁의 수행과 관련된 행위는 주권적 행위로, 상품의 매매와 관련된 행위는 상업적 행위로 볼 수 있을 것이다.

국제사법재판소[IC]는 이탈리아인인 페리니가 2차 대전 기간 중에 독일에서 강제노동을 당하였다는 이유로 이탈리아 법원에서 독일정부를 상대로 제소하여 승소한 사건과 관련하여, 국가가 국가면제를 향유하는가 여부는 사건의 본안을 검토하기에 앞서 판단할 사항이라는 이유로 이탈리아 법원의 관할권 행사는 국가면제에 관한 국제법을 위반한 것이라고 판단하였다. 쿠웨이트에서 고문 피해를 받은 Al Adsani가 영국의 법원에서 쿠웨이트 정부를 상대로 제소하였다가 패소한 사건과 관련하여, 유럽인권재판소는 고문의 금지가 강행규범이기는 하지만 법정지 외에서 저질러진 고문에 대하여 영국의 법원이 국가면제론에 따라 관할권을 행사하지 않은 것이 유럽인 권협약을 위반한 것은 아니라고 보았다. 이상과 같은 논리를 이 사건에 적용하면 포로의 대우에 관한 북한의 행위는 주권적 행위에 해당할 가능성이 높으므로 국가면제가 적용되어 한국의 법원은 관할권을 행사할 수 없다는 결론에 이를 수도 있다.

다만, 위 사건들은 모두 불법행위가 법정지가 아닌 외국에서 발생한 경우이다. 유엔국가면제협약 제12조에 의하면 사람의 사망, 신체의 손해 또는 재산상 손해에 관한 소송으로 불법행위가 일부라도 법정지에서 발생한 경우에는 소송의 피고가 된 외국은 국가면제를 주장할 수 없다. 그러므로 법정지에서 발생한 불법행위는 비록 주권적 행위라 하더라도 국가면제가 제한될 수 있다.

국가에 따라서는 테러행위와 같이 특정한 행위에 대하여 국가면제를 부인하는 입법을 한 사례도 있다. 미국은 제한적 주권면제론을 반영한 외국주권면제법[Foreign Sovereign Immunity Act]을 가지고 있는데, 이 법의 예외규정에 따르면 테러지원국으로 지정된 국가가 미국 시민을 납치, 고문, 살해한 경우에는 주권면제가 부인되어 미국의 법원이 관할권을 행사할 수 있다. 북한에서 유죄판결을 받아 복역 중 혼수상태로 미국으로 송환된 후 사망한 오토 웜비어[Otto Warmbier]의 유족들이 북한을 상대로 제기한 소송에서 승소할 수 있었던 것도 이 규정에 따른 것이다. 한국은 이와 같은 국내입법이 없으므로 일반적인 국가면제론에 따라 관할권 행사 여부를 결정해야 할 것이다.

5. 결론

위 사건에서 한국의 법원은 미승인을 이유로 북한을 사실상의 지방정부와 유사한 정치적 단체인 '비법인 사단'으로 보아 배상책임을 인정하고, 국가면제의 문제는 발생하지 않는다고 보았다. 그러나 미

승인국가에 대하여도 국내법상 국가로서의 지위를 인정하는 사례에
비추어 볼 때 법원의 판단이 적절한지는 다소 의문이 있다. 미승인
국가를 상대로 제소하는 것은 책임을 추궁하는 것이므로 승인 여부
와 상관없이 국가로서 당사자적격을 인정하는 것이 타당하다고 본
다. 다만, 미승인국가에게도 국가면제는 적용되어야 하므로 그 예외
를 인정할 사정이 존재하는지 여부를 검토하는 것이 필요하다. 이
사안에서는 한국의 헌법상 북한 지역도 한국의 영토이고 불법행위
가 국내에서 발생하였다는 이유로 국가면제를 부인하는 것이 더 설
득력이 있지 않았나 생각해 본다.

---

1) 사단법인 물망초 보도자료 (http://www.mulmangcho.org/forgetmenot/?page_id=
   401&lang=ko&uid=7315&mod=document)(2020. 08. 10 방문).
2) Report of the detailed findings of the commission of inquiry on human rights
   in the Democratic People's Republic of Korea, A/HRC/25/CRP.1, para. 861.
3) Ibid., para. 862.
4) 헌법재판소 2000. 8. 31. 97헌가12 참조.
5) 헌법재판소 2015. 4. 30. 2012헌바95261, 2013헌가26, 2013헌바77·78·192·264·
   344, 2014헌바100·241, 2015헌가7(병합).
6) 헌법재판소 1997. 1. 16. 92헌바6·26, 93헌바34·35·36(병합) 전원재판부).
7) 대법원 2008. 4. 17. 선고 2002도758 전원합의체 판결.
8) 북한이탈주민의 보호 및 정착지원에 관한 법률 제13조, 제14조.
9) 위 법률 제19조의 2.

소연평도 실종자 피격 사망 사건
– 국제법적 평가와 대응방안 –

안준형(국방대학교 안전보장대학원 교수)

1. 논의의 전제

1) 사실관계

서해 해상에서 실종된 대한민국 국적 공무원 피살 사건을 둘러싼 논란은 사건 발생 2년이 넘도록 정치권에서 계속해서 회자되었던 주요 의제로서 단연 '뜨거운 감자'였다. 2020년 9월 21일, 당초 국방부는 소연평도 남방 1.2마일 해상에서 해양수산부 소속 공무원 1명의 실종 상황을 해양경찰청으로부터 접수하였다. 이틀 뒤 군 당국은 유엔군사령부를 경유한 대북 전통문을 통해 민간인 실종 사실을 통보하고 이에 관련된 답변을 요구했으나 북측은 계속해서 무응답으로 일관하였다. 그러나 9월 24일 국방부는 실종 공무원 피격 사건과 관련하여 "다양한 첩보를 정밀 분석한 결과, 북한이 북측 해역에서 발견된 우리 국민^{소연평도 실종자}에 대해 총격을 가하고 시신을 불태우는 만행을 저질렀음을 확인했다"며 "북한의 해명과 책임자 처벌을 강력히 촉구한다"고 발표하기에 이르렀다. 불과 하루 만에 북한은 청와대에 통일전선부 명의의 통지문을 보내 실종 공무원 총격 사건의 경위를

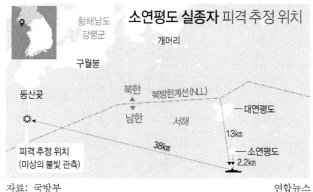

황해남도
강령군

구월봉

소연평도 실종자 피격 추정 위치

개머리

등산곶

북한   북방한계선(NLL)

남한   서해

대연평도

13km

피격 추정 위치
(미상의 불빛 관측)

38km

소연평도
2.2km

자료: 국방부   연합뉴스

밝히며 김정은 북한 국무위원장의 사의를 표명하였으나, 여전히 월
북 경위^{단순 실족, 자진 월북 등}를 비롯한 구체적 사실관계에 대해서는 명확
한 진상이 규명되지 않은 상태에 있다. 따라서 이하에서는 "해상에
서 실종된 대한민국 국적의 민간인이 북측 해역에서 피격되어 사살"
되었다는 사실만을 전제로 논의를 전개하기로 한다.

2) 남 · 북한 특수관계

헌법 제3조는 "대한민국의 영토는 한반도와 그 부속도서로 한다"
고 규정하고 있어 국내법상 북한은 국가가 아닌 '반국가단체'에 불과
하다.[1] 남 · 북한은 공히 서로를 국가로 승인하지 않고 있으며, 1991
년 「남북 사이의 화해와 불가침 및 교류 · 협력에 관한 합의서」^{남북기본}
^{합의서} 전문에서도 "쌍방 사이의 관계가 나라와 나라 사이의 관계가
아닌 통일을 지향하는 과정에서 잠정적으로 형성되는 특수관계라는
것을 인정"하고 있다. 이와 같은 상황에서 과연 남북간에 국제법이
적용될 수 있는지, 국제법 위반을 문제삼는 것이 국가승인의 효과를
야기하는 것은 아닌지에 대해 의문이 제기될 수도 있을 것이다.

그러나 국내법상 북한의 법적 지위에도 불구하고, 북한은 국제법
상의 국가성립 요건을 충족하고 있는 '주권국가'로서 객관적 법인격

을 향유하므로 북한은 국제법상의 권리를 보유함은 물론 그에 따른 의무도 준수해야 한다. 남북한은 공히 유엔 회원국이며, 유엔 헌장 제2조 2항은 "모든 회원국은 …이 헌장에 따른 의무를 성실히 이행한다"고 규정하여 국제법 준수 의무를 부과하고 있다. 특히 우리나라가 국제법에 근거하여 북한의 위법행위를 주장한다고 해서 그것이 북한을 국가로 승인하는 법적 효과를 발생시키는 것은 아니라는 점에 유의할 필요가 있을 것이다.

2. 국제법상 북한의 국가책임 성립 여부

국제법상 국가책임법[2])에 따르면, 모든 국가는 자국의 국제위법행위, 즉 그것이 ① 국제법에 따라 당해 국가로 귀속될 수 있으며, ② 그 국가의 국제의무 위반에 해당하는 경우 그 행위에 대하여 법적 책임을 지게 된다.[제1조·제2조] 국가책임의 성립을 위해서는 상기 두 가지 요건만이 요구될 뿐 손해의 발생이나 고의·과실 여부를 불문하므로, 객관적 사실관계에 기초하여 북한의 국가책임 성립여부를 살펴볼 필요가 있다. 국가책임법 제4조에 따르면 모든 국가기관의 행위는 당해 국가로 귀속되므로, 대한민국 국적의 민간인을 사살한 '북한군'의 행위는 그 자체로 북한에 귀속된다는 점에 의문의 여지가 없을 것이다.

1) 국제인도법 위반 여부

전투원과 민간인 간의 '구별의 원칙'은 오늘날 관습국제법으로서 국제인도법의 핵심원칙에 해당한다. 남북한이 모두 당사국인 1977년 제네바제협약 제1추가의정서 제51조 1항 및 2항은 민간인 및 민간물자에 대한 고의적 공격을 금지하고 있으며, 이는 국제형사재판소[ICC] 로마규정 제8조(2)(b)에 따라 전쟁범죄에 해당한다. 뿐만 아니라 동 의정서 제51조 4항은 민간인 또는 민간물자를 무차별적으로 공격하는 것 역시 금지하고 있다.

　다만 이번 사건에 이 원칙이 적용되기 위해서는 남북간에 "국제적 무력충돌"이 존재할 것이 요구된다. 이와 관련하여 1949년 제네바 4개협약 공통 제2조 1항에 따르면, 국제적 무력충돌은 기본적으로 '국가 간'의 무력충돌에 적용된다. 협약 자체에는 '무력충돌'에 관한 정의규정이 없으나, 구 유고슬라비아 국제형사재판소^{ICTY} 항소심 재판부는 1995년의 Tadić 사건에서 국가 간 무력이 사용될 경우 언제나 국제적 무력충돌이 존재한다고 설시한 바 있다.3) 1949년 제네바 4개협약에 관한 ICRC 주석서에서도 국제적 무력충돌의 존재를 판단함에 있어 분쟁기간, 피해자나 참가부대의 수 등은 중요하지 않으며, 전투가 발생하지 않은 경우라 할지라도 어느 한 국가의 군대가 적군의 병력을 포획하는 것만으로 충분하다고 설명하기도 하였다.4) 즉, 단순 착오나 오발에 의한 무력사용의 경우를 제외하고 일단 국가 간 무력사용을 비롯한 적대행위가 존재할 경우 국제적 무력충돌이 존재한다고 보는 것이 일반적이다.

　그러나 국제법상 단순한 '법집행조치'와 '무력행사'는 엄밀히 구별되는 개념이라는 점에 주의를 요한다. 국제인도법상 국제적 무력충돌은 기본적으로 '국가 간'의 무력행사시 문제되므로, 전투원이 아닌 민간인이 타국 영역에 진입하여 발생하는 문제는 무력행사가 아닌 법집행조치의 문제라 할 수 있다. 국가는 자국 영역 내에서 주권의 행사로서 필요한 범위 내에서 일정한 무력행사를 동반한 '법집행조치' 내지 '경찰조치'를 취할 수 있으므로, 이 사안에서 무력행사를 전제로 정전협정 위반이나 9.19 군사합의 위반을 직접 문제삼기는 어려울 것이다. 다만 법집행조치 역시 국제법상의 기준^{국제인권법}에 부합하게 이루어져야 하므로, 그 적법성에 대해서는 별도의 검토를 요한다.

　한편 고전적인 국제법 이론에 따르면, 전쟁은 평화협정의 체결로

안
준
형

종료되며 단순한 정전협정으로는 전쟁이 종료되지 않는다고 본다. 이 같은 견해에 따르면 남·북한은 여전히 전쟁상태에 있다고 할 것이므로, 현재에도 국제인도법이 일반적으로 적용된다는 논리가 성립할 수 있을 것이다. 그러나 2차 세계대전 이후 등장한 국제법 이론에 의하면 일반적 정전은 장래를 향한 교전의사의 영속적인 포기로 해석될 수 있으며, 이에 근거하여 상당수의 국제법 학자들은 법적으로 한국전쟁은 이미 종료되었다는 입장을 보이고 있다.[5] 따라서 남·북간에 어느 일방이 새롭게 무력을 행사하기 전까지는 국제인도법이 적용되는 '국제적 무력충돌' 상태가 존재하지 않는다고 보는 것이 보다 타당한 해석일 것이다.

2) 국제인권법 위반 여부

국제인권법상 '생명권'[6]은 전시를 비롯한 국가 비상사태시에도 보장이 정지될 수 없는 훼손할 수 없는 권리에 해당한다.[7] 대표적으로 1966년의 「시민적 및 정치적 권리에 관한 국제규약」 제6조 1항은 생명권을 규정하면서, 그 자의적 박탈을 금지하고 있다. 1981년 9월 14일 이 규약을 비준한 북한은 1997년 8월 21일 유엔사무총장에게 규약의 탈퇴를 통고한 바 있으나, 자유권규약위원회Human Rights Committee는 일반논평 제26호1997를 통해 동 규약이 탈퇴가 불가능한 조약이라고 해석하였다. 이에 따라 유엔은 북한을 여전히 이 규약의 당사국으로 간주하고 있다.

다만 국제인권법상 생명권은 어떠한 경우에도 침해될 수 없는 절대적 권리는 아니며, 단지 자의적 박탈이 금지될 뿐이다. 따라서 국가는 자국 영역 내에서 엄격한 요건이 충족될 경우 개인에게 살상무력lethal force을 행사할 수 있다. 특히 구체적인 무력행사의 기준은 다음과 같이 크게 세 가지로 구분되므로 이에 비추어 북한에 의한 무력사용의 적법성을 판단할 수 있을 것이다.

그 첫 번째는 필요성의 원칙으로서, 무력행사는 정당방위 차원에서 최후의 수단으로 행해질 것이 요구된다. 이른바 즉결사살정책은 엄격하게 제한되는바, 살상무력의 사용은 불가피한 경우로 한정되어야 하며 용의자를 사살하는 것보다는 가급적 포획할 것이 요구된다. 청와대에 보낸 통일전선부 명의의 통지문에서 북한은 민간인 사살 경위를 비교적 상세히 밝히고 있는바, 당시 북한군은 비무장 민간인에 대한 포획이 충분히 가능한 상황이었음에도 불구하고 살상무력을 사용했다는 점에서 필요성 원칙은 충족된다고 보기 어렵다.

두 번째는 비례성의 원칙으로서, 사용되는 무력의 종류와 정도는 침해된 법익의 중대성은 물론 달성하고자 하는 정당한 목적에 비례해야 한다. 따라서 개인에 의해 야기된 위험과 문제된 개인 및 그에 인접한 행인에 대한 잠재적 피해 간에 적절한 이익형량이 요구된다. 만약 문제된 개인이 사망이나 중대한 상해의 위협을 야기하지 않는다면, 설사 필요성 요건이 충족되는 상황이라 하더라도 그에 대한 살상무력의 사용은 비례성 원칙에 반하는 것으로 간주된다. 북한이 사살 이유로 밝힌 "엎드리면서 무엇인가 몸에 뒤집어쓰려는 듯한 행동"은 순전히 비무장 민간인에 의해 취해진 행동으로서, 법집행관인 북한군의 사망이나 중대한 상해의 위협을 야기한다고 보기 어려우므로 (설령 코로나 방역이 목적이라 할지라도) 비례성 원칙 역시 충족된다고 보기 어려울 것이다.

마지막 세 번째는 판례를 통해 발전된 사전예방의 원칙으로서, 법집행활동을 계획 및 통제함에 있어 국가는 인간의 생명을 존중·보호하여 인명피해를 제한한다는 목적 아래 살상무력 사용의 최소화를 위해 실행가능한 모든 예방조치를 취해야 한다. 북한 당국은 살상무력 사용 전에 2발의 공포탄을 발사했다고 밝히고 있으나, 그 자체로 살상무력 사용의 최소화를 위해 실행가능한 모든 조치를 취하였다고 보기는 어려울 것이다. 결국 이상의 세 가지 요건에 비추어 볼 때, 북한군이 대한민국 국적의 민간인을 사살한 행위는 국제인권법상 허용되지 않는 생명권의 자의적 박탈에 해당한다고 볼 수 있다.

3) 해상 조난자에 대한 구조의무 위반 여부

해상 조난자에 대한 구조의무는 국제인도적 차원의 관습국제법 및 관련 협약에 명시되어 있는 국제법상 의무에 해당한다. 대표적으로 1979년 해상수색 및 구조에 관한 국제협약 부속서 제2장2.1.10에서는 해상 조난자에게 원조를 제공할 의무를 부과하고 있으며, 1982년 유엔해양법협약 제98조 1항 역시 선박·선원 또는 승객에 대한 중대한 위험이 없는 한 실종위험이 있는 사람에 대한 지원을 제공하고 조난자를 구조할 의무를 부과하고 있다. 북한은 상기 두 협약의 당사국이 아니지만, 그럼에도 불구하고 관련 규정은 오늘날 관습국제법에 해당하는 것으로 간주되므로 비준 여부를 불문하고 모든 국가들에게 법적 구속력을 가진다고 할 수 있다.[8] 북한군은 정체불명의 인원 1명이 구명조끼를 입은 비무장 민간인임을 인지하고 있었음에도 감염병 차단 등을 목적으로 사살한 것으로 보이는바, 이는 명백히 해상 조난자에 대한 구조의무 위반이라고 볼 수 있다.

3. 결론 및 대응방안

결국 북한군에 의해 이루어진 대한민국 국적 민간인 사살 사건은 북한 당국의 법집행조치의 문제로서 정전협정 위반이나 9.19 군사합의 위반의 문제로 다루기는 적합하지 않지만, 엄연히 국제인권법에 따라 보장된 생명권의 자의적 박탈에 해당할 뿐 아니라 해상 조난자에 대한 구조의무 위반으로서 국제법상 국가책임이 성립한다고 볼 수 있을 것이다.

이에 따른 대응방안으로서 이하 몇 가지 사항을 거론할 수 있을 것이다. 첫째, 남북공동조사를 통한 진상규명과 함께 재발방지의 보장을 요구하는 것이다. 국제인권법은 국가기관의 법집행조치에 의한 생명권 침해 혐의가 존재하는 경우는 물론이고, 인명피해가 발생할 경우 매번 효과적인 조사가 이루어질 것을 요구하고 있다. 국제인권규약에 이와 관련된 명시적 규정은 없으나, 유럽인권재판소ECtHR를 비롯한 국제인권재판소 및 여타의 인권기구들 역시 국가기관이 관계된 사망사건이 발생할 경우 효과적 조사의무가 법적으로 수반된다는 입장을 보이고 있다.9) 국가책임법상 북한은 피해국인 대한민국에 대하여 재발방지의 적절한 확보 및 보장을 제공할 의무가 있으므로,제30조 남북공동조사를 통해 진상을 규명하고 이에 기초하여 재발방지를 보장하도록 요구할 수 있을 것이다.

둘째, 북한당국에 피해국인 대한민국 정부에 대한 배상을 청구하는 것이다. 국가책임법상 북한은 국제위법행위로 인해 야기된 손해에 대하여 완전한 배상을 할 의무를 부담하는바, 그 손해는 북한의 국제위법행위로 야기된 여하한 물질적 또는 정신적 손해를 포함한다.제31조 손해의 배상형식은 원상회복, 금전배상, 만족 중 어느 하나 또는 복합적 형식을 취할 수 있으나,제34조 민간인 사망은 원상회복이 불가능하므로 금전배상을 요구할 수밖에 없을 것이다.

셋째, 대한민국 정부는 국제법상 피해국으로서 국제위법행위에 책임이 있는 국가, 즉 북한으로 하여금 이상의 의무를 이행하도록 유도하기 위하여 대응조치를 취할 수 있는 권리를 갖는다. 이는 위법행위로 인해 피해를 입은 국가가 유책국을 대상으로 그 의무이행을 강제하기 위하여 상응하는 의무 불이행으로 대응하는 것을 의미하므로,제49조 남북간의 관계에서 취할 수 있는 실효적 대응조치가 무엇인지를 강구할 필요가 있을 것이다.

마지막으로 북한이 계속해서 조사에 불응할 경우, 유엔체제를 적

극적으로 활용하여 해결책을 모색할 수 있을 것이다. 유엔헌장 제34
조에 따르면 안보리는 어떠한 분쟁에 관해서든 그 분쟁 또는 사태의
계속이 국제평화와 안전의 유지를 위태롭게 할 우려가 있는지 여부
를 결정하기 위해 조사할 권한을 가지므로, 안보리에 관련 진상 조
사를 요청할 수 있을 것이다. 아울러 제34조에 규정된 조사를 위해
유엔 총회나 안보리에 주의를 환기시킬 수 있다는 규정도 고려할 수
있다. 물론 더 이상 해결에 진척이 없을 경우 사법적 분쟁해결방식
도 고려해 볼 수 있을 것이나, 그 실현가능성은 희박하다고 본다.

---

1) 대법원 1990.9.25. 선고 90도1451 판결; 헌법재판소 2005.6.30. 선고 2005헌바 114
   등 참조.
2) 2001년 국제법위원회(ILC)는 "국제위법행위에 대한 국가책임조항"(이하 "국가책임
   법"이라 함)을 완성하여 유엔 총회에 보고한 바 있다. 이는 법적으로 구속력 있는
   조약으로 채택되지는 않았으나, 그 상당부분이 관습국제법으로 인정되고 있어 국
   제사회에서 국가책임법에 관한 설명의 출발점을 이루고 있다.
3) *Prosecutor v. Duško Tadić*, ICTY, Decisions on the Defence Motion for Interlocutory
   Appeal on Jurisdiction, 2 October 1995, Case No. IT-94-1, para.70.
4) Jean S. Pictet, Commentary on Geneva Convention III (ICRC, 1960), p.23.
5) Julius Stone, *Legal Controls of International Conflict* (Rinehart, 1954), p.644;
   Yoram Dinstein, War, *Aggression and Self-Defence*, 6th ed. (Cambridge University
   Press, 2017), p.46; 이근관, "한반도 종전선언과 평화체제 수립의 국제법적 함의",
   『서울대학교 법학』, 제49권 2호(2008), pp.171-182.
6) 1966년 시민적 및 정치적 권리에 관한 국제규약(ICCPR: 이하 자유권규약) 제6조;
   유럽인권협약(ECHR) 제2조; 미주인권협약(ACHR) 제4조; 아프리카인권헌장(ACHPR)
   제4조.
7) 1966년 시민적 및 정치적 권리에 관한 국제규약(ICCPR) 제4조 2항; 유럽인권협약
   (ECHR) 제15조 2항; 미주인권협약(ACHR) 제27조 2항.
8) Vincent Chetail, *International Migration Law* (Oxford University Press, 2019),
   p.143.
9) *McCann et al. v. United Kingdom*, Application no. 18984/91 (ECtHR, 27 September
   1995), para.161; *McKerr v. United Kingdom*, Application no. 28883/95 (ECtHR, 4
   May 2001), para.111 등 참조.

후쿠시마 원전 오염수 해양방류 결정에 대한 '국제해양법재판소 제소'고려 시 검토사항

정민정(국회입법조사처 입법조사관)

1. 들어가며

　　2021년 4월 13일 일본 정부는 후쿠시마 사고 원전에 보관 중인 방사능 오염수를 2023년 방류한다는 기본방침을 발표하였다. 일본 정부는 이 같은 결정의 이유에 대해 2022년 10월경 보관 중인 방사능 오염수의 양이 저장탱크 용량의 한계에 도달할 것이기 때문이라고 설명하고 있다. 현재의 기술 수준으로는 64종의 방사성물질을 제거 또는 저감한다고 알려진 정화장치^{'다핵종 제거시설'} 또는 'ALPS(Advanced Liquid Processing System)'로 방사능 오염수를 처리해도 삼중수소^{트리튬}는 충분히 제거되지 않고 잔류할 수 있어, 일본 내에서뿐만 아니라 한국을 포함한 주변국에서 깊은 우려를 감추지 못하고 있다. 지금까지 알려진 연구 결과에 따르면, 삼중수소 일부는 체내로 들어와 잘 빠져나가지 않고, 체내 유기화합물과 결합하여 더 오래 머물 수 있으며, 이것이 장기간 축적되면 유전자 변형을 가져올 수 있다.

　　2021년 4월 13일 후쿠시마 원전 오염수 방류 결정 보도가 있고 난 뒤 국내에서는 '국제해양법재판소에의 제소' 방안이 제안되었고,

2023년 1월 기준 여전히 검토 중이다. 국제해양법재판소는 「해양법에 관한 국제연합협약」^{이하 "유엔 해양법협약"}상 강제분쟁해결절차 가운데 하나로 '국제해양법재판소 제소'는 '강제분쟁해결절차 활용' 전체를 가리키는 것으로 보인다. 이에 이 글에서는 유엔 해양법협약의 관련 규정 및 판례를 기초로 일본의 후쿠시마 원전 오염수 방류 결정에 대응하여 한국이 강제분쟁해결절차 활용을 고려할 때 검토해야 할 사항을 제시하고자 한다.

2. 유엔 해양법협약의 해양환경보호규정

후쿠시마 원전 오염수가 방류되면 북태평양 해류 순환에 따라 이동·확산될 것이고, 우리나라 주변해역으로 유입될 가능성이 있다. 이에 일본의 방사능 오염수 방류 결정에 대한 국제의무 위반과 관련하여 주로 논의될 사항은 해양환경보호의무의 위반 여부이다.

유엔 해양법협약상 해양 환경보호 관련 규정은 제12부에 규정되어 있다. 분량 면에서 보면, 제12부의 해양환경 보호 규정은 전체 320개의 조문 가운데 45개의 조문에 이른다. 실체적 내용을 보면, 해양 환경보호에 관한 일반적 의무를 열거하고, 모든 오염원으로부터의 해양오염을 방지·경감·규제하기 위한 구체적 기준을 제시하며, 연안국의 법령집행 권한에 대해 언급하고 있다. 실제 유엔 해양법협약상 해양환경보호 관련 사건^{[표 2] 참조}에서 일방 당사자가 상대측에서 위반하였다고 주장한 유엔 해양법협약 규정은 다음 [표 1]과 같다.

[표 1] 유엔 해양법협약 제12부의 해양환경보호규정

해양환경의 보호와 보전에 관한 총칙 (제12부 제1절)	제192조(일반적 의무) 제193조(천연자원의 개발에 관한 국가의 주권적 권리) 제194조(해양환경 오염의 방지, 경감 및 통제를 위한 조치)

지구적·지역적 협력 (제12부 제2절)	제197조(지구적·지역적 차원의 협력) 제198조(급박한 피해나 현실적 피해의 통고) 제199조(오염 대비 비상계획) 제200조(연구·조사계획과 정보·자료교환)
감시와 환경평가 (제12부 제4절)	제204조(오염의 위험이나 영향의 감시) 제205조(보고서 발간) 제206조(활동의 잠재적 영향평가)
해양환경 오염의 방지· 경감·통제 위한 국제규칙과 국내 입법 (제12부 제5절)	제207조(육상오염원에 의한 오염) 제210조(투기에 의한 오염) 제211조(선박에 의한 오염) 제212조(대기에 의한 또는 대기를 통한 오염)
법령 집행 (제12부 제6절)	제213조(육상오염원에 의한 오염 관련 법령 집행) 제217조(기국에 의한 법령 집행) 제222조(대기에 의한 또는 대기를 통한 오염 관련 법령 집행)

2011년 일본의 후쿠시마 오염수 방류 때에는 일본에게 사전협의 의무, 사전통고의무, 원자력안전기준 준수의무 등의 국제법상 의무 위반 소지가 있다는 논의가 이루어졌다. 하지만 10여 년이 지난 지금의 법적 상황은 사뭇 달라졌으므로 추가 사실관계 확인과 근거 보강 및 이에 적용되는 유엔 해양법협약 조항의 재검토가 필요하다.

3. 유엔 해양법협약의 분쟁해결절차

일본은 유엔 해양법협약의 당사국이다. 따라서 만약 일본의 후쿠시마 원전 오염수 방류결정이 동 협약상 해양환경 보호 의무를 위반한 사실이 인정된다면 한국이나 관련국은 동 협약의 강제분쟁해결절차를 활용하여 국가책임을 추궁할 수 있다. 동 협약에 따라 강제분쟁해결절차가 진행되고 당사국을 법적으로 구속하는 판결을 선고하는 재판소에는 국제해양법재판소, 국제사법재판소, 동 협약 제7부속서에 따른 중재재판소, 동 협약 제8부속서에 따른 특별중재재판소가 있다.^{동 협약 제287조 제1항}

최근 일본의 후쿠시마 원전 오염수 방류결정의 대응방안으로 검토되고 있는 '국제해양법재판소 제소'는 '유엔 해양법협약상 강제분쟁해결절차 활용'을 의미한다. 만약 한국이 동 협약의 강제분쟁해결절차를 활용한다면 국제해양법재판소보다는 동 협약 제7부속서에 따른 중재재판소가 해당 사건의 관할권을 가지게 될 가능성이 크다.^{동 협약 제287조 제3항과 제5항} 일반적으로 일응 본안 사건에 관한 관할권이 있는 재판소가 이를 실효적으로 행사하기 위해 필요한 잠정조치에 대한 관할권도 함께 행사한다.^{동 협약 제290조 제1항} 하지만 관행적으로 동 협약 제7부속서상의 중재재판소에 제소한 국가는 해당 재판소가 구성되는 동안 잠정조치를 요청하고, 별다른 합의 노력 없이 2주일이 경과하기를 기다린 후 바로 국제해양법재판소에 잠정조치를 요청하고 있다. 대신 중재재판소가 구성되면 그 즉시 해당 재판소는 국제해양법재판소가 이전에 명한 잠정조치를 변경, 철회 또는 확인할 수 있다.^{동 협약 제290조 제5항}

유엔 해양법협약 제15부^{분쟁의 해결}에 따르면 강제분쟁해결절차가 적용되기 위한 요건은 다음 세 가지이다. 첫째, 유엔 해양법협약의 해석·적용에 관한 분쟁이 존재해야 한다.^{동 협약 제286조와 제288조 제1항} 둘째, 당사국이 선택한 다른 평화적 분쟁해결수단이 있으면 당사국이 선택한 수단에 의해 해결되지 못했어야 한다.^{동 협약 제280조~제282조} 이는 일방에 의한 갑작스러운 강제분쟁해결절차 개시를 방지하고, 당사국들이 사전에 충분히 분쟁해결과 관련된 의견을 교환하도록 하기 위해 마련된 기제이다.

마지막으로 제15부 제3절의 적용배제사유가 없어야 한다.^{동 협약 제297조 제2항 (a)호 단서와 동조 제3항 (a)호 단서} 배타적 경제수역과 대륙붕에서의 주권적 권리 또는 관할권과 관련된 분쟁 가운데에는 강제분쟁해결절차의 적용에서 자동으로 배제되는 분쟁 유형이 있다. 그리고 제298 조에 따르면 당사국은 배제선언으로 해양경계획정 관련 분쟁 또는 역사적 만^{historic bays} 및 권원 관련 분쟁, 군사 활동에 관한 분쟁 또는 해양과학조사·어업 관련 법집행활동에 관한 분쟁, 안전보장이사회 가 유엔헌장에 따라 부여받은 권한을 수행하고 있는 분쟁에 대해 강 제분쟁해결절차의 적용에 대한 예외를 인정받을 수 있다.^{동 협약 제298조 제1항} 한국은 위에 열거된 모든 유형의 분쟁에 대해 강제분쟁해결절차 배제선언을 한 상태이다.

4. 유엔 해양법협약상 해양환경 판례

그동안 회원국들은 어떤 해양분쟁이 당연히 유엔 해양법협약 제 297조~제298조에 따라 강제분쟁해결절차의 적용이 제한될 것이라 고 단정짓는 경향이 있었다. 그런데 최근 국제판례를 보면 유엔 해 양법협약의 해양환경보호 관련 규정에 근거하여 연안국의 일방적 행위의 적법성을 다툴 수 있도록 강제분쟁해결절차의 관문이 확대 되는 경향이 나타나고 있다.

유엔 해양법협약 제7부속서의 중재재판에 회부되었던 사건 가운 데 일방 분쟁당사국이 상대국의 해양 환경보호 관련 규정 위반사실 을 주장한 사건은 모두 5건^{소송 계속 중인 1건 포함}으로, 아일랜드와 영국 간 혼합산화물핵연료 재처리공장^{mixed oxide nuclear fuel reprocessing plant: MOX Plant} 잠 정조치 사건,^{2001년} 말레이시아와 싱가포르 간 조호르 해협 간척 잠정 조치 사건,^{2003년} 모리셔스-영국 간 차고스 군도 사건,^{2015년}, 필리핀-중 국 간 남중국해 사건,^{2016년} 우크라이나-러시아 간 흑해 연안국 권리 선결적 항변 사건^{2020년}이 있다. 이 가운데 2건은 실제로 중재재판부에 서 해당 규정의 위반사실이 있었음을 인정한 바 있다.^{[표 2]의 회색 부분 참조}

[표 2] 해양환경보호 규정의 위반 주장(당사자) 또는 위반사실
인정(재판부)된 유엔 해양법협약 중재 사건

사건명		위반 주장 또는 위반사실이 인정된 규정	비고
아일랜드와 영국 간 혼합산화물 핵연료 재처리공장(MOX Plant) 잠정조치 사건(2001년)		제192조, 제193조, 제194조, 제197조, 제206조, 제207조, 제211조, 제212조, 제213조, 제217조, 제222조	아일랜드가 영국에게 규정 위반 사실이 있다고 주장
말레이시아와 싱가포르 간 조호르 해협 간척 잠정조치 사건(2003년)		제192조, 제194조, 제198조, 제200조, 제204조, 제205조, 제206조, 제210조	말레이시아가 싱가포르에게 규정 위반 사실이 있다고 주장
모리셔스 – 영국 간 차고스 군도 사건(2015년)		제194조	재판부가 영국 측의 규정 위반 사실 인정
필리핀-중국 간 남중국해 사건 (2016년)	유해 조업	제192조, 제194조	재판부가 중국 측의 규정 위반 사실 인정
	유해 건설	제192조, 제194조, 제197조, 제206조	
우크라이나-러시아 간 흑해 연안국 권리 선결적 항변 사건 (2020년)	케르치해협 대교건설	제192조, 제194조, 제204조, 제205조, 제206조	소송 계속 중 (2020. 2. 21. 선결적 항변 판정; 본안심리 진행 중)
	세바스토폴 기름유출사고	제192조, 제194조, 제198조, 제199조, 제204조, 제205조	

※ 자료: 해당 판결의 사이트 방문.

위에서 언급한 5건의 해양환경보호 사건을 보건대, 지금은 다년
간의 해양법 판례와 경험의 축적으로 강제분쟁해결절차를 활용하는
것이 소송기술적으로 가능하다. 일본 측에서 재판소의 관할권 성립
여부와 관련하여 제297조~제298조의 해석·적용 문제를 제기할 것
이 예상되지만, 최근 판례 경향을 보면 일본 측에서 완벽하게 소송
을 차단하기는 어려울 것이다.

해당 사건의 관할권 주장은 인용될 가능성이 있지만, 잠정조치나 본안 단계에서 한국의 주장이 받아들여질지는 일본이 방류할 오염수에 어떤 방사성 물질이 얼마만큼 포함되어 언제 방류되느냐에 따라 결과가 달라질 수 있다. 그런데 현재 분석·예측의 기초가 되는 1차 자료는 모두 일본 정부에서 발표한 자료인데 이에 대해서는 전문가들의 의견이 분분하여 우리나라에 미칠 영향을 예측하고, 방류행위와 결과 사이의 인과관계를 규명하는 데 한계가 있다.

일본은 정화장치를 통해 기술적으로 제거가 불가능한 삼중수소를 자국 규제기준의 1/40인 1리터당 1,500Bq^{베크렐, 1초 동안 하나의 원자핵이 쪼}개질 때 방출하는 방사능 크기 미만이 될 때까지 바닷물에 희석하여 방류하겠다는 방침이다. 일견 2023년 예정된 후쿠시마 오염수 방류로 인해 우리나라에 발생할 피해에 대한 일본의 국가책임은 2011년 원자력 발전소 사고 피해에 대한 일본의 국가책임과는 법적으로 다르게 독립적으로 취급될 가능성이 있어 보인다.

반면 일본이 각 핵종을 배출 기준치 이하로 반복적으로 재처리해도 기본적으로 후쿠시마 원전 내에 보관 중인 오염수는 핵연료가 파손된 상태에서 생성되어, 실제로는 아직 알려지지 않은 많은 방사성 핵종들이 포함되어 있을 것이라는 우려가 있다. 소량의 방사능 물질이라도 바다에 방류되고 나면 회복하기 어렵고, 이는 생태계에 축적되어 돌이킬 수 없는 피해를 가져올 수 있다고 한다. 그렇다면 2023년 예정된 후쿠시마 오염수 방류행위는 별개의 독립된 행위가 아니라 2011년 후쿠시마 원자력 발전소 사고의 연장선상에 있는 것으로 취급되어야 한다. 참고로 2011년 3월 리히터 규모 9.0의 대지진과 지진해일로 발생한 후쿠시마 원전사고는 1986년 체르노빌 원전사고와 마찬가지로 7등급^{가장 심각한 사고 등급}의 국제원자력사고에 해당한다.

5. 검토사항

일본의 일방적인 후쿠시마 오염수 방류가 임박한 지금 시점에서 한국은 유엔 해양법협약의 해양환경보호규정에 근거하여 일본의 일방적인 후쿠시마 오염수 방류의 적법성을 다투는 강제분쟁해결절차의 활용 가능성에 대해 긍정적으로 검토해 볼 수 있다. 해당 절차의 활용은 본안에 대한 실체적 판단^{일본의 유엔 해양법협약 위반 및 국가책임 인정}에 이르기 전이라도 외교적 협상카드^{bargaining chip}로 활용할 만한 가치가 있다. 다만 다음 세 가지 사항에 유의할 필요가 있다.

첫째, 유엔 해양법협약상 강제분쟁해결절차의 활용 가능성에 대해 언급하고 대비하되, 일본과의 해양환경보호 공동협력체계를 구축해 나가기 위한 외교적 노력을 계속 병행해 나가야 한다. 강제분쟁해결절차는 한·일 간 협상의 진행 과정에서 우리 측의 협상력을 높이고, 일 측의 투명한 의사결정과 정확한 정보공개를 요구하기 위한 외교적 수단으로 활용할 수 있다.

둘째, 한국의 국제소송 역량에 대한 점검이다. 한국이 정교한 소송기술로 일본을 강제분쟁해결절차에 회부하여 잠정조치 또는 본안 판정에까지 이를 수 있는지에 대한 면밀한 검토가 필요하다.

셋째, 그간 한국은 한반도 주변수역에서의 해양활동과 폐기물 투기로 인해 유엔 해양법협약상 강제분쟁해결절차의 피소국이 되는 경우만 상정하여 수세적으로 대비해 온 경향이 있었다. 그런데 이번 일본의 후쿠시마 오염수 방류결정은 한국이 강제분쟁해결절차를 공세적·선제적으로 활용하는 최초의 사례가 될 수 있다는 점에서 귀추가 주목된다. 이에 강제분쟁해결절차가 개시되기 전, 그 진행과정에서 발생할 수 있는 돌발변수를 예측·관리하고, 향후 한·일 간 해양분쟁에 미칠 수 있는 파급효과에 대한 주의깊은 검토가 선행되어야 한다. 일본이 유엔 해양법협약상의 강제분쟁해결절차를 한국과의 영토주권이나 해양경계획정 문제를 다투기 위한 정책수단으로 역이용할 가능성에 대한 대비가 필요하다.

6. 나가며

일본의 후쿠시마 오염수 방류가 임박한 2023년 1월에도 여전히 국내에서는 '국제해양법재판소에의 제소' 방안이 검토되고 있는데, 이는 '유엔 해양법협약상 강제분쟁해결절차 활용'을 지칭하는 것으로 엄밀하게 말하면 '동 협약 제7부속서에 따른 중재재판소의 활용'이 될 가능성이 크다. 최근 유엔 해양법협약의 해양환경보호규정에 근거하여 연안국의 일방적 행위의 적법성을 다투는 강제분쟁해결절차에의 제소가 늘고 있다. 이에 한국도 일본의 일방적인 후쿠시마 오염수 방류의 적법성을 다투기 위해 강제분쟁해결절차를 활용할 수 있다. 다만 일본과의 해양환경보호 공동협력체계를 구축해 나가기 위한 양자 간 외교를 계속 병행하는 한편, 향후 한·일 간 해양분쟁에의 파급효과까지 신중하게 고려할 필요가 있다.

국제법의 시각으로 바라본 이란의 '한국케미호' 나포 사건

이기범(연세대학교 법학전문대학원 조교수)

1. 들어가며

2021년 1월 4일 이란 혁명수비대는 '호르무즈 해협'Strait of Hormuz을 통과하고자 했던 한국 국적 선박인 '한국케미호'를 나포했다. 2021년 2월 2일 이란이 선원 19명의 석방을 결정한 것은 매우 다행스러운 일이나, 선박과 선장이 여전히 풀려나지 못하고 있다는 점을 고려할 때 이 나포 사건이 아직 종결된 것은 아니다. (이 사건은 2021년 4월 9일 한국케미호와 선장이 풀려남으로써 종결되었다.)

대다수 언론은 이란이 한국 국적 선박을 나포한 '정치적' 의도가 무엇인지를 파악하는 데 많은 분량을 할애했다. 하지만 왜 이란이 한국케미호의 '해양환경 오염 발생'을 나포 이유로 제시하고 있는지에 대해서는 구체적인 분석을 시도하지 않았다. 오히려 이란이 언급한 해양환경 오염 발생을 (한국을 압박하기 위한) 정치적 의도를 감추기 위한 하나의 구실 또는 변명으로 치부하는 분위기도 상당하다. 그렇지만 이란이 제시하고 있는 해양환경 오염 발생이라는 이유는 국제법, 특히 국제해양법의 몇몇 쟁점들과 밀접한 관련이 있다는 점에서 단순히 이란의 구실 또는 변명으로 남겨놓을 문제만은 아니다.

이 글은 이란의 한국케미호 나포 사건으로부터 도출되는 국제해양법의 일부 쟁점들을 정리하고자 한다. 이란이 제시하고 있는 나포 이유인 한국케미호의 해양환경 오염 발생이 국제법적으로 받아들여질 수 있는지를 논하기 위해서는 우선 호르무즈 해협의 국제법적 지위와 이러한 국제법적 지위에 의거하여 인정되는 통항방식 문제를 정리해야 한다. 그리고 타국 선박의 해양환경 오염 발생을 다소 엄격하게 다루고 있는 이란의 '국내법'도 국제법의 시각에서 검토되어야 할 것이다. 나아가 호르무즈 해협을 오로지 통항의 문제가 아닌 해양환경의 보호 및 보존의 관점에서 새롭게 바라볼 이유를 설명할 필요성도 있다.

2. 호르무즈 해협에서의 통항 방식

1) 국제재판소 판례가 지지하고 있는 호르무즈 해협에서의 '무해통항'

한국케미호의 선사는 한국케미호가 이란의 영해에 진입하지 않았다고 주장하고 있다. 그러나 아직까지 한국케미호 나포 사건의 사실관계는 정확하게 알려지지 않았다. 만약 선사의 주장이 옳다면 이란이 한국케미호를 '공해'에서 나포했을 가능성을 배제하기 어렵다. 그런데 공해에서 타국 선박을 나포하기 위해서는 문제의 타국 선박에 해적행위 등과 같은 혐의가 존재해야 하므로 한국케미호에 이러한 혐의가 없다면 이란의 나포는 명백히 국제해양법을 위반한 것으로 간주될 수 있다.

하지만 호르무즈 해협의 지리적 특질을 고려하면 한국케미호가 '해협 연안국'인 이란과 오만 양국의 영해로만 이루어진 수역에서 나포되었을 가능성도 존재한다. 호르무즈 해협 내에서 폭이 가장 좁은 곳은 약 21해리^{1해리는 1.852km}에 불과한 이란의 Larak와 오만의 Great

Quoin 사이로 알려져 있다.[1] 그런데 이란과 오만 모두 12해리 영해를 주장하고 있어 동 수역에서는 공해로 이루어진 통과항로가 존재하지 않게 된다. 즉, 한국케미호가 이와 같은 수역에서 나포되었다면 동 선박이 향유할 수 있었던 '무해통항'innocent passage이 부인된 것은 아닌지 의문이 제기될 수 있다.

무해통항이라는 통항방식이 논의되어야 하는 이유는 국제사법재판소International Court of Justice, 이하 'ICJ'가 1949년 *Corfu Channel* 사건[2]에서 '국제관습법'상 호르무즈 해협과 같은 '국제항행을 위해 이용되는 해협'에서는 무해통항이 인정되어야 한다고 판결했기 때문이다. 이 사건에서 ICJ는 평시에는 (상선은 물론) 군함조차 호르무즈 해협과 같이 국제항행을 위해 이용되는 해협에서 무해통항을 할 수 있고,[3] 다른 내용을 가진 조약이 존재하지 않는 한 해협 연안국은 평시에 이러한 무해통항을 막을 수 없다는 점을 강조했다.[4]

이와 같은 국제재판소 판례의 태도를 고려하면 이란이 '유엔해양법협약'United Nations Convention on the Law of the Sea의 당사국이 아니라 하더라도 호르무즈 해협과 같이 국제항행을 위해 이용되는 해협에서는 국제관습법에 따라 상선은 물론 군함의 무해통항이 인정되어야 한다. 더욱이 *Corfu Channel* 사건에서 판시된 ICJ의 법리에 따르면 호르무즈 해협에서는 어떤 이유로든 무해통항이 정지될 수 없기 때문에,[5] 이러한 무해통항은 유엔해양법협약에 따라 일시적으로 정지될 수 있는 무해통항보다 호르무즈 해협을 통과하는 타국 선박의 이익을 더욱 보장하고 있다. 이는 타국 선박이 호르무즈 해협에서 이란^{또는 오만}에 의해 무해통항이 정지될지도 모른다는 우려를 가질 필요 없이 해당 수역을 통과할 수 있다는 것을 의미한다.

2) 호르무즈 해협에서의 무해통항 자체를 부인하지 않고 있는 이란

이란이 미국 등 다른 국가(들)와의 충돌 발생 시 가끔 호르무즈 해협의 봉쇄 가능성을 경고하고 있기는 하지만, 이란은 원칙적으로 호르무즈 해협에서 타국 선박이 향유할 수 있는 무해통항을 부인하지 않는다. 이 점은 이란이 지난 1993년 제정한 'Act on the Marine Areas of the Islamic Republic of Iran in the Persian Gulf and the Oman Sea'^{이하, '이란 해양영역법'}6)라는 법률을 통해 확인할 수 있다. '이란 해양영역법' 제5조는 명시적으로 타국 선박의 무해통항을 인정한다.

다만 '이란 해양영역법' 제6조는 무해통항으로 간주될 수 없는 활동을 열거하고 있는데, 이 중에는 한국케미호 나포 사건에서 이란이 주장한 '해양환경 오염 발생'이 포함되어 있다. 그렇다면 '이란 해양영역법' 제6조 중 해양환경 오염 발생을 언급하고 있는 부분이 국제관습법과 양립할 수 있는지에 대해 검토할 필요성이 있을 것이다.

3. '해양환경 오염 발생'을 이유로 무해통항이 부인될 수 있는 국제법적 가능성

1) 무해통항으로 인정되지 않는 타국 선박의 고의적이고도 중대한 오염행위

비록 이란이 유엔해양법협약의 당사국은 아니지만 유엔해양법협약 제19조 제2항은 이 글의 논의를 구체화시키기 위한 출발점이 된다. 그 이유는 동 조항은 어떤 활동이 무해통항으로 간주되기 어려운 타국 선박의 활동인지를 직관적으로 인식하는 데 큰 도움이 되기 때문이다.

유엔해양법협약 제19조 제2항은 "(a) 연안국의 주권, 영토 보전 또는 정치적 독립에 반하거나, 또는 국제연합 헌장에 구현된 국제법의 원칙에 위반되는 그 밖의 방식에 의한 무력의 위협이나 무력의 행사, (b) 무기를 사용하는 훈련이나 연습, (c) 연안국의 국방이나 안전에 해가 되는 정보수집을 목적으로 하는 행위, …" 등을 무해하지 않은 타국 선박의 활동으로 열거하고 있다. 이 중에서 해양환경 오염 문제와 관련이 있는 무해하지 않은 타국 선박의 활동은 바로 유엔해양법협약 제19조 제2항(h)에 언급되어 있는 "이 협약에 위배되는 고의적이고도 중대한 오염행위"이다. 물론 유엔해양법협약의 당사국들 간 규율을 전제로 하는 "이 협약에 위배되는"이라는 표현을 고려하면, 유엔해양법협약의 당사국이 아닌 이란과의 관계에서 유엔해양법협약 제19조 제2항(h)의 해석 또는 적용 문제가 부각되지는 않을 것이다.

그런데 1993년 '이란 해양영역법' 제6조(g)는 무해하지 않은 타국 선박의 활동으로 "이란 국내 법령에 위배되는 모든 해양환경 오염행위"any act of pollution of the marine environment contrary to the rules and regulations of the Islamic Republic of Iran를 명시하고 있다. 이 조항에 의하면 이란 국내 법령에 위배되는 모든 해양환경 오염행위는 무해하지 않은 타국 선박의 활동으로 간주된다. 이는 이란이 예를 들어, 유엔해양법협약 제19조 제2항(h)에 언급된 "이 협약에 위배되는 고의적이고도 중대한 오염행위"에 이르지 못하는 매우 경미한 오염행위조차 무해하지 않은 타국 선박의 활동으로 간주하고 있다는 의미이다. 즉, 이란은 '이란 해양영역법'을 통해 해양환경 오염행위가 고의적이지 않거나 중대하지 않은 경우라 하더라도 타국 선박의 무해통항을 부인할 수 있는 '국내법적' 근거를 마련했다. 이는 한국케미호의 오염행위가 고의적이지 않거나 중대하지 않은 것이라 하더라도 이란이 자신의 국내법, 즉 '이란 해양영역법'을 원용하여 한국케미호의 무해통항이 부인된 것을 정당화시킬 수 있다는 의미이다.

하지만 이란의 국내법인 1993년 '이란 해양영역법'이 국제관습법과 양립할 수 있는지는 또 다른 문제이다. 어떤 국가도 자신의 국내법을 원용하여 국제책임을 회피할 수는 없기 때문이다. 이란이 고의적이지 않거나 중대하지 않은 오염행위조차 무해하지 않은 타국 선박의 활동으로 간주하는 것은 무해통항의 범위를 상당 부분 축소시킨다는 차원에서 '이란 해양영역법'과 국제관습법이 양립할 수 있는지에 관한 의문을 던지고 있다.

유엔해양법협약이 발효하기 이전인 1985년 프랑스가 제정한 '프랑스 영해를 통과하는 외국 선박의 통항을 규율하는 법령 No. 85/185'^{Decree No. 85/185 of 6 February 1985 Regulating the Passage of Foreign Ships through French Territorial Waters}7) 제3조 제8호는 무해하지 않은 타국 선박의 활동으로 "모든 고의적이고도 중대한 오염행위"^{any act of wilful and serious pollution}를 명시하고 있다. 1985년 당시 유엔해양법협약이 발효되지 않은 시점에서 "이 협약에 위배되는"이라는 표현을 사용할 수 없었다는 점을 고려한다 하더라도 1985년 '프랑스 영해를 통과하는 외국 선박의 통항을 규율하는 법령'은 1993년 '이란 해양영역법' 제6조(g)가 국제관습법과 양립하지 않는 방향으로 타국 선박을 불리하게 대우하고 있는 입법이라는 하나의 증거가 될 수 있을 것이다.

2) 해양환경 오염 발생을 나포를 정당화시키는 근거로 사용하고자 하는 이란의 입장

비록 유엔해양법협약의 당사국이 아니라 하더라도 이란이 해양환경의 보호 및 보존 문제와 관련해서 상당히 적극적인 태도를 취하는 연안국이라는 점은 인정되어야 한다. 즉, 이란은 유엔해양법협약의 당사국이 아닐 뿐, 해양환경의 보호 및 보존을 목적으로 삼고 있는 다른 조약에 있어서는 적극적으로 당사국의 지위를 확보해왔다. 이에 대해서는 아래와 같은 구체적인 예를 들 수 있다.

첫째, 이란은 조약의 대상수역으로 호르무즈 해협을 포함하고 있는 1978년 'Kuwait Regional Convention for Co-operation on the Protection of the Marine Environment from Pollution'^{이하, '쿠웨이트 협약'}의 당사국이다. 쿠웨이트 협약은 해양환경의 보호를 목적으로 관련 국가들 간 '지역적' 협력을 모색하고 있다. 이란을 포함하여 오만, 바레인, 이라크, 쿠웨이트, 카타르, 사우디아라비아, 아랍에미리트 등이 쿠웨이트 협약의 당사국들이다. 예를 들어, 쿠웨이트 협약 제4조는 "체약국들은 … 대상수역에서의 오염을 방지하고 감소시키며 오염에 대처하기 위해 … 협약 및 적용가능한 국제법 규칙과 일치하여 모든 적절한 조치를 취해야 하고, … 대상수역에서 적절한 국제규칙의 효과적인 이행을 보장해야 한다."고 규정하고 있다. 이와 같이 쿠웨이트 협약의 이행을 위해 모든 적절한 조치를 취해야 한다는 내용은 이란 입장에서 한국케미호를 나포한 자신의 행위를 정당화시키기 위한 근거로 원용될 수 있을 것이다.

둘째, 이란은 2004년 채택되고 2017년 발효한 'International Convention for the Control and Management of Ships' Ballast Water and Sediments'^{이하, '선박평형수관리협약'}의 당사국이다. 선박평형수관리협약 제9조8)에 의하면 항구 또는 연안터미널에서 '검사'^{inspection}가 가능할 수 있다. 이란이 이와 같은 내용을 원용하면서 호르무즈 해협을 통과하고자 하는 타국 선박에 대한 통제를 강화할 가능성도 상당하다고 보인다. 일단 나포가 이루어진 점이 어색하기는 하지만 결과론적으로 한국케미호가 '검사' 중인 상황으로 간주될 수도 있다.

셋째, 이란은 'MARPOL 73/78'으로 잘 알려져 있는 '선박으로부터의 오염 방지를 위한 국제협약'^{International Convention for the Prevention of Pollution from Ships}의 6개 부속서 모두에 대하여 당사국의 지위를 확보하고 있다. 유엔해양법협약의 당사국이 아닌 이란이 MARPOL 73/78의 모든 부속서에 대하여 당사국의 지위를 확보하고 있다는 것은 해양환경 오염 발생 문제에 관한 한 이란 입장에서 MARPOL 73/78이 가장 중요한 조약임을 보여주는 것이다.

결국 유엔해양법협약의 당사국이 아니라 하더라도 이란은 해양환경의 보호 및 보존 문제와 관련해서는 매우 적극적으로 자신의 이익을 추구하고 있는 연안국이며, 관련 조약(들)에 적극적으로 참여함으로써 이를 증명하고 있다. 이는 이란 입장에서 '해양환경 오염 발생'이 타국 선박을 나포하기 위한 전혀 근거 없는 구실 또는 변명만은 아니라는 결론을 도출할 수 있게 만드는 것이다.

4. 나가며

국제법의 시각에서 바라보았을 때 이란의 한국케미호 나포 사건에서 가장 독특한 점은 바로 이란이 '해양환경 오염 발생'을 언급하면서 한국케미호의 무해통항을 부인했다는 점이다. 물론 사실관계가 정확하게 알려지지 않고 있는 것을 전제로 한국케미호의 선사가 주장하고 있는 바와 같이 동 선박이 공해에서 나포되었다면 이란의 국제해양법 위반 가능성도 존재한다.

하지만 국제법의 시각에서 검토했을 때 이란이 나포 이유로 들고 있는 '해양환경 오염 발생'은 단순한 구실 또는 변명만은 아닐 수도 있다. 물론 위에서 언급한 것처럼 타국 선박이 고의적이지 않거나 중대하지 않은 오염행위만을 한 경우에도 무해통항을 부인할 수 있는 1993년 '이란 해양영역법'이 국제관습법과 양립하기는 어렵다. 그러나 이란이 1978년 쿠웨이트 협약, 2004년 선박평형수관리협약, MARPOL 73/78의 6개 부속서 등의 당사국이라는 점에서 알 수 있듯이 이란은 해양환경의 보호 및 보존 문제와 관련해서는 매우 적극적으로 자신의 이익을 추구하고 있는 국가라는 사실이 간과되어서는 안 된다. 이와 같은 조약을 통하여 이란이 호르무즈 해협을 통과하고자 하는 타국 선박을 통제할 수 있는 가능성을 제고하고 있기 때문이다.

물론 한국 정부는 지금까지 해왔던 대로 일관되게 이란을 향하여 한국케미호가 어떤 해양환경 오염을 유발했는지에 대한 구체적인 증거의 제시를 요구해야 할 것이다. 더 나아가 1993년 '이란 해양영역법'이 국제관습법에 따라 인정되고 있는 무해통항의 범위를 지나치게 축소하고 있다고 외교적으로 항의할 필요성도 있다.

그러나 한국케미호 나포 사건을 통해 드러난 시급한 과제는 호르무즈 해협 관련 문제를 유엔해양법협약 내 관련 내용에 기초한 통항 문제 중심으로만 바라볼 것이 아니라 해양환경의 보호 및 보존 문제를 규율하고 있는 조약 중심으로 다시 한 번 검토하고 정리해야 한다는 것이다. 이란은 '해양환경 오염 발생'을 이유로 제시하면서 (한국 입장에서 잘 알려져 있지 않은) 1978년 쿠웨이트 협약 등과 같은 조약을 원용하여 호르무즈 해협을 통과하고자 하는 타국 선박에 대해 상당한 영향력을 행사하고자 할 것이다. 이는 해양환경의 보호 및 보존 문제를 규율하는 국제법적 체제에 대한 좀 더 정밀한 이해와 분석이 요구되고 있다는 것을 의미한다. 한국케미호 나포 사건이 조속히 해결되기를 기대한다. (이 사건은 2021년 4월 9일 한국케미호와 선장이 풀려남으로써 종결되었다.)

---

1) Said Mahmoudi, "Passage of Warships through the Strait of Hormuz", *Marine Policy*, Volume 15 (1991), pp. 341-342.
2) *Corfu Channel, Judgment, I.C.J. Reports 1949*, p. 4.
3) *Ibid.*, p. 28.
4) *Ibid.*
5) *Ibid.*
6) Division for Ocean Affairs and the Law of the Sea Office of Legal Affairs, *Law of the Sea Bulletin*, No. 24 (1993), pp. 10-15.
7) Division for Ocean Affairs and the Law of the Sea Office of Legal Affairs, *Law of the Sea Bulletin*, No. 6 (1985), pp. 14-15.

8) "1. A ship to which this Convention applies may, in any port or offshore terminal of another Party, be subject to inspection by officers duly authorized by that Party for the purpose of determining whether the ship is in compliance with this Convention. …"

「국제법 현안 Brief」의 학회 등재일자

제 1 부 국제법으로 본 COVID-19 사태

1. 박진아, 코로나19 확산 사태에 대한 국제법적 대응 (2020.2.29.)
2. 이재민, 코로나19의 세계적 확산과 국가책임 (2020.10.20.)

제 2 부 국제법으로 본 국제질서

1. 오승진, 드론을 이용한 미국의 표적살해는 국제법상 허용되는가?
   (2020.2.4.)
2. 김성원, 미국의 휴스턴 주재 중국 총영사관 폐쇄 무엇이 문제인가?
   (2020.8.5.)
3. 이근관, 나고르노-카라바흐(Nagorno-Karabakh) 분쟁의 검토
   — *Uti possidetis* 원칙을 중심으로 (2021.2.5.)
4. 오시진, 아르테미스 약정(Artemis Accords)의 국제법적 함의
   (2021.5.26.)
5. 오승진, 국제영상재판의 국제법적 쟁점과 근거 (2021.6.6.)
6. 이재민, '관계 유지형' 분쟁해결 제도의 모색 —싱가포르 협약과 국제
   조정의 확산— (2021.12.28.)
7. 신희석, 유엔 강제실종방지협약 가입과 국내 이행입법 추진 (2022.1.4.)
8. 안준형, 안전한 학교 선언의 국제법적 함의 (2022.1.25.)
9. 박기갑, UNESCO 총회 "인공지능(AI) 윤리 권고"의 주요 내용 분석과
   국제법적 함의 (2022.2.14.)
10. 김원희, 러시아의 우크라이나 무력침공에 대한 국제법 (2022.4.6.)
11. 최원목, 미국의 국가안보 우선주의에 대한 국제법적 평가 (2022.7.6.)

제 3 부 국제법으로 본 해양질서

1. 이기범, 호르무즈 해협에서의 청해부대의 활동 (2020.3.23.)
2. 김원희, 크림반도 해양분쟁의 관할권 중재판정과 독도문제에 대한 시사점 (2020.8.5.)
3. 이석우, 중국 해경법 무기사용규정의 해양질서에 대한 시사점과 국제법적 문제점 (2022.1.7.)
4. 박배근, 해수면 상승과 기선의 변경 – 고정이냐 이동이냐? (2022.2.25.)
5. 김원희, 러시아와 우크라이나 전쟁에서 국제법은 무용한가? – 우크라이나 군함과 군인 억류 사건의 선결적 항변 중재판정의 주요 내용과 국제법적 함의 (2023.1.7.)

제 4 부 국제법으로 본 한국 관련 사건

1. 장석영, 다야니 사건에 대한 국제투자중재판정 취소소송의 결과 (2020.4.27.)
2. 오승진, 북한은 소송의 피고가 될 수 있는가? – 국군포로 판결과 관련하여 (2020.8.24.)
3. 안준형, 소연평도 실종자 피격 사망 사건 – 국제법적 평가와 대응방안 (2020.9.29.)
4. 정민정, 후쿠시마 원전 오염수 해양방류 결정에 대한 '국제해양법재판소 제소'고려 시 검토사항 (2021.5.21.)
5. 이기범, 국제법의 시각으로 바라본 이란의 '한국케미호' 나포 사건 (2021.3.8.)

「국제법 현안 Brief」 발간위원회

최태현(위원장, 한양대학교)

오승진(단국대학교)

권현호(성신여자대학교)

김성원(한양대학교)

이기범(연세대학교)

국제법으로 세상 보기

초판발행	2023년 2월 28일
중판발행	2023년 5월 30일
지은이	대한국제법학회
펴낸이	안종만 · 안상준
편 집	한두희
기획/마케팅	조성호
표지디자인	Ben Story
제 작	고철민 · 조영환
펴낸곳	(주)**박영사**
	서울특별시 금천구 가산디지털2로 53, 210호(가산동, 한라시그마밸리)
	등록 1959. 3. 11. 제300-1959-1호(倫)
전 화	02)733-6771
f a x	02)736-4818
e-mail	pys@pybook.co.kr
homepage	www.pybook.co.kr
ISBN	979-11-303-4448-5 93360

정 가   19,000원